Riedesel

HEYNE BÜCHER

Das Buch

»Sachsen ist ein herrliches Land, Bruder!« Es sind goldene Worte, die Kaspar Riesbeck von seiner sächsischen Reise nach Hause berichtet, Worte, die gleichsam als Motto und Thema der vorliegenden Auswahl von Texten vorausgeschickt sind. Gewiß, historisches und politisches Ungemach hat auch in Sachsen unauslöschliche Spuren hinterlassen, aber seine Bewohner haben es ertragen, mit Witz, stoischem Gleichmut und Humor. Und natürlich mit ihrem Dialekt, dem verständnislose Nicht-Sachsen so oft mit herablassendem Spott begegnen. Dabei ist es – mit Lessings Minna von Barnhelm zu reden – wahrlich keine Schande, aus Sachsen zu sein. Schließlich war das Sächsische einmal Amts- und Kanzleisprache des heiligen Römischen Reichs Deutscher Nation. Dem ›herrlichen Land‹ in der Mitte Deutschlands, den Sachsen und Thüringern ein kleines literarisches Denkmal zu setzen, war das eigentliche Anliegen der sehr subjektiven Auswahl von Texten und Autoren, die in ihrer Gesamtheit aber ein literarisches Porträt dieser Landschaft und ihrer Menschen zeichnen.

Der Herausgeber

Manfred Kluge, Jahrgang 1938, studierte Germanistik und Neuere Geschichte an der Universität München. Seit 1972 arbeitet er als Verlagslektor und Herausgeber in München. Er ist Herausgeber der Reihe ›Heyne Biographien‹ und vieler Anthologien, u. a. *Ostpreußen* (01/7965), *Pommern* (01/8143) und *Schlesien* (01/8292) sowie *Schwarz-rot-gold* (Heyne Sachbuch 19/131).

SACHSEN

EIN LESEBUCH

Ausgewählt und herausgegeben
von
Manfred Kluge

WILHELM HEYNE VERLAG
MÜNCHEN

HEYNE ALLGEMEINE REIHE
Nr. 01/8670

Printed in Germany 1993
Umschlagillustration: Archiv für Kunst und Geschichte, Berlin
Umschlaggestaltung: Atelier Ingrid Schütz, München
Satz: (1429) IBV Satz- und Datentechnik GmbH, Berlin
Druck und Bindung: Elsnerdruck, Berlin

ISBN 3-453-06178-0

Inhalt

... keine Sünde, aus Sachsen zu sein?

Der Wirt: »Nun Dero Namen, gnädiges Fräulein?«
Das Fräulein: »Das Fräulein von Barnhelm.«
Der Wirt (schreibt): »von Barnhelm – kommend? woher, gnädiges Fräulein?«
Das Fräulein: »Von meinen Gütern in Sachsen.«
Der Wirt (schreibt): »Gütern aus Sachsen – aus Sachsen. Ei, ei, aus Sachsen, gnädiges Fräulein? aus Sachsen?«
Franziska: »Nun? warum nicht? Es ist doch wohl hierzulande keine Sünde, aus Sachsen zu sein?«
Der Wirt: »Eine Sünde? Behüte! das wäre ja eine ganz neue Sünde! – Aus Sachsen also? Ei, ei! aus Sachsen! Aus Sachsen! –«

Gotthold Ephraim Lessing, ›Minna von Barnhelm‹, 2. Aufzug, 2. Auftritt (1767).

HANS REIMANN

Sachsenlied

Ich will mal mein Sachsen besingen,
das Land voller Witz und Humor;
an Helligkeit ragt in Europa
vor allem mei' Sachsenland vor.
In Leipzig, da ham'r die Messe,
in Meißen, da blüht uns der Wein.
In Dresdn, da wohnt die Noblesse,
mei Sachsenland, wie bist du fein.

Zu Pfingsten bei scheenem Wetter,
rennet alles zur Sächsischen Schweiz,
die Berge sin och nich kleene,
der Amselfall hat seinen Reiz:
zwee Eemer voll Wasser, die stürzen
mit Sausen und Brausen hinein,
dafür mußt'n Groschen bezahlen,
mei Sachsenland, wie bist du fein.

Den Kaffee, den trink m'r och gerne,
aber sisse, das mußt'r schon sein,
ne Bohne, die kommt uff sechs Tassen,
heerjemerschnej, wie schmeckt das fein;
dazu da eß m'r och Kuchen,
den weersch m'r gemiedlich hinein,
das mach m'r och so bei Besuchen,
mei Sachsenland, wie bist du fein.

Und tun sich zwee Sachsen
mal streiten, da gehn se
nich gleich uffs Gericht;

die nähm sich ganz tüchtig beim Kragn
und haun sich ne kräftige rein,
dann tun se sich wieder vertragn –
mei Sachsenland, wie bist du fein.

JOHANN KASPAR RIESBECK

»Sachsen ist ein herrliches Land, Bruder!«

Sachsen ist ein herrliches Land, Bruder! Ich habe einen großen Umweg durch das Erzgebirge über Freiberg, Marienberg, Annaberg und dann über Zwickau und Altenburg hierher gemacht. Man sollte glauben, der ganze ungeheure Berghaufen, der sich längs der böhmischen Grenze hinzieht, wäre untergraben. Es sind Gruben an Gruben, und alle Täler ertönen von Hammerwerken. Ein fleißigeres Volk als die Sachsen habe ich noch nie gesehen. Das ganze Gebirge wimmelt von beschäftigten Menschen, und den nackten Felsen trotzen sie Nahrung ab. Sie verarbeiten nicht nur die Steine und Mineralien auf die mannigfaltigste Art, sondern alle Städte haben auch noch Leinwand, Spitzen, Band, Barchent, Tuch, Flanelle oder irgend sonst eine Art Manufakturen, die unzählige Hände beschäftigen. Ihr empfindsamer und reger Geist ist unermüdet und unerschöpflich. Wenn die Mode oder die Mitbewerbung ihrer Nachbarn ihnen einige Arten von Manufakturen niederschlägt, so haben sie in einem Augenblick zehn andere, um die ersteren wieder zu ersetzen. Es ist, als wenn der hohe Rücken des Erzgebirges und des Thüringer Waldes eine Scheidewand zwischen Licht und Finsternis, Arbeitsamkeit und Indolenz, Freiheit und Sklaverei, Reichtum und Bettelei wäre. Vielleicht findet man in der ganzen Welt keinen in der Nähe so auffallenden Abstich zweier Völker als zwischen den Sachsen und Böhmen; und für diese hat die Natur doch ungleich mehr getan als für jene!

Die Sachsen haben sich durch ihre Geschicklichkeit im Bergbau in ganz Europa bekannt gemacht. Man hat sie deswegen schon nach Neapel und Spanien verschrieben.

Ihre starken Körper, ihr unverdrossener Fleiß und ihr natürlicher Verstand machen sie vorzüglich zu dieser Art von Arbeit aufgelegt, die unter allen menschlichen Beschäftigungen ohne Vergleich die härteste und mannigfaltigste ist und deren Produkte in der Verhantierung so viele Kenntnisse erfordern. Der Bergbau verrät meines Erachtens einen der stärksten Charakterzüge der Deutschen und vorzüglich der Sachsen, wodurch sie sich vor unseren Landsleuten auszeichnen. Rasch, verdrossen beim Anstoß hartnäckiger Schwierigkeiten, niedergeschlagen, wenn einige hitzige Anläufe die Hindernisse nicht übersteigen können, verliebt in die schnellen Abwechslungen, gierig, auf einmal viel zu gewinnen, bloß zu Unternehmungen aufgelegt, die ein schnelles Fassen, Genie und Hastigkeit erfordern, werden es die Franzosen in dieser Art von Industrie nie so weit bringen als die kalt nachdenkenden, forschenden, durchdringenden, anhaltenden und unermüdeten Deutschen, die sich, ohne mutlos zu werden, auch mit den undankbarsten Beschäftigungen abgeben können. Ohne Zweifel hat unser Vaterland in seinen vielen Gebirgen wichtige Schätze. Man weiß, was Colbert und viele seiner Nachfolger, besonders in neueren Zeiten Turgot, zur Aufnahme des Bergbaus tun wollten; allein das Genie der Nation vereitelte immer ihre Unternehmungen.

Das Volk in den kleinsten sächsischen Bergstädten, die oft ringsum durch wilde Gebirge von der übrigen Welt getrennt sind, ist artiger, gesitteter und aufgeweckter als das in den größten Städten von Süddeutschland. Die Lektüre ist hierzulande fast allgemein. Geselligkeit und Gastfreiheit begleiten und ermuntern den angestrengten Fleiß. Freiheit, Weltkenntnis, Witz und munterer Scherz machen auch die Gesellschaften von mittlerem Rang unterhaltend. Das Frauenzimmer ist durchaus vom schönsten Wuchs und den beseeltesten Gesichtszügen, munter, frei und witzig, und doch sanft, wohlgesittet und zum Hauswesen gebildet. Die Männer klagen sehr, daß ihre schönen Hälften seit einiger Zeit von der Eitelkeit zu sehr seien eingenommen worden. Die Klagen würden bald aufhören, wenn die Weiber in jeder Stadt zusammenstünden und das Gesetz machten, daß jeder achte oder zehnte Mann zur Erbauung der ganzen Gemeinde sich ein Weib aus Bayern oder Österreich holen müßte. Außer dem Putz habe ich unter den Sächsinnen noch keine Ausschweifungen bemerken können. Die Österreicherinnen und Bayerinnen aber lieben den Putz ebensosehr und pflegen nebstdem noch zu Tisch und Bette auszuschweifen und sich wenig um die Wirtschaft zu kümmern.

So blühend der Handel und die Industrie in diesem Land ist, so elend ist im ganzen der Zustand der Bauern. Der Fehler liegt weder an der Verfassung noch an ihnen selbst. Sie sind freie, fleißige und verständige Leute. Ohne Zweifel ist die gar zu große Zerteilung des Bodens schuld daran. Längs dem Fluß des Erzgebirges steht Dorf an Dorf, und in den ebeneren Gegenden kann man kaum die vielen Kirchtürme zählen, die man auf allen Seiten erblickt. Ich sah viele Bauern, die mit einem Ochsen und mit einer Kuh pflügten, und sehr viele sollen nur eine Kuh haben, die ihnen Milch gibt und zugleich zum Pflügen dient. Die lockere und feine Erde in diesem Strich erfordert freilich keine mühsame Bearbeitung; allein ein Bauer mit so wenig Vieh kann unmöglich wohlhabend sein. Man sieht auch in ihrer ganzen Wirtschaft, daß es sehr knapp bei ihnen zugeht. Ein großer Teil derselben lebt fast bloß von Erdäpfeln, Hülsenfrüchten und Rüben, und sehr selten erblickt man auf ihrem Tisch Fleisch. Unbegreiflich ist ihre Verschwendung in Kaffee, der die einzige Nahrung von vielen zu sein scheint und dessen unmäßiger Gebrauch mit der durchaus herrschenden Kärglichkeit sehr kontrastiert. Sie trinken ihn nicht schalen-, sondern kannenweise; aber freilich so dünn, daß er kaum die Farbe von den Bohnen hat.

Einige Meilen von Leipzig besuchte ich einige Edelleute auf ihren Gütern, an die man mir zu Dresden Adressen gegeben. Ich glaubte, in eine Schule des ländlichen Vergnügens gekommen zu sein. Die wenigen Tage, die ich bei ihnen zubrachte, gehören unter die wollüstigsten meines Lebens. Die Einkünfte dieser Herren sind ziemlich eingeschränkt, wie denn der sächsische Adel ebenso unvermögend als zahlreich ist. Allein diese Eingeschränktheit selbst ist eine der Hauptquellen ihres Glücks. Sie verstehen es, das Schöne mit dem Nützlichen, Einfalt mit Geschmack, Sparsamkeit mit mannigfaltiger Abwechslung und die Kunst mit der Natur so schön zu verbinden, daß die Beschäftigungen, welche der größte Teil der Menschen als eine Last betrachtet, für sie Wollust und ihre Tage ein Gewebe von Freuden werden. Sie schlürfen das Vergnügen hinab, wie man einen seltenen Wein zu kosten pflegt, den man zwischen dem Gaumen und der Zunge lange spielen läßt, um seinen Geist besser zu empfinden. Der Feldbau, die Viehzucht, die Jagd, der Vogelfang, die Fischerei, die Bienenzucht, die Gärtnerei, die Försterei – alles wissen sie sowohl zu ihrem Vorteil als zu ihrem Vergnügen so sehr zu benutzen, daß ich mir vorgenommen habe, wenn es irgend nur möglich ist, noch einige Tage bei einem von ihnen zuzubringen, bloß, um Virgils »Georgika« mit Verstand, Geschmack und Gefühl lesen zu können, die man gewiß nirgends so gut verstehen lernt als bei ihnen.

Ihre Töchter sind die artigsten und verliebtesten Geschöpfe von der Welt. Ihre natürliche Empfindsamkeit und Lebhaftigkeit nimmt in der Stille des Landlebens gemeiniglich einen romantischen Schwung, der in allen ihren Gebärden, Blicken und Reden sichtbar ist und in den ersten Jahren der Jugendhitze so oft zu unbesonnenen Schritten hinreißt. Mißheiraten, Entführungen und Entfliehungen sind hierzulande ungemein häufig. Ich fand in Schwaben, Bayern und Österreich Sächsinnen aus guten

Häusern, die im letzten Schlesischen Krieg mit Offizieren von der kaiserlichen und Reichsarmee entliefen, aber alle zärtliche Gattinnen und Mütter geworden sind. Zu Prag fand ich ein sächsisches Fräulein aus gutem Hause, das aus lauter Übermaß von Empfindsamkeit, wie es selbst mit Tränen gestand, und aus Mangel an Weltkenntnis ein sehr gemeines Mädchen ward. Lessings *Minna von Barnhelm*, die Du ohne Zweifel kennst, hat etwas von diesem Zug verliebter Schwärmerei; allein ihre charakteristische Laune ist mehr die Art der sächsischen Stadtfräuleins. Die Landfräuleins haben das Pikante und Neckende der Minna nicht, sondern sind viel nachdenklicher und schmelzender; aber alle sind gleich schön wie die Engel.

ERICH KÄSTNER

Als einer über den Dialekt lachte

Ich habs nich gerne, wennse driewer lachn.
Da bin ich komisch, weil ichs garnich bin.
Sie denkn bloß, mit uns, da kennses machen.
Kommse nur hin.
Wenn Sie da nur nich irgendwas verwechseln!
Daß Sie uns kenn, das is noch längsd nich raus.
Sie denken, daß wir Ihretwähjn sächseln?
So sehn Sie aus.
Wir sinn nich so gemiedlich, wie wir schbrechen.
Wir hamm, wenns sein muß, Dinnamit im Bluhd.
Da kennse Gift droff nähm, daß wir uns rächn!
Na, Ihr Gesichde merkd sich ja ganz guhd.
Wir wärn Ihn' schonn noch mal de Knochen brechn.
Nur Muhd!

GERHARD ZWERENZ

Wir Sachsen

Wir mögen nicht so brillieren wie andere, wir sind nicht so blond wie die strahlenden Zahnpastahelden, nicht so stark wie die bekannten Boxer, nicht so fromm wie die Rheinländer; zugestanden, wir sehen oft ein wenig mickrig aus, von der Arbeit krumm geworden.

Unsre Sprache entbehrt des Heldischen, vielleicht sogar des Männlichen. Es mangelt ihr an Fülle und Unterlänge, an dem was trägt.

Wir sind ein wenig verhutzelt und schwach über der Brust; Senkfußträger, realistisch bis zum Zynismus, kühl bis zur Kleinlichkeit. Aber ihr dürft euch nicht täuschen lassen. Unser Vorväter reichten ihre geheimen Tugenden bis zu unsren Tag hindurch. Noch um die Jahrhundertwende schleppten unsre dürren Männlein und Weiblein ihre Waren weit übers Land; wir sind zäh. Auf Schubkarren luden unsre Leute die Klöppeldecken und Schnitzereien und fuhren sie von den Bergen aus durchs ganze Land bis in die Leipziger Ebene. Wir sind zäh, wenn es ums Leben geht. Wir brauchen weniger Sauerstoff als andere, die kräftiger und gesünder und rotbackiger aussehen mögen als wir. Jahrhunderte lehrten haushalten mit Worten, und Kraft sparen; seht ihr nicht, wie wir immer ein wenig blinzeln? Vielleicht sind wir der Sonne ungewohnt? Vielleicht auch geben wir ein Zeichen? Vielleicht nehmen wir Maß, wie eine lastvolle Vergangenheit uns maßnehmen lehrte: insgeheim und unauffällig, und sorgfältig über Kimme und Korn? Wir weben ein geheimnisvolles Tuch, wer maßt sich an zu entscheiden, welche Fahne es wird? Wessen Leichentuch?

Wir verwalten das Verwaltbare mit Akkuratesse, drukken in Leipzig Bücher, musizieren in Klingenthal, schnitzen seltsame Gebilde, Nußknacker mit gewaltigen Kinnladen: was wißt ihr schon von den Nüssen, die wir zu knakken haben, und von denen, die wir zu knacken uns anschicken?

RUDOLF HAGELSTANGE

Die Kraft der Mitte

Wer in der Mitte Deutschlands geboren und aufgewachsen ist und erst im Mannesalter die Landschaft seiner Herkunft aufgeben mußte, der brauchte einige Zeit, um sich vertraut zu machen mit der Verschiedenheit, ja Gegensätzlichkeit deutscher Stämme, mit landsmannschaftlichen Leidenschaften und Ambitionen, wie sie – nicht zuletzt durch die bundesstaatliche Neugliederung nach dem zweiten Weltkrieg – in manchen deutschen Landen zu beobachten waren.

Er stand einigermaßen erstaunt vor den Spannungen, die den Schwaben und Badenern ein stattliches Zusammengehen so erschwerten, oder vor dem bayerischen Drang zu möglichst weitgehender ›Autarkie‹. Er hatte gewisse Vorstellungen zu korrigieren, die er von West- oder Süddeutschen, Ost- oder Norddeutschen hegte. Er mußte lernen, feiner zu unterscheiden als bisher, da er sich vage mit Himmelsrichtungen behalf. Er hatte – gewissermaßen – zu mathematisch gedacht.

Solches Denken, das zunächst den Verdacht der Oberflächlichkeit auf sich ziehen könnte, hatte indessen seine natürlichen Gründe: nach der Mitte zu verlangsamt sich jede kreisende Bewegung (man entsinne sich des Ausdrucks von der ›windstillen Mitte‹ des Taifuns). Von der Mitte aus ist Nördliches und Südliches gleich weit entfernt; in der Mitte kommen, wie bei einer Waage, die auseinanderstrebenden Gewichte zum Ausgleich. Die gleiche Entfernung zu den Rändern hin verführt dazu, sie einander gleichzusetzen – ja, diese Tatsache verbindet sie wie eine Achse.

Diese Sicht hat nichts von Überheblichkeit an sich; sie

stammt vielmehr aus dieser sehr wörtlich zu nehmenden ›Verbindlichkeit‹, die ja über die geographische Funktion als ›Verbindungsstück‹ hinaus ein elementarer Wesensbestandteil des Mitteldeutschen ist. Er kommt – ganz gleich, ob dieser Zug nun aus einem Notstand oder aus den Geschehnissen der Geschichte herrührt – mit allen gut aus; er ist entgegenkommend und außerhalb seiner Landesgrenzen anpassungsfähig, ja anpassungsfreudig. Er liebt ›das Andere‹, das schärfer Profilierte – bis in die entferntesten Zonen der Erde hinein. Er ist ein leidenschaftlicher Reisender, vor allem der Sachse, dessen unverwechselbarer Dialekt einem in allen Ecken der Welt ein Schmunzeln abnötigt. Wo Gegensätze auftreten, fühlt er sich rasch in der Rolle des Neutralen und sucht auszugleichen. Er lebt aus der Mitte: er liebt die Mitte.

Dies kann man zunächst auf sein Land, seine Landschaft beziehen. Aber das wäre ja nur das Natürlichste von der Welt, daß die Menschen die Landschaft ihrer Herkunft lieben. In diesem Falle freilich trifft sich das Geometrische und Geographische mit dem äußeren Charakter seines Landes: denn auch die mitteldeutsche Landschaft stellt in ihrer Gestalt, ihrem Wesen genau die Mitte dar zwischen dem Heroischen der Gebirgswelt und der Askese der flachen, weiten Ebenen. Es sind Mittelgebirge, idyllische Täler und Hügelland zumeist, denen wir in dem länglichen Dreieck, das zwischen Harz, Thüringer Wald und dem Erzgebirge mit der Sächsischen Schweiz liegt, begegnen; mäßig bewegte, oft anmutige, wechselnde Landschaft intimeren Charakters, sparsam mit größeren und kleineren Wasserläufen durchsetzt. Ausgewogenheit, Friede, Besinnung, Lieblichkeit heißen ihre Elemente: Die Mittel- und Kleinstadt herrscht vor; und selbst die größten Städte Sachsens gaben in ihren besten Jahren nichts von jenem eigenen Reiz auf, den eine noch so weit ausholende Provinzstadt vor den farblosen Mammutgebilden aufgeputschter Großstädte voraus hat. So weit die

Messestadt Leipzig ihre Arme auftat – es blieb das sächsische Leipzig. Und das unversehrte Dresden war ohnehin eine Einmaligkeit im Reigen deutscher Städte. War Dresden die schönste und reichste Miene, die das Sächsische zeigte, so war Leipzig sein pulsierendes Herz. Keine Stadt im Deutschland der Nachkriegszeit hat auch nur annähernd die Rolle übernehmen können, die Leipzig etwa für den Verlagsbuchhandel und die Druckerkunst spielte. Auch die technischen Industrien und das Handwerk blühten unter fleißigen sächsischen Händen.

Die Thüringer entschädigten sich für manchen Vorrang, den die Sachsen in Anspruch nahmen, durch größere Beschaulichkeit. Sie nannten ihr kleines Land gern das ›Grüne Herz Deutschlands‹, und sie hatten Weimar, Jena und Eisenach als Trumpfkarten im Spiel. Der Leipziger Thomaskantor Bach kam aus Eisenach. Und die größten Dichter deutscher Zunge, Goethe und Schiller, hatten ihr Bestes in Weimar gegeben. Die Thüringer hatten die Wartburg und Martin Luther, sie hatten Nietzsche. Sie hatten Naumburg, Erfurt, Gotha und die kleineren Residenzen. Aber – von Rivalität und Stammesneid konnte eigentlich nie die Rede sein. Selbst die Sprache bildete keine Grenze (wie etwa nach Norden hin, wo Obersächsisches gegen Niedersächsisches stößt): unmerklich fast ging das Thüringische ins Sächsische über. Die Thüringer artikulierten etwas schärfer, aber der leichte Sington brachte sie den Sachsen so nahe, daß die ›Süddeutschen‹ hier ebenso schwer einen Unterschied wahrnahmen, wie ihn etwa der Mitteldeutsche zwischen badischem und schwäbischem Dialekt wahrnimmt.

Was Mitte heißt, erfährt der in ihr Wohnende erst, wenn er sie verläßt. Die Nachsicht und das Verständnis Andersgearteten gegenüber paaren sich ja natürlich mit einem sehr verschwiegenen, kaum empfundenen Bewußtsein für das Eigene. Grenzen schärfen das Bewußtsein und die Eigenart. Das Wohnen inmitten der Verschiedenheiten stimmt tolerant, nachsichtig, nicht selten auch humorig. Dem Mitteldeutschen fällt es nicht schwer, sich selbst zum besten zu halten. Er lächelt gern über sich und seinesgleichen und über die eigene nachgiebige Art. Er verschmäht es auch, die Dinge absolut ernst zu nehmen – oder doch wenigstens: ernster als sie sind. Aber er leistet, was zu leisten ist. Und im Tiefsten weiß er wohl auch Vorteil zu ziehen aus seiner Offenheit nach allen Seiten hin. Er fühlt die große Freiheit, die der Mitte innewohnt: die Freiheit, nach allen Seiten auszustrahlen – in die willkommene oder gegebene Richtung –, und er ist dabei doch ein elastischer Stehaufmann, der am Ende wieder zu sich und in seine Mittel-Lage zurückgeht. Maß und Mitte sind ihm zur zweiten Natur geworden.

Es ist nicht die Landschaft allein, die gesehen sein will, oder der Mensch, der sie bewohnt – es wiegt vor allem wohl das, was der Mensch seiner Umgebung hinzufügt, wie er sie sich zu eigen macht, sie nutzt und prägt. Auch ohne Bach und Weimar ließe sich sagen, daß der Mitteldeutsche ein musischer Typ ist, daß er das Schöne liebt und seine geschärften Sinne für Größe und Qualität hat; daß er aufgeschlossen ist für alles Neue und Bewegende. Die Kämpfe der Reformation und der Humanismus haben hier tiefe Spuren hinterlassen, und von Thomas Münzer bis Max Hölz haben Aufrührer hier ihre Mannschaft gefunden. Der Sprung aus der Mitte bis an den Rand – auch er scheint hier kürzer als anderswo.

Dieses Land der Mitte, das Thüringen und Sachsen – trotz allem willkürlichen Wechsel politischer Konstellationen – geblieben sind, enthält und repräsentiert Deutsches in seiner beredtesten Weise. Von Schütz und Bach bis zu Wagner und Schumann, von Lessing bis Novalis, von Meister Eckhart über Luther bis zu Leibniz und Friedrich Nietzsche, von Ludwig Richter bis zu Dix und Beckmann, von der Dresdener Frauenkirche bis zum Weimarer ›Bauhaus‹ spannt sich dieses Kraftfeld des Deutschen und seiner Möglichkeiten. Nietzsche hatte Recht, wenn er einmal feststellte, daß Thüringen und Sachsen die gefährlichste Gegend Deutschlands seien, weil es nirgends mehr geistige Rührigkeit und Freigeisterei gäbe als hier. Wer weiß heute noch, daß in Thüringen die Schulpflicht ein Jahrhundert früher als in anderen deutschen Landen eingeführt wurde? Von Fröbels ersten Kindergärten bis zur Freien Schulgemeinde Wickersdorf rissen die pädagogischen Wagnisse und Experimente im Herzen Deutschlands nicht ab. Aber sie kamen, wie alle anderen ›Weltverbesserungsversuche‹, aus dem Bewußtsein der Mitte, und sie zielten – auf welchem Felde immer sie unternommen wurden – auf die Mitte des Menschen.

So hat das Land der Thüringer und Sachsen seinen geographischen Ort nicht zufällig im Zentrum der deutschen Stämme. Hinter dem Gesicht der Landschaft, dem Mienenspiel der Siedlungen lebt und webt die Kraft der Mitte, der Wille zur Sammlung, die Sehnsucht nach Vollkommenheit und Harmonie. Und wo die Wege des Menschen sich im tragischen Zwiespalt, der zwischen Wunsch und Wirklichkeit klafft, zu verlieren drohen, gibt ihm seine Erde die tröstende Gewißheit ihrer freundlichen Harmonie, und von den Höhen des Thüringer Waldes schwebt wieder – wie auf ruhig gleitendem Vogelfittich – die weltvergessene Strophe Goethes ihm zu: *Über allen Gipfeln ist Ruh* ...

ERNST VON WOLZOGEN

Unsere lieben Sachsen

De mehrschten Deitschen sin aus Sachsen,
das merkt der Mensch auf Reisen schnell.
Aus Chemnitz, wo de Schtrimpe wachsen,
aus Dresden wo se hellisch hell,
aus Leipzig, wo se egal drucken –
der Sachse kriegt den Kram nich satt –
un alles muß er sich begucken,
was uf der Welt zwee Sternchen hat. –

Wenn du ein schtilles Blätzchen fandest,
sei's deiner Heimat fern, sei's nah –
wenn du bei den Lofoten landest –
e Sachse is gewiß schon da.
Wenn dich de heechsten Gipfel griesen,
zieht es dich in de Wieste hin –
liegt dir e Baradies zu Fießen,
e Sachse liegt schon mitten drin. –

Der Sachse läbt uf Reisen billig:
Zwee deilen sich in die Bortion.
Wenn mer zufrieden is un willig,
nu ja – nu nee, da geht's ooch schon.
Dem, der e Sachse von Gebliet is,
das Läben doppelt freindlich winkt,
weil er boedisch von Gemied is –
un nich so schtarken Gaffee drinkt. –

In Sachsen gibt's de mehrschten Danten,
das schteht Sie fest wie ein Axiom...
Un geht der ganze Knätsch zuschanden –

de Dante, die muß mit nach Rom.
Sei gutes Dantchen, wenn's ooch humbelt,
bloß, daß du dich dran laben gannst,
find'st du se da, so hibsch verschrumbelt,
grad vor ne Venus hingepflanzt.

Der Sachse, der is unersetzlich
als Bannerträger der Guldur.
Nur wärkt er oft merkwärdig bletzlich
in der umgäbenden Nadur. –
Er is von Wißbegier geladen
un hat für's Keische keenen Sinn –
schwärmst du von heimlichen Geschdaden,
brillt er: »Da mach'n mer ooch noch hin!«

Drum wackrer Deitscher sei nur friedlich
un bänd'ge deinen Schimpfinstinkt;
de Welt is iewerall gemiedlich,
soweit de säch'sche Zunge klingt.
Der Sachse, der dud nischt zerdeppern,
für den bleibt schtets de Hoffnung schtehn –
es wärd sich schon zusammenläbbern;
nu ja – das Leben is doch scheen! –

JOHANNA MOOSDORF

Sächsische Reminiszenzen

Manchmal höre ich Leute sagen, sie litten darunter, Sachsen zu sein. Ich selber hege solche Skrupel nicht. Eine Sächsin zu sein, das hat stets zu den wenigen Bedingungen meiner Existenz gehört, unter denen ich nicht gelitten habe, im Gegenteil, ich bin gerne eine Sächsin gewesen und bin es noch, eine Leipzigerin, eine aus der Buch-, Musik- und Messestadt an der Pleiße mit ihrem grünspanbedeckten Pleißenburgturm, ihrer Bücherei, ihren Chören und Kirchen und ihren Leuten, die sie bildet, wie einst ein berühmter Frankfurter festgestellt hat. Im Munde dieser ›Gebildeten‹ klingt die Sprache, die außerhalb des Landes gern lächerlich gemacht wird, geradezu melodisch. Wer Ohren hat zu hören, vergleiche einmal das harte Berlinisch-Preußische mit dem weich schwingenden, oft auch unbestimmten Klang des Sächsischen, einer Sprache, die wie geschaffen ist zum Deuten und Dichten, Philosophieren und Spintisieren. Ihr Tonfall erlaubt keine doktrinären und autoritären Schlüsse. Auch eindeutig gemeinte Aussagesätze behalten etwas Fragendes, Zögerndes, Offenes, als wollten sie suggerieren, daß Wahrheit niemals die ganze Wahrheit ist. Deshalb wirkt das Sächsische wenig überzeugend, wenn ein eingleisiger Mensch es spricht, einer, der durchaus die ganze Wahrheit zu besitzen glaubt. Als Sachse kann er dennoch nicht aus seiner Haut, vielmehr: aus seiner Sprache heraus. In den Ohren eines Engländers, der kein Deutsch verstand und auf die Sprachmelodie horchte, klang sogar eine jener gestrengen Reden, mit denen Walter Ulbricht seinerzeit seinen Hörern die neueste Parteilinie erklärte und einpaukte, ›eigentlich recht freundlich‹. Besonders das halb fragende, sehr sächsische ›Ja –?‹, das Ulbricht seinen Sätzen anzuhängen pflegte, fand der Engländer ausgesprochen ›liebenswürdig‹. Die Übersetzung des soeben Gehörten verblüffte ihn dann allerdings; auf Englisch klang das alles sehr viel weniger ›kind‹ und ›amiable‹. In ihrer derberen, volkstümlichen Variante jedoch, im Munde der weniger Bemühten also, gewinnt die gleiche Sprache eine oft umwerfende Komik. Wen allerdings im Augenblick rätselhafte und unheimliche Erscheinungen heimsuchen wie den Adrian Leverkühn im FAUSTUS, als er nach Leipzig kam, der mag, von den guten Geistern seines Mutterwitzes verlassen, die Sprache der Leipziger ›teuflisch gemein‹ finden – auch der engelhafteste Dialekt (falls es ihn gibt) würde seine Kreise stören.

Teuflisch oder nicht, ein unerschrockener Sachse vermag sogar der beliebten und berüchtigten Berliner Großschnauze Paroli zu bieten, wenn auch weniger mit seiner Schlagfertigkeit (das auch), als mit der listigen Naivität seines nervensägend-quengeligen Geredes. Auch der sächsische Witz und die sächsische Anekdote leben meist aus der Sprache selbst und sind auf mehr oder weniger geistreiche Pointen und Knalleffekte nicht unbedingt angewiesen. Ihrer Kitzelwirkung auf die Lachmuskeln können jedenfalls – davon bin ich überzeugt – nur humorlose Finsterlinge und Menschenverächter auf die Dauer widerstehen. Wem es noch nicht passiert, daß er bei einer höchst unpassenden, womöglich ernsten Gelegenheit in ein schallendes Gelächter ausgebrochen ist, nur, weil jemand etwas Sächsisches vor sich hin nuschelte – oder auch laut, im Brustton der Überzeugung, von sich gab wie der sächsische Globetrotter, der mir in einer Reisebeschreibung begegnet ist. Die habe ich vor vielen Jahren gelesen und hätte sie bestimmt längst vergessen, wäre nicht jene Anekdote darin vorgekommen – ich weiß nicht mehr in welchem Zusammenhang, weiß nicht warum und wieso, erinnere mich nur einer mörderischen Situation in einem menschenfeindlichen Dschungel. Der Erzähler, erschöpft von Durst und Hitze, fühlt sich am Ende seiner Widerstandskraft. Er leidet. Er kann nicht mehr. Da ertönt hinter ihm eine erboste Stimme: »Verdammde Droobn!« (Tropen).

Vermutlich war der Sprecher als der ›typische‹ reiselustige Sachse beschrieben, ein schwitzender, biertrinkender, lamentierender kleiner bis mittelgroßer Dicker in Hemdsärmeln und mit Hosenträgern, der überall auftauchte, wo er nach Meinung seines Autors nicht hingehörte, sei's in den Uffizien, der Alhambra oder in besagtem Dschungel. So wenigstens ist er durch die Gebrauchsliteratur der ersten Jahrhunderhälfte gegeistert. Inzwischen ist aus ihm der deutsche Tourist schlechthin geworden, nur die Hosenträger sind, glaube ich, verschwunden. Sic *dransid* gloria mundi, würde jetzt ein Leipziger von der bemühten Goetheschen Sorte hinzufügen, die Silben genüßlich dehnend, das MUN-DI liebevoll auf der Zunge zerschmelzend...

Es sollen übrigens nicht nur literarische Figuren wie der erwähnte (und absolvierte!) Leverkühn, sondern auch höchst lebendige Zeitgenossen auf solche unbefangene sächsische Naturlaute hämisch und bösartig reagieren. Mich selber hat ihretwegen noch keiner geschmäht, höchstens gelegentlich geschubst: Sprich nicht so sächsisch! Im Laufe gewisser hitziger Diskussionen, in die sich ja die angeblich sanftmütigen Sachsen oft mit wahrer Leidenschaft stürzen, passiert es eben, da geraten sie, so versiert sie im sogenannten Hochdeutschen sein mögen, unversehens in den heimatlichen Dialekt – wie andere Leute auch. Es ist sicherlich nicht zufällig jedesmal ein Sachse gewesen, der mich ermahnt hat. Nicht nur zwei Seelen wohnen, ach, in seiner Brust. Seine Welt hat verschiedene Richtungen, in die sie ihn ziehen, nicht nur ein Hinab und Hinauf. Daraus ergeben sich Empfindlichkeiten, es kränkt ihn, daß seine guten und gutmütigen Absichten oft mißverstanden werden. Gelegentlich sieht er sich allerdings auch handfesteren Ärgernissen ausgesetzt, gibt es doch offenbar hierzulande noch immer Unentwegte, die aus der jüngeren deutschen Geschichte nichts gelernt haben. Nach wie vor schreien sie nach Sündenböcken, denen sie die Schuld an allen Ungerechtigkeiten und Leiden, die ihnen widerfahren, aufladen können. Die Greuel der Gaskammern sind vergessen, die darin umkamen, verschwunden, aber das macht nichts, es gibt ja die Sachsen, die tun's auch, gewiß doch, auch sie, eine Minderheit, eignen sich: also drauf! Haut die Sachsen! Die Sachsen sind schuld! Sie sind anders, sie sind falsch, sie sind schlau – ich weiß nicht, was noch, rot, vermutlich. Zum Glück ist die Macht und hoffentlich auch die Anzahl der schrecklichen und gefährlichen Vereinfacher heute gering, die ihre Hohlköpfe mit Verallgemeinerungen und Gerüchten vollstopfen, weil sonst nichts hinein will. Auch ist der Flüchtlingsstrom aus Sachsen, der in manchen hinterwäldlerischen Provinzen Haß ausgelöst hat, versiegt. Daran ließen sich andere unerfreuliche Betrachtungen knüpfen. Meinen Spaß am Sächsischen und meine Sympathie für die Stadt und das Land meiner Herkunft kann allerdings kein Sachsenfresser trüben. Vielleicht ist etwas Sentimentales an meiner Heimatliebe. Ein bestimmt nicht sentimentaler Grund dafür ist die Neigung der Sachsen zur Selbstironie. Wenn sie auch andererseits (siehe die diversen Seelen in ihrer Brust) schnell und im Augenblick tief beleidigt sein können, geht doch ihre unverwüstliche Lust, sich selbst zu verspotten, meistens siegreich aus solchem Ungemach hervor. Da fliegen die Fetzen. Keiner schont sich. Wie die Juden, die ich kannte (ich denke besonders an einen, der mir sehr nahe stand) herzhaft über wenig schmeichelhafte jüdische Witze lachten, so lachen die Sachsen, die ich kenne (mich selbst inbegriffen, auch wenn es da mit dem Kennen hapern sollte) gern, laut und ungekränkt über wenig schmeichelhafte sächsische...

JOACHIM RINGELNATZ

Trennung von einer Sächsin

Ich kann dir alles verzeihn.
Aber du mußt mir die Freiheit lassen,
mich nicht mehr mit dir zu befassen.
Sächsische Quengelein,
auch wenn man ihrer nur träumt,
sind etwas, womit man die Zeit versäumt.

Du hast viel warmes Gemüt
und lügst oft aus Höflichkeit.
Und auf diesem Boden blüht
und gedeiht die Geschmacklosigkeit.

Ich weiß das genau. Denn ich bin
in Sachen erwachsen. Das zu verschweigen
oder deswegen mokant sich zu zeigen,
hätte nicht – oder nur sächsischen Sinn.

Ich kann deiner Falschheit nicht trauen.
Geh jetzt zur Ruh!
Blondhaarig mit schwarzen Brauen,
so schönes Mädchen du!

Aussichten sind unendlich weit.
Aber Sächsisch in dieser Zeit,
Eins, Neun, Zwo, Acht – Gute Nacht.

Als sie dann traurig ging,
ward mir so bang und kalt.
Gab ich ihr keinen Halt.
Armes Ding.

ALFONS PAQUET

Sächsische Reise

Aus Sachsen mitgebracht: ein Buch, ein Spielzeug, ein Vierteldutzend Socken. Das Buch zur Abwechslung nicht einmal aus Leipzig, sondern aus Herrnhut. Das Spielzeug, ein grünlackierter, kaum handgroßer Blechkahn, der durch ein brennendes Wachsstümpfchen im Innern wie ein Motorboot über das Wasser der Badewanne getrieben werden kann, nicht aus dem Erzgebirge, sondern aus einer Bude gegenüber dem Dresdner Bahnhof. Die Sokken allerdings aus Chemnitz, aber sie haben ein Muster, das es nur in Amerika zu kaufen gibt.

Ich hätte noch andere Proben mitbringen können, vielleicht eine Blockflöte, ein paar Stoffhandschuhe mit Schlangenhautmuster, einen modernen Lampenschirm oder eine Meißner Tasse, lauter typisch sächsische Produkte, denen man ihre Herkunft auf den ersten Blick nicht ansieht – man ist an ihr Dasein so gewöhnt, daß man ganz vergißt, nach der Herkunft zu fragen. Wir wollen Waren und Menschen kennenlernen, und hinter den Menschen das Land.

Das Flugzeug stößt aus seiner Wolkenluft auf eine graue Wiese hinunter, man sieht noch im Niedersinken blinkende Gewässer in dünnbewaldeten Auen. Ein doppeltes Bahngleis glänzt in der Nähe, gerade klirrt ein Güterzug, wie in eine übergroße Schaumwelle gehüllt, daher. Man geht über den regennassen Beton in das kleine weiße Haus, die weißen Tische, die sonst mit ihren bunten Dekken draußen stehen, sind nicht da, und die rosagläserne Terrasse hinter dem Flugplatz, die im Sommer von Blumenrändern besäumt ist, steht diesmal leer. Viele Neugierige stehen am Rand des Flugplatzes. Er wird ebenso eifrig von Halle besucht wie von Leipzig. Deshalb heißt die Flugstation auch Halle–Leipzig, und ihr nächstes Städtchen heißt Schkeuditz. Es liegt noch auf preußischem Boden, aber es gehört von altersher noch zu der sogenannten ›Leipziger Pflege‹, zu der ja sogar das armselige Rökken noch gehört, das nicht weit von Merseburg liegen muß. In diesem Dorf, dem das Braunkohlenrevier schon recht nahe ist, ist Nietzsche geboren, und er liegt dort neben seinem Vater, der Pfarrer war, begraben. An der Rückseite der Flugstation wartet schon das Auto auf ein paar Passagiere, wir fahren gedankenschnell an dem Marktplatz und Rathaus von Schkeuditz vorbei, in dem, wenn ich richtig gelesen habe, der Großvater Gotthold Ephraim Lessings Bürgermeister war. Dörfer mit graugelben Häusern und vielen grünen Fensterläden und grüngestrichenen Zäunen schließen sich dicht aneinander. Der Freistaat Sachsen wird schon begonnen haben. Hier ist der äußerste Winkel dieses großen, ungleichschenkligen Dreiecks Sachsen, das von der ganzen Ausdehnung Deutschlands gerade nur den dreißigsten Teil einnimmt, aber erstens seine am dichtesten bevölkerte Gegend und zweitens eines seiner Grenzländer ist. Der Name dieses Landes ist nicht auf seinem Boden gewachsen, er ist die Elbe hinaufgewandert, und er bezeichnet einen Volksstamm, der sich durch Eigenschaften bemerkbar macht, die rühmenswert sind, aber sich von den Eigenschaften der ebenfalls rühmenswerten Niedersachsen deutlich unterscheiden. Die verwinkelten Dörfer, durch die wir fahren, hängen ziemlich voller Kolonialwarenreklamen, und mehrfach finden sich Wegweiser nach einem Gasthaus, das sicherlich wohl zu den ländlichen Dingen dieser bescheiden eingegrenzten Ländlichkeit gehört.

Unversehens ist man in einer Vorstadt mit Eisenbahnüberführungen, Bauzäunen und Fabriken. Die Fahrt geht durch lange graue Straßenzüge, gleich zum Bahnhof. Man merkt, daß der Leipziger Bahnhof der größte in Deutschland ist. Er ist ein ungeheurer Köcher, der die Eisenbahngeleise von halb Europa in dreißig fächerartig zusammenfließenden und schließlich streng nebeneinander ausgerichteten Schienenpaaren in sich aufnimmt. Das alles kündigt sich schon von weitem durch die Bahnübergänge und die Stellwerkhäuschen an, dann hält man vor einem der Seiteneingänge. Jenseits des breiten platzartigen Straßenzuges, auf den er mündet, beginnt erst wieder die Stadt.

Heute werden wir uns in der Stadt nicht aufhalten. Auch dieses riesige, dreigeteilte Hallengebäude mit dem breiten Querbahnsteig und den vielen nebeneinandergereihten Plattformen, die sich abwechselnd beleben, erscheint als ein sehr lebendiger Teil einer Stadt. Auf den Eisensäulen der Bahnsteige sind sichtbar Klingeln angebracht, durch die man Gepäckträger rufen kann. Das gibt es anderswo nicht. Und da es an Gepäckträgern hier durchaus nicht fehlt, so dürfte sich die Einrichtung so erklären, daß Leute mit schweren Koffern hier häufiger sind als sonst und daß es manchmal eine Menge Leute gibt, die Hilfe brauchen, um ihr Gepäck nach einem andern Zug oder in die Stadt zu schleppen.

Auf der Fahrt nachher im Zug ist genügend Zeit, den amtlichen Taschenfahrplan für Sachsen zu studieren. Der kleine Fahrplan ist ungefähr ein Viertel dicker als der des Rhein-Main-Gebietes, das in seiner ganzen Ausdehnung mit Frankfurt in der Mitte mindestens um ein Viertel größer ist als das ehemalige Königreich Sachsen. Das Land ist so zwischen West und Osten ausgestreckt, daß man West-, Mittel- und Ostsachsen unterscheidet. Dem Auswärtigen sind diese Unterschiede nicht geläufig. Vielleicht kommt man ihnen in ein paar Tagen auf die Spur. Da liegt nun auf der kleinen dürren Eisenbahnkarte als die offenbar wichtigste Linie gar nicht die Strecke von Leipzig nach Dresden. Die Linie zwischen Plauen, Chemnitz und Dresden erscheint viel dichter mit Nebenlinien und Seitenbahnen besetzt, sie sieht förmlich aus wie ein Seifenblasenmuster. Diese Strecke kommt gabelförmig von Hof und von Regensburg nach Plauen hinauf, dann wendet sie sich nach Nordosten. Ihr Hauptpunkt ist Chemnitz, von dort setzt sie sich nach Dresden und weiter wie eine Angelrute über Bautzen fort, um in Schlesien zu verschwinden. Vergleicht man mit diesem Kärtchen die Landkarte, so ist festzustellen, daß diese Bahnlinie parallel zu einer Seite des Dreiecks verläuft, die man den Sockel von Sachsen nennen könnte. Das ist das Erzgebirge, und die Bahnstrecke hält sich dort von der Grenze immer ungefähr vierzig Kilometer entfernt. Das ist die Weite des Anstiegs bis zur Kammhöhe, die kaum eine der zahllosen Stichbahnen erreicht. Im übrigen ist der Keil oder das Dreieck Sachsen nicht gerade ein sehr gleichmäßiges, gleichschenkliges Gebilde, es ist eigentlich von allen Seite her häufig eingedrückt und eingebeult. Aber das Dreieck zeigt doch mit seiner deutlichen, wenn auch etwas abgebogenen Spitze nach Osten. Die längste Seite des Dreiecks mißt zweihundertvierzig Kilometer, die andere nur zweihundert, zwischen beiden sind hundertfünfzig Kilometer die äußerste Spreizung. Und gerade diese Schmalseite, die sozusagen im Leipziger Hauptbahnhof beginnt, trifft genau im Süden auf Plauen. Die Eisenbahnstrecke aber, die Leipzig und Plauen fast in gerader Richtung verbindet, durchschneidet ein Stück von Thüringen mit Altenburg und Reuß. Auch von Chemnitz, das nördöstlich von Plauen und etwas tiefer im Lande liegt, kommt eine gerade Strecke nach Leipzig herauf. Aber die Leipzig–Dresdner Strecke mit ihren 110 Kilometern ist nun doch die erste und älteste Fernbahnstrecke Deutschlands.

Übrigens sind die Reisenden hier im Schnellzug nicht gesprächig, aber man hört die Erzählung einer Frau über die halbhohe Wand des Nachbarabteils hinweg. Sie spricht von evangelisch, katholisch und evangelisch, es ist von einer Frau die Rede, die jedesmal ihren Glauben wechselte, wenn ein anderer Mann in Betracht kam. Leider ist jedesmal, wenn drüben das ganze Abteil in ein schallendes Lachen ausbricht, die Pointe schon vorüber. Der Schnellzug hat entschieden etwas Lokalbahnhaftes. Einmal rollt es hohl über irgendeine kleine, schmale Brücke, es ist wohl einer der vielen kleinen Flüsse, die Sachsen alle in der Richtung nach Norden durchfließen, vielleicht die Mulde bei Wurzen, die ebenfalls einer der vielen Erzgebirgsflüsse ist und sich selber wieder aus zwei Mulden zusammensetzt, von denen die eine die Zwikkauer, die andere die Freiberger Mulde heißt. Beide also fließen durch Bergwerksstädte, aber zwischen diesen beiden Städten ist ja wohl ein Unterschied ungefähr wie zwischen einem Stück Bochum und einem Stück Schwäbisch Hall.

Riesa. Die Fahrt bis zur Elbe ging ja rasch. Quer zur großen Elbbrücke liegt der Hafen zwischen den Hälften einer kleinen Stadt. Der Hafen ist die Mündung eines Flüßchens. Die Kranen dort an der Mauer haben in normalen Zeiten viel Arbeit zu besorgen, hier ist der erste Hafen von Hamburg elbaufwärts, der den Umschlag zum sächsischen Braunkohlengebiet, zur thüringischen Glasindustrie, zu der Papierindustrie und der Emailwarenindustrie und der Spielwarenindustrie aus dem Erzgebirge vollzieht. Braunkohlenbriketts gleiten auf steilen Rutschbahnen in die Kähne, auf den Tankschiffen pumpt man Petroleum in große Behälter, Getreide und Petroleum kommen direkt von der See. Jetzt sind wir auf der östlichen Elbseite, drüben, nicht weit vom Strom, aber er ist außer Sicht. Dresden beginnt mit seinen locker verstreuten Vorstädten an den Elbhöhen, eine Stadt, die an Ausdehnung fast so gewaltig und gefräßig ist wie Berlin. Hier liegen Kötzschenbroda und Radebeul, die jetzt zusammen die jüngste Stadt Deutschlands sind, weil sie sich zusammenschlossen, um nicht schließlich doch in Groß-Dresden aufzugehen. Die Eisenbahnstrecke steigt dann langsam aus der endlosen Fläche von Fabrikorten und Schrebergärten auf den bogenförmig untermauerten Damm von Dresden Neustadt hinauf, hält in dem großen, grauglasernen Bahnhof und geht dann mit einem Blick auf die dunkeln, gedrechselten Türme der Stadt an einer künstlichen, buntbeleuchteten Moschee vorbei über die Elbe. Die Bahnhöfe Dresden-Neustadt und Wettiner Straße erinnern sehr an die Stadtbahndämme in Berlin. Aber dann steht der Zug im Kopfbahnhof, der nur mit seinen Galerien Durchgangsbahnhof ist. Draußen stehen die Bogenlampen und darunter in breiter Reihe die Autobusse. Es ist fast wie ein zweiter, nur schienenloser Bahnhof. Es ist, als führen mehr Autobusse als Elektrische durch die Stadt, aber viele dieser Wagen fahren ja wohl auch noch abends über Land.

HEINZ CZECHOWSKI

Sächsischer Nachmittag

1
Aus den Wäldern
Springt der gefleckte Tag.
Ein Wechselbalg
Aus Licht und Schatten.

2
Der Weg
Steigt an verfallenden
Mauern empor.
Hinter verwilderten Gärten:
Häuser,
Jedes sein eignes
Gedicht.

3
Wie von Kröner beschrieben,
Liegt unter uns
Eine Landschaft
Auş Schönheit und Wehmut,
Planlos planvoll gewachsen
Von Bischof Benno
Bis Gerhart Hauptmann.

4
Hinter Torbögen
Mit goldenen Trauben im Schlußstein:
Hangauf Rebschulen, Jungfelder,
Abgängige Weinberge.

5
Hier wird noch
Die Winzersprache gesprochen:
Der Boden rigolt,
Blindreben gesetzt,
Geiztriebe beschnitten,
Mit Rauchdecken gegen den Frost,
Mit Wustfeldern, sächsischer Sturheit
Der Wein gesäuert.

6
Im Dunkel verging
Ein Jahrhundert romantischer Schmerzen
Mit Gartenfesten,
Flackernden Windlichtern,
Gelehrtenfleiß,
Pincenets,
Florentinerhüten.

7
Geblieben sind
Auf vergilbenden Daguerretypien:
Reichsgründungsfeiern und
Der unvermeidliche
Bismarckturm.

JOHANN WOLFGANG GOETHE

Reise über Meißen nach Dresden

(Dresden, den 11. April)

Am Ostertage hatten wir auf dem Weg nach Leipzig trübes und stürmisches Wetter, fortdauernd vortrefflichen Weg, aber so menschenleer, daß man in der Wüste zu fahren glaubte. Der Himmel heiterte sich auf, und schon um 12 Uhr zogen wir in Leipzig ins ›Hotel de Saxe‹ ein. In Makranstädt hatten wir einige Russen gesehn, die sich mit irgend einer Art von Spiel divertierten. Ein sehr gutes Essen stellte uns wieder her, wir durchzogen die Stadt, die gerade wegen des schneidenden Windes nicht erfreulich war. Abends gingen wir ins Declamatorium des Herrn Solbrig. Hohler, geist- und geschmackloser ist mir nicht leicht etwas vorgekommen: das Publicum aber hat mir gefallen. Es mochten gewiß an 300 Taler eingekommen sein, sie applaudierten aber nur ein einzig Mal, als er den Kaiser Alexander hochleben ließ. Hätte der arme Schlucker sein Handwerk verstanden, so hätte er gleich »*Wohl auf, Cameraden! aufs Pferd, aufs Pferd!*« angestimmt, und hätte gewiß große Sensationen erregt. Dagegen fing er mit jämmerlichem Ton das elendeste aller jammervollen deutschen Lieder zu recitieren an: »*Ich habe geliebet, nun lieb ich nicht mehr.*« Es rührte sich aber hierauf, so wie nach andern ähnlichen Dingen keine Hand weiter, und wir machten uns in Zeiten davon...

Montag, den 19., fuhren wir ohne irgend ein Ereignis, bei guten und leeren Straßen auf Wurzen, wo wir neben der Fähre eine ganz neue Militärbrücke fanden. In Oschatz fanden wir einen leidlichen Gasthof zum ›Löwen‹ und schrieben daselbst eine Parodie des Solbrigschen Lieds, sie beginnt: *»Ich habe geliebt, nun lieb ich erst recht!«* und so geht es denn weiter. Von Leipzig heraus war die Gegend beschneit und bereift, das taute aber weg und verlor sich; von einer gar freundlichen Abendsonne beleuchtet sahen wir das schöne Elbtal vor uns und gelangten zu rechter Zeit nach Meißen in den ›Ring‹. Ein großes Fourage-Magazin gegenüber versorgten unzählige Fuhren, weshalb die Wagen den ganzen Platz einnahmen. Eine Witwe mit zwei Töchtern versorgte den Gasthof in dieser schweren Zeit, die jüngste erinnerte mich an euere glückliche Art, zu sein. Sie erzählte die Verbrennung der Brücke mit großer Gemütsruhe, und wie die Flamme in der Nacht sehr schön ausgesehen habe. Die zusammenstürzende Brücke schwomm brennend fort und landete am Holzhof; weil aber nicht das mindeste Lüftchen wehte, so erlosch alles nach und nach. In anderthalb Stunden war das ganze Feuerwerk vorbei. Ferner erzählte sie von den Kranken und Gefangenen, die sie gespeist hätte, von der Einquartierung in den letzten Zeiten, wie die Kosaken ihre Pferde abgesattelt, sich in Kähne gesetzt und die Pferde nachschwimmen lassen. Das alles war vorübergegangen, und Meißen befand sich vor wie nach. Dies ists, was am meisten aufheitert, wenn man an Orte kommt, wo der Krieg wirklich getobt hat, und doch noch alles auf den Füßen findet.

Dienstag, der 20., war ein sehr angenehmer und unterrichtender Tag. Vor allen Dingen bestiegen wir das Schloß und besahen uns zuerst die Porzellanfabrik. Die Vorratssäle nämlich. Es ist eigen und beinah unglaublich, daß man wenig darin findet, was man in seiner Haushaltung besitzen möchte. Das Übel liegt nämlich darin. Weil man zu viel Arbeiter hatte (es waren vor 20 Jahren über 700), so wollte man sie beschäftigen und ließ immer von allem, was gerade Mode war, sehr viel in Vorrat arbeiten. Die Mode veränderte sich, der Vorrat blieb stehn. Man wagte nicht, diese Dinge zu verauktionieren oder in weite Weltgegenden um ein Geringes zu versenden, und so blieb alles beisammen. Es ist die tollste Ausstellung von allem, was nicht mehr gefällt und nicht mehr gefallen kann, und das nicht etwa eins, sondern in ganzen Massen zu Hunderten, ja zu Tausenden. Jetzt sind der Arbeiter etwa über 300. Hauptmann von Wedel, ein Bruder unsers guten Oberforstmeisters, hat die Direktion, freute sich sehr, einen Weimaraner zu sehn, und war äußerst gefällig. Hinter den wohlgeputzten Scheiben einer Wohnung auf dem Schloßplatze sahen wir eine von den lieblichsten Erscheinungen. Ein schönes Mädchen, von etwa 4 Jahren, wurde eben zum 3. Feiertage von der Mutter angezogen und stand auf dem dunkeln Grunde wie ein Porträtchen, das van Dyk und Rubens nicht schöner hätten malen können. Die Schönheit des Kindes, die günstige Beleuchtung, der dunkle Grund, der Firnis des Glases, alles trug dazu bei, daß man sich nicht satt sehen konnte; und als ihr nun die Mutter das Halskräuschen umlegte, war das Bildchen völlig fertig. Während der ganzen Zeit sah sie uns an und schien beinah zu empfinden, daß es was Artiges sei, so aufmerksam angesehn zu werden. Der Dom, der auf demselben Platz steht, hat aus mehreren Ursachen äußerlich nichts Anziehendes, inwendig aber ist es das schlankste, schönste aller Gebäude jener Zeit, die ich kenne; durch keine Monumente verdüstert, durch keine Emporkirche verderbt, gelblich angestrichen, durch weiße Glasscheiben erhellt, nur das einzige Mittelfenster des Chors hat sich bunt erhalten. In eben dem Chor waren mir auffallend und neu die aus Stein gehauenen Baldachine über den Sitzen der Domherrn. Es sind Kapellen und Burgen, die in der Luft schweben, und das Geistliche mit dem Ritterlichen wechselt immer ab. Eine höchst schickliche Verzierung, wenn man bedenkt, daß die Domherren altritterlichen Geschlechts waren und die Kapellen ihren Türmen verdankten. Ich habe mir gleich eine Zeichnung davon gemacht, die den ganzen Begriff gibt, den man durch Beschreibung niemandem geben kann.

Zum Frühmal ward ein Karpfen mit polnischer Soße genossen, wie er uns den Abend vorher schon trefflich geschmeckt hatte. Ich besah noch die Pfeiler der abgebrannten Brücke und fuhr um halb 1 ab. Bei halb bedecktem Himmel war die Luft kühl, und doch Sonnenblicke so reichlich, daß wir die vergnüglichste Fahrt hatten. Wir zogen über die neugeschlagene Schiffbrücke und dann an dem rechten Ufer der Elbe hin, das über alle Begriffe kultiviert und mit Häusern bebaut ist, die erst einzeln, dann mehrere Stunden lang zusammenhängend, eine unendliche Vorstadt bilden. In der Neustadt fanden wir alles auf dem alten Fleck, der metallne König galoppierte nach wie vor auf derselben Stelle unversehrt. In Weimar hatten sie ihm schon durch die Explosion der Brückenbogen einen Arm weggeschlagen. Schon 1/2 Stunde vor der Stadt begegneten uns reichliche Spaziergänger, sogar eine lesende Dame; auf der Brücke aber erschien der 3. Feiertag in seinem völligen Glanze, unzählige Herren und Damen spazierten hin und wieder. Die beiden gesprangten Bogen sind durch Holzgerippe wieder hergestellt, aber nicht bis zur Höhe der steinernen Brücke, weßwegen man hinunter- und wieder hinauffahren muß. Was diesen Mißstand veranlaßt, erfuhren wir nicht. Auch die Stadt war sehr belebt. In der Moritzstraße hielten Russen, erwartend eine selige Bequartierung. Uns aber gings wunderlich: denn als ich an der Wohnung des Prinzen Bernhard anfuhr, begegnete mir Hauptmann Verlohren und erzählte, daß er eben das Haus geräumt und für die Hoheit eingerichtet habe. Ich bewunderte die gute Austeilung und anständige Einrichtung, fand auch Körners und andere Damen daselbst, welche diese Anstalten beurteilen wollten und billigten. Hauptmann Verlohren verschaffte uns sogleich ein ander Quartier in der 1. Etage seiner Wohnung, bei Herrn Hofrat von Burgsdorf. Wir sind auf das allerbequemste eingerichtet, finden gute Bedienung, herrliches und nicht zu teures Essen in einem nahen Traiteurhause; unser Wein hat bis heute gehalten, der Rack natürlich auch... Nun – wünscht man recht wohl zu leben und hofft auf die Fortsetzung. G.

RUDOLF ALEXANDER SCHRÖDER

Gruß an Dresden

Ich sah dich oft im Lenzen,
hab öfters noch dein gedacht,
Stadt, unter Blumenkränzen
von schimmernden Hügeln bewacht.

Viel blankes Getürm und Gebäude
beschaut sich im silbernen Fluß.
Wer dich erblickt, hat Freude,
Trauer, wer scheiden muß.

Wer scheidet, fühlt sich betrogen,
möcht immer noch stehn und schaun
der Brücke steinernen Bogen,
die Kuppel unserer Frau'n

und den Strom und sein lachendes Leben
im Morgen- und Abendlicht.
Mag's größere Städte geben:
schönere weiß ich nicht.

HEINRICH LAUBE

Dresden

Dresden ist eine schöne Stadt an der Elbe, das weiß jedes Kind. Es wäre Luxus, über die Merkwürdigkeiten dieser Stadt noch etwas zu sagen, da jeder reputierliche Gebildete unseres Vaterlandes einmal dagewesen ist oder hinreist. Es hat an die sechzigtausend sächsische Einwohner, von denen zwei Drittel seit vielen, vielen Jahren an einer epidemischen und kontagiösen Krankheit, nämlich an Stockschnupfen leiden.

Schlechte Historiker sind der Meinung, Meißen sei die älteste Hauptstadt Sachsens gewesen, weil man noch heutzutage jeden Sachsen an der Aussprache dieser Stadt erkenne. Aber die berühmte Porzellanfabrik des Ortes hat wirklich Einfluß auf den Volkscharakter gehabt: kein deutscher Volksstamm faßt den Fremden so höflich, porzellanartig fein an als der sächsische. Meißner Porzellan und sächsische Höflichkeit sind weltbekannt. Aber nicht alle Leute wissen, daß Porzellan und diese Höflichkeit die schneidendsten Scherben geben, wenn sie verletzt werden.

Über die Kunstanstalten Dresdens, das japanische Palais, das grüne Gewölbe, die Rüstkammer und die Bildergalerie läßt sich nur Preisliches sagen, und die Leichtigkeit, Eintritt zu erhalten, zeugt von größter Liebenswürdigkeit.

Die Einwohner scheiden sich in streng gesonderte Gruppen: unter den höheren Klassen und den höheren Regierungsbeamten findet man sehr feine, geschmackvolle Bildung und vornehme, kultivierteste Manieren. Sie erkennen, daß sie an Ludwig Tieck am Altmarkt einen bedeutenden Dichter besitzen. Und wenn sie seine Vorlesungen und ihn selbst nicht besuchen, so geschieht es entweder, weil man das eine nicht kann ohne das andere, oder weil sie nicht vier bis fünf Stunden mäuschenstill sitzen mögen, oder weil ihnen seine Schriften lieber sind.

Die Gicht hat Ludwig Tieck ein wenig zusammengeworfen. Sonst trägt er noch die klarsten Spuren eines Mannes, der schön gewesen ist. Was den dichtenden Denker vor der blöden Menge immer auszeichnet, das Auge mit seinem Glanze und Drange, das ist ihm in aller Schönheit geblieben. Tieck ist ein überlegener Geist in der Gesellschaft, solange ihm keine Usurpationsgedanken an die Literaturthrone in den Sinn kommen. Er weiß wie ein überlegener Geist bei den groben Schmeicheleien zu schweigen, die ihm der Schwarm mit plumpen, fetten Händen auftischt. Er spricht glänzend, wenn ein literarisches Lebensthema berührt wird. Wie gewöhnlich macht er mehr Wesen von dem, was unwichtig an ihm ist. Er spricht mit größerem Nachdruck von seinen Studien als von seinem Talente. Als er den ›Tod des Dichters‹ geschrieben hat, soll er geseufzt haben über die Masse dessen, was er lesen müsse, ungefähr wie ein Historiker, der eine unbekannte Geschichte schreibt, zu der viele neue Quellen gelesen werden müssen.

Die Hofräte ignorieren Tieck, aber auch vieles andere. Als die Periode der Briefwechsel in unserer Literatur begann, da drohte ein Aufstand unter ihnen auszubrechen. Khun, Kind und Genossen erschienen mit echauffierter Menge im Kasino:

»Scheen guten Abend, Herr Hofrat...«

»Ei, scheen guten Abend, Herr Hofrat!«

»Wie befinden sich der Herr Bruder Hofrat?«

»Danke gehorschamst, Herr Bruder Hofrat...« Pause.

»Den angepriesenen Briefwechsel schon gelesen, Herr Bruder Hofrat, zwischen Schiller und Goethe?«

»Ach ja, was meinen der Herr Hofrat dazu?«

»Unter uns gesagt...«

»Wees es Gott, Bruder Hofrat, wenn mer alle unsere Briefe hätten drucken lassen...«

»Hätten drucken lassen wollen, habe ich nicht recht, hochgeschätzter Herr Bruder...«

»Die Welt hätte andere Dinge zu heeren gekriegt, als – als...«

»*Sub sigillo,* Herr Bruder, als diese Lappalien...« Der Vorhang fällt, die Herren rauchen weiter und beklagen sich, daß die Solidität aus der Literatur verschwindet.

Daneben ist Dresden reich an feinen alten Räten vom Appellationsgerichte und so weiter, die mit dieser Klasse gar nichts gemein und eine literarische Zunge haben und ein stilles, gediegenes Urteil.

Einige deutsche Städte führen wie die Studenten ihre Spitznamen. So nannte die Dichterschule aus dem ›linkischen‹ Bade Dresden nie anders als Elb-Florenz, und obwohl ich sonst nicht viel Gemeinschaftliches habe mit diesen Sängern im schwarzen Frack, so nenne ich Dresden doch immer gern Florenz, da sich wirklich viel Entsprechendes in den Verhältnissen und Beziehungen dieser Stadt mit der toskanesischen Hauptstadt findet.

Die Künste waren lange Zeit *par excellence* in Dresden zu suchen, wie einst unter den Mediceern in Florenz. Der Hof war katholisch und zumeist mit italienischen Prinzessinnen beschickt, die die italienische Sprache und eine italienische Oper mit sich brachten. Noch heute liegt in der Nähe des Schauspielhauses ein italienisches Dörfchen. Paläste mit italienischen Namen, Denkzeichen der Zeiten des prächtigen August finden sich noch vielfach und erinnern an romanische Dinge und Töne. Der kleine wohlhabende Staat Sachsen bot ebenfalls mancherlei Parallelen mit Toskana.

Dresden ist eine der Städte, wo ich gerne ankomme. Es hat mir immer aus der Ferne das meiste Vergnügen gemacht. Aber man muß aus den schlesischen Grenzwäldern nach Sachsen reisen, um einen entzückenden italienischen Anblick zu finden: das bergige, sonnenfrische Bautzen, die schöne hügelige Straße links mit den blauen Bergen, die hinabführt zu dem heiteren Bischofswerder, wo so hübsche Mädchen wohnen, das alles stimmt überaus empfänglich. Und nun kommt man zu den waldigen Bergen, wo die breite Straße eilig hinabrennt zum Elbtale, und zwischen Fichten, Tannen und Landhäusern sieht man weit unten im Hintergrunde, begrenzt von einer sanften Hochebene, eine breite Stadt mit italienischen Türmen, Kirchen und Schlössern: Florenz, das blühende, in weichen, gefälligen Farben prangend und lockend. Dieser Anblick hat soviel Südliches, Fabelhaftes, daß er mir stets die buntesten Hoffnungen und Illusionen weckt. Dresden wimmelt stets von Reisenden. Es ist eine Winter- und Sommersaison, die Italien vertritt. Die Brühlsche Terrasse an der Elbe, von der man hinab gegen Meißen, hinauf bis in die Vorberge der Sächsischen Schweiz sieht, klingt von allen Sprachen Europas.

An warmen Sommerabenden ist es sehr hübsch auf der Brühlschen Terrasse. Bunt, vornehm und heiter, so daß man gar nicht in Deutschland zu sein glaubt. Geputzte, schöne Gestalten mit fremden Gesichtern schreiten vorüber. Die Terrasse steigt kühn und steinern vom Flusse auf und stößt rückwärts überall an den langen Palast. Die Illusion des Fremdartigen dauert so lange, bis uns ein Registraturgesicht aufstößt, eines jener unvertilgbaren Gesichter der Heimat, die Lachen, Ärger und heimliche Liebe in uns erwecken. Solche alte Busenkrausen, gelbe Stulpstiefel, weißliche Kaschmirhosen, Schnupftabaknasen, weiße Unterhalstücher, silberne Uhrketten sieht man noch häufig in Dresden.

Auch eine Erinnerung aus der Rotenmützenzeit von Halle, aus der Zeit des Zorns und des Enthusiasmus ohne Gedanken begegnete mir dort. Wir sahen einander zweifelnd an: »Entschuldigen Sie, mein Herr...« »Ah, ich wollte mir eben auch erlauben...« »Sind Sie nicht...« »Haben wir nicht zusammen...« »Bist du wirklich der Bruder Medardus an der Klausstraße?«

Es ist ein sehr bedenkliches Unternehmen, einen alten Universitätsfreund wiederzufinden. Die Menschen gehen zu verschiedene Wege. Der Jugendfirnis der Akademien, der alles ausgleicht, geht verloren. Da gibt es noch wüste, fatale Kirchhofszenen, die Vergangenheit selbst wird vergiftet. So wie man sich hüten muß oder sich nur vorsichtig daran machen darf, alte Plätze einstiger Poesie aufzusuchen, die neue, anteillose Gesichter entweihen, so wird auch das Antlitz der Freunde und Geliebten oft alt, stumpf und unkenntlich.

Mein Bruder Medardus hatte sich leidlich frisch erhalten. Hatte jahrelang still zwischen Bergen gewohnt, ein liebendes Weib gefunden, und hoffte noch von der Welt. Das ist die Hauptsache. Wer noch hofft, ist noch jung. Seine Augen können noch leuchten, sein Herz kann noch beben. Bittet Gott, daß er euch nicht die Hoffnung überleben läßt, und bleibt empfänglich für die kleinsten, putzigsten Hoffnungen.

Im Jahre 1827 waren wir auf dieser Terrasse gestanden, den Kopf voll vom griechischen Testament und von orientalischen Kirchenvätern. Das Herz voll von Sehnsucht nach himmelblauen Augen, die wir auf der Schule geliebt hatten. Voll Sehnsucht nach der stillen, schattigen Pfarrstelle, nach dem Frieden beschränkter, aber eigener Häuslichkeit.

Wie ist das anders geworden, Medardus! Moderne Wünsche schweifen über Berge und Länder, und das Idyll des Herzens ist doch nicht zerstört.

Wir beide sind durch die Sächsische Schweiz gezogen, Liebeslied auf Liebeslied singend, wechselnd wie die Schwalbe, der schlesische Pietätsvogel. Verse haben wir auf kleine Blätter geschrieben und haben sie von der Bastei in die grüne Tiefe hinabflattern lassen, durch die silberglänzend die Elbe zieht. Der Wind nahm sie auf seine Flügel, und jedes Mädchen, das sie fand, war auch gemeint.

Es sind keine großartigen Verhältnisse, aber mannigfacher Reiz liegt in diesem sächsischen Gebirge. Blau und violett erheben sich die einzeln abgespaltenen Berge wie Steinschlösser ringsum. Die Sächsische Schweiz ist ein Milchschwesterchen des Riesengebirges. Der schlimme, gewaltige Bruder hat alle Kraft in sich gesogen, nur die Anmut, die Taille und der hüpfende Wuchs ist dem Schwesterlein geblieben. Das Riesengebirge ist der Napoleon der deutschen Berge, die Sächsische Schweiz die leichte, bewegliche Josephine, der er mit der Tafelfichte die Hand reicht. Rasch stürmt er von dort vom Westen des achtzehnten Jahrhunderts aufwärts und immer aufwärts; auf dem ›Hohen Rade‹, dem Konsulate, ruht er einen Augenblick und eilt dann geflügelt auf die Koppenhöhe des Kaisertums. Dort schließt jäh das hohe Gebirge und fällt in entsetzliche Gründe. Dort verschwindet der Kaiser.

Aber auf der Bastei gibt Josephine ihre heiteren Hoffeste, und im Ottowalder- und Amselgrunde sind die süßen Erinnerungsplätze der revolutionären Liebe des Generals Bonaparte. Dort liegen für ewige Zeiten die unsterblichen Liebesbriefe, die ein großer Mann vergessen muß, denn die Größe ist einsam und lieblos.

RICHARD WAGNER

Erinnerungen an Dresden 1849

Der Sonntag (7. Mai) war einer der schönsten Tage dieses Jahres; ich wurde durch den Gesang einer Nachtigall geweckt, welcher aus dem unweiten Schützeschen Garten zu uns heraufdrang; eine selige Ruhe und Stille lag über der Stadt und der von meinem Standpunkt aus übersehenen weiten Umgebung Dresdens; nur gegen Sonnenaufgang senkte sich ein Nebel auf die letztere herab: durch ihn vernahmen wir plötzlich, von der Gegend der Tharandter Straße her, die Musik der Marseillaise klar und deutlich zu uns herdringen; wie sie immer mehr sich näherte, zerstreuten sich die Nebel, und hell beschien die glutrot aufgehende Sonne die blitzenden Gewehre einer langen Kolonne, welche von dorther der Stadt zuzog. Es war unmöglich, dem Eindrucke dieser andauernden Erscheinung zu wehren; dasjenige Element, welches ich so lange im deutschen Volke vermißt und auf dessen Kundgebung verzichten zu müssen nicht wenig zu den bisher mich beherrschenden Stimmungen beigetragen hatte, trat plötzlich sinnfällig in lebensfrischester Farbe an mich heran; es waren dies nicht weniger als einige tausend gut bewaffnete und organisierte Erzgebirgler, meist Bergleute, welche zur Verteidigung Dresdens herangekommen waren.

Bald sahen wir sie auf dem Altmark, dem Rathaus gegenüber, aufmarschieren und nach jubelnder Bewillkommnung dort zur Erholung vom Marsche sich lagern.

Gleiche Zuzüge setzten sich fast den ganzen Tag über fort; und der Lohn der tapferen Tat des vorigen Tages schien sich jetzt in erhebender Weise einstellen zu wollen. Im Angriffsplan der Truppen schien eine Veränderung eingetreten zu sein, was aus den mehrseitigen, aber nicht mehr so konzentrierten Attacken auf verschiedene Punkte zugleich sich erkennen ließ. Die Zugezogenen hatten vier kleine Kanonen mitgebracht, das Eigentum eines Herrn Thade von Burgk, welcher mir früher durch eine sehr wohlwollende, aber bis zur Lächerlichkeit langweilige Rede beim Stiftungsfest der Dresdener ›Liedertafel‹ bekannt geworden war; woran es mich, da nun sein Geschütz von den Barrikaden gegen die Truppen abgefeuert wurde, sonderbar ironisch gemahnte.

Einen ungleich bedeutungsvolleren Eindruck erhielt ich aber, als ich gegen elf Uhr das alte Opernhaus, in welchem ich vor wenigen Wochen noch die letzte Aufführung der Neunten Symphonie dirigiert hatte, in hellem Brand aufgehen sah. Von je, wie ich gelegentlich schon erwähnt, war die Feuergefährlichkeit dieses mit Holz und Leinwand angefüllten, seinerzeit nur provisorisch errichteten Gebäudes der schreckende Gegenstand der Befürchtung von Feuergefahr gewesen.

Man sagte mir, es sei, um einem gefährlichen Angriff der Truppen von dieser bloßgelegten Seite her zu begegnen und zugleich die berühmte Sempersche Barrikade vor einer übermächtigen Überrumpelung zu schützen, aus strategischen Gründen in Brand gesteckt worden; woraus ich mir entnahm, daß derlei Gründe in der Welt ein für allemal mächtiger als ästhetische Motive bleiben, aus welchen seit langer Zeit vergeblich nach Abtragung dieses häßlichen, den eleganten Zwinger so arg entstellenden Gebäudes verlangt war.

Von so ungemein leicht brennbarem Stoff angefüllt, brach dieses in seinen Dimensionen sehr imposante Haus in kürzester Zeit in ein ungeheures Flammenmeer aus. Als dieses auch die Metalldächer der anliegenden Galerie des Zwingers erreichte und diese in wunderbar bläulichen Flammenwellen zu wogen begannen, äußerte sich unter uns Zuschauenden das erste Bedauern über den Vorgang;

man glaubte, das Naturalienkabinett sei bedroht; andere dagegen bewiesen, es sei die Rüstkammer, wogegen ein Bürgerschütz äußerte: in diesem Fall sei es nicht schade, wenn dort die ›ausgestopften Adeligen‹ verbrennten. Es schien aber, daß man aus Kunsteifer dem Weitergreifen des Brandes zu wehren wußte, welcher in Wahrheit dort nur geringen Schaden angerichtet hatte. – Endlich füllte sich unser bis dahin verhältnismäßig ziemlich ruhiges Observationsasyl mit immer größeren Scharen von Bewaffneten, welche hierher kommandiert waren, um von der Kirche aus den Zugang nach dem Alten Markt, dessen Angriff von der Seite der schlecht verwahrten Kreuzgasse her man befürchtete, zu verteidigen.

Unbewaffnete hatten nun hier nichts mehr zu suchen; außerdem war mir eine Botschaft meiner Frau zugekommen, welche nach ausgestandener schrecklicher Beängstigung mich nach Hause rief. Nur mit großer Mühe und unter den zeitraubendsten Schwierigkeiten gelang es mir, auf allerhand Umwegen in meine abgelegene Vorstadt, von welcher ich durch die kampferfüllten Teile der Stadt und namentlich durch eine Kanonade vom Zwinger aus abgeschnitten war, zurückzugelangen. Meine Wohnung war ganz erfüllt von aufgeregten Frauenzimmern, welche sich um Minna versammelt hatten, darunter die schreckverstörte Frau Röckels, welche ihren Mann im dicksten Kampfe vermutete, da sie wohl annahm, daß er auf die Nachricht des Dresdener Aufstandes hin zurückgekehrt sein möchte. Wirklich hatte ich auch gehört, daß Röckel an diesem Tage eingetroffen sei, jedoch ihn selbst noch nicht zu sehen bekommen. Außerdem erheiterten mich wieder meine jungen Nichten, welche vor Freude über das Schießen in die übermütigste Laune geraten waren, welche selbst meine Frau, nachdem ich sie über mich persönlich beruhigt hatte, einigermaßen ansteckte.

Alle hatten sich über den Bildhauer Hänel geärgert, welcher durchaus das Haus immer gesperrt halten wollte, damit dort keine Revolutionäre eindrängen. Über seine Furcht, namentlich vor den Sensenmännern, welche sich auf der Straße gezeigt hatten, machten sich alle Frauenzimmer ausnahmslos lustig. So verging dieser Sonntag wie eine Art von freudigem Familienfest.

MARTIN RASCHKE

Der Zauber Dresdens

Lieber Freund,
wärst Du nur erst hier und könntest all das Schöne mit mir teilen! So aber kann ich nichts anderes, als Dich bitten, mit mir wenigstens in Gedanken auf einen der Türme zu steigen, um Nähe und Ferne zu betrachten. Spürst Du den Wind? Er ist warm, er bringt den Frühling auf seinen Flügeln von Westen.

Sieh Dich um! Sieh Dich um!

Von Süden eilen die Ausläufer des Erzgebirges in langsam abebbenden Wellen bis an die Vorstädte, die von den Fluten des Berglandes noch auf- und abgehoben werden. Auf ihren breiten Wellenrücken tragen Sie Wälder von ferne heran, die sich mehr und mehr verstreuen, je näher die Hügelflut dem Elbtale kommt.

Dort, auf den Höhen von Bannewitz, finden sie sich nur noch als Büsche, die alle Schlackenberge der einstigen Grubenanlagen übergrünten, und dann verzichten die Bäume ganz auf die Sammlung in Busch und Wald.

In langen Kolonnen marschieren sie mit ihren grünen Häuptern am Rande der Straßen auf die Stadt zu: Vogelbeere, Pappel und Birnbaum.

Ja, die Wälder scheinen in die Stadt zu wandern, wo sie sich alsdann überall wieder zusammenscharen, von Gärtnern zu vielgestaltigen Parks gebändigt, und mit den Bäumen, mit Vogelbeere und Birne, scheint auch die Landschaft in die Stadt einzuziehen; um drunten am Elbufer, den Kirchen und Schlössern zu Füßen, in den grünen Uferwiesen zu ruhen.

Wieviel Bewegung ringsum! Wendet man sich elbaufwärts, über das Grün der Wiesen und Uferhänge nach

Südosten, trifft der freudige Blick die Fülle von Sandsteinformen der Sächsischen Schweiz, und auch im Nordosten ist nirgends Beruhigung: von der Höhe der Uferberge dehnt sich der Wald bis zu den Granitmassiven der Lausitz.

ERICH KÄSTNER

Dresden war eine wunderbare Stadt

Dresden war eine wunderbare Stadt, voller Kunst und Geschichte und trotzdem kein von sechshundertfünfzigtausend Dresdnern zufällig bewohntes Museum. Die Vergangenheit und die Gegenwart lebten miteinander im Einklang. Eigentlich müßte es heißen: im Zweiklang. Und mit der Landschaft zusammen, mit der Elbe, den Brücken, den Hügelhängen, den Wäldern und mit den Gebirgen am Horizont, ergab sich sogar ein Dreiklang. Geschichte, Kunst und Natur schwebten über Stadt und Tal, vom Meißner Dom bis zum Großsedlitzer Schloßpark, wie ein von seiner eignen Harmonie bezauberter Akkord.

Als ich ein kleiner Junge war und mein Vater, an einem hellen Sommerabend, mit mir zum Waldschlößchen spazierte, weil es dort ein Kasperletheater gab, das ich innig liebte, machte er plötzlich halt und sagte: »Hier stand früher ein Gasthaus. Das hatte einen seltsamen Namen. Es hieß ›Zur stillen Musik‹!« Ich blickte ihn verwundert an. »Zur stillen Musik«? Das war wirklich und wahrhaftig ein seltsamer Name! Er klang so merkwürdig und so heiter verwunschen, daß ich ihn nicht mehr vergessen konnte. Ich dachte damals: ›Entweder macht man in einem Gasthaus Musik, oder es ist still. Aber eine stille Musik, die gibt es nicht.‹

Wenn ich später an der gleichen Stelle stehenblieb und auf die Stadt hinabschaute, zum Wilisch und zur Babisnauer Pappel hinüber und elbaufwärts bis zur Festung Königstein, dann verstand ich, von Jahr zu Jahr, den Gastwirt, der ja längst tot und dessen Gasthaus längst verschwunden war, immer besser. Ein Philosoph, das wußte ich damals schon, hatte die Architektur, die Dome und Paläste, ›gefrorene Musik‹ genannt. Dieser sächsische Philosoph war eigentlich ein Dichter. Und ein Gastwirt hatte, auf den silbernen Fluß und das goldene Dresden blickend, sein Gasthaus ›Zur stillen Musik‹ getauft.

Nun, auch mein sächsischer Gastwirt war wohl eigentlich ein Dichter gewesen.

ROLF SCHNEIDER

Volute gegen Vorderlader

Dresden ist mancherlei: Mythos und Gegenwart, Menetekel, Touristenumschlagplatz, Verwaltungszentrum, steingewordener Kunstsinn und Binnenhafen für die urtümlichsten Gefährte aller dampfgetriebenen Flußschiffahrt: jene mit dem Schaufelrad. Es ist nebenher noch die sächsische Landeshauptstadt. Ich insistiere auf diesem Präsens. Wiewohl mir der äußerliche Anachronismus bestens bewußt ist. Ein Land Sachsen existiert nicht mehr, wurde vielmehr geteilt in drei Verwaltungsbezirke, ähnlich dem Gallien zu Zeiten Cäsars; jeder Humanist kennt den Eingangssatz des Bellum Gallicum; dennoch hielt sich der Name Gallien, wie auch der Name Sachsen sich hält. Wofür aber stehen solche Namen, wenn sie nicht stehen für Gegebenheiten? Sachsen ist, und ist unzweifelhaft. Der Fortfall föderalistischer Staatsgrenzen läßt den Rahmen des Ethnischen nur um so prächtiger erstehen. Was dieser Rahmen umschließt, lohnt näherer Betrachtung. Daß im Fokus allemal Dresden zu sehen ist – wir wollen es nicht vergessen.

Nun kann in deutschsprachigen Landen das Wort ›sächsisch‹ niemand hören, ohne daß er sofort an ein Idiom denkt. Dieses Idiom gilt als über die Maßen komisch. Heruntergekommen auf den veräußerlichten Jux minderer Amüsierbühnen, vermittelt es kaum noch das Bewußtsein – es sei denn, jemand sei Philologe –, hier liegt der Grund aller gemeindeutschen Sprachverständigung. Vor einem halben Jahrtausend gab es keine deutsche Sprache. Es gab eine Unzahl von Dialekten. Ein Händler aus Hamburg konnte leichter sich unterhalten mit einem Kunden aus Amsterdam als mit einem aus München. Urkunden wurden verfaßt in der solcherart lebendigsten aller toten Sprachen: dem Latein. Das wurde auch dadurch nicht wieder zur lebendigen, will heißen: gesprochenen Sprache. Was also lag näher, als die tatsächlich gesprochene Sprache zur Schriftlichkeit zu führen? Man ersann eine Urkundensprache. Nicht eine, mehrere ersann man, in den jeweils hauptbedürftigen Zentren des Landes ersann man sie, und deren eines war Meißen an der Elbe. Als Martin Luther daranging, die Bibel zu übertragen, bediente er sich der ›Meißener Kanzlei‹. Der so entstandene Text wurde Allgemeingut. Die deutsche Sprache, mit Fug läßt es sich sagen, ist sächsisch. Noch Goethe, als Prinzipal der höfischen Schauspieler von Weimar, schrieb das Idiom von Leipzig als höchstverbindlich vor. Erst der Aufstieg Preußens, eines überwiegend niederdeutschen Territoriums, machte solch ausschließlichen Sprachprimat zunichte. Da die sächsische Sprachstruktur des Gemeindeutsch irreversibel war, okkupierte man wenigstens den Sprachklang. Seither gilt, daß die Lautfärbung des mustergültig gesprochenen Deutsch niederdeutsch zu sein habe. Der sächsische Singsamg mit seinen flachen Vokalen und Medioforten verfiel der Lächerlichkeit.

Dieser sprachliche Exkurs lehrt vielerlei. Beispielsweise: Die sächsische Feststellung ›Wie guhd, daß mir Sachsen geen Dialeggt ham‹ ist pure und historisch erhärtete Wahrheit, kein Gelächter entkräftet das. Aber das Gelächter existiert. Jedem Sachsen schlägt es entgegen. Wie will man ihm verargen, daß er sich getroffen fühlt, nicht teilhaben kann an der Fröhlichkeit anderer: dieser Fröhlichkeit und jeder Fröhlichkeit am Ende? Tatsächlich sind die sächsischen Anlässe zu lachen überwiegend unverständlich für Außenstehende, wie auch umgekehrt. Da die Sachsen eine Minorität sind unter diesen anderen, trifft sie das Verdikt der Humorlosigkeit. Majoritäten haben allemal recht. Das ist demokratisch. Selbst die Statistik stützt das. Statistiken sind freilich untauglich fürs Fixieren geschichtlicher Meriten und Wandlungen. Gekränkt sitzen die Sachsen im Winkel.

Zu dem eben Dargelegten will wenig stimmen, daß eines der drei klassischen Lustspiele deutscher Zunge eine durchweg sächsische Tat ist. ›Minna von Barnhelm‹ beschreibt ein Edelfräulein aus Sachsen, und aus Sachsen kommt der Verfasser. Aber: wie lustig ist denn eigentlich dieses Lustspiel? Die beiden anderen Paradigmen, jenes von Kleist, jenes von Hauptmann, haben einen eindeutig komischen Plot. Jedesmal ist es übrigens ein krimineller. Jedesmal sind die Verfasser übrigens Preußen. Lessings Komödie ist die Geschichte einer gekränkten Ehre, einer preußischen zwar, während die weiblich-überlegene Gelassenheit durch die Sächsin repräsentiert wird; gegeben aber ist es aus sächsischer Sicht. Das läßt zwei mögliche Schlüsse zu: Entweder findet hier eine prophetische Projektion in die Zukunft statt, wo die Dinge genau umgekehrt liegen werden, oder aber es ist die Spiegelung eines umgekehrt bereits vorhandenen Tatbestandes. Wofür die komplizierte und für Lessing einigermaßen kränkende Beziehung zu dem Flöte spielenden König in Sanssouci zu sprechen scheint. Wie auch immer: von den drei klassischen Lustspielen deutscher Zunge ist ›Minna von Barnhelm‹ das mit Abstand unlustigste. Viele Leute gibt es, die meinen, und ein paar prominente Leute sagten und sagen es laut: Der Witz dieses Stückes sei schlechterdings nicht erkennbar.

›Minna von Barnhelm‹ entstand nach dem Siebenjährigen Krieg. Es war jener Krieg, welcher den totalitären Machtanspruch Preußens entschied, auch und gerade gegenüber Sachsen. Das ›gerade‹ versteht sich, Friedrich betreffend, aus der Tatsache, daß des jungen preußischen Kronprinzen folgenschwere Begegnung mit Sex, Kultur und feinem Leben am Hof zu Dresden sich begab. Das grobe *brain washing* seines Vaters trieb ihm derlei Neigungen wieder aus. Man kennt die eigentümliche Technik menschlicher Seele, vermittels derer ein Haßgefühl statt auf den Urheber auf den Gegenstand eines Zwists projiziert wird. Der Stifter Groß-Preußens verabscheute fortan die Sachsen. Lessing bekam es zu spüren, und das Land seiner Geburt erst recht.

Was nicht heißen soll, daß Sachsens Fürstenhof die weißen Lämmer stellte und Fritz der böse Bube war. Die verschiedenen Dresdner Potentaten jenes Säkulums, vorwiegend mit Namen August, waren skandalöse und liederliche Duodez-Herrscher, welche lediglich im Konflikt zwischen Pomp und Kriegsruhm aufs erste setzten, wie Friedrich aufs zweite. So stand die Barockvolute gegen den Vorderlader. Niemand konnte zweifeln am machtpolitischen Ausgang so ungleicher Gegnerschaft. Mir persönlich will nur scheinen, daß die sächsische Manier sich vergleichsweise friedfertiger ausnimmt. Selbst in Dingen imperialen Anspruchs. Nehmen wir den Erwerb östlicher Ländereien: Kurfürst August wurde Polenkönig durch Umstände, welche ihren Grund im Schlafzimmer hatten; Preußen expandierte nie anders als durch Pulverdampf. Natürlich war der sächsische Erfolg kurzlebiger. Daß Preußen eine seiner Provinzen noch naßforsch mit dem Namen Sachsen versah, das Anhaltinische nämlich, ist der Gipfel hämischen Triumphes.

Warum aber dieser Haß? Bloß weil der junge Fritz just in Sachsen seinen Einblick ins zeitgenössische Luderleben nahm? Aber die Frage stellt sich anders. Wo denn sonst, in unmittelbarer Nähe der Mark, hätte er solchen Einblick nehmen können? Es blieb nur Dresden. Des starken August Konversion zum Katholizismus war ein rein politischer Akt, doch er zeitigte wundersame Kultur-Folgen. Katholizismus in jener Zeit hieß: Barock, hieß: oberdeutsch, hieß: Öffnung zur Romania; also wurde Dresden von einer austauschbaren Metropole zur einmaligen. Wurde zur Kunststadt, mitten im protestantischen Norden, wurde, was Berlin nicht war und niemals werden konnte. Bekanntlich gedeiht Kunst nur, wo Kunst schon ist. Kein Zähneknirschen, kein Eisenknirschen kann dies erzwingen. Berlin blieb eine hagere Kalvinistensiedlung; auch Sanssouci war bloß ein Produkt aus Schweiß und Knauserei; Bach schrieb ein paar Concerti und floh, floh wohin? – floh nach Sachsen. Als die Hohenzollern schließlich architektonischen Ehrgeiz entwickelten, entstanden ein paar schöne und strenge Bauwerke. Aber was umsäumten sie? Eine militärische Paradestraße: keine Konkurrenz für den Zwinger. Preußens finstere Macht und furchteinflößendes Ansehen wuchsen unaufhörlich in ganz Europa. Die Hauptstadt des damit verglichen kümmerlichen Sachsen blieb von musischer Attraktivität, und ihr Ansehen verbreitete keine Furcht. Der Dualismus führt bis in unser Jahrhundert, wo Dresden eine Richard-Strauss-Premiere nach der anderen gebar, Berlin aber höchstens das Cabaret. Beides Produktionen voller Zeitgeist, aber die Duette zwischen Octavian und Sophie sind zweifellos repräsentabler als Claire Waldoffs Gesang. Berlin hatte den einen Liebermann, Dresden präsentierte eine ganze Crew. ›Die Brücke‹ geheißen und voller kunstgeschichtlicher Zukunft. Als Preußen schließlich, nach zweihundertjährigem Zögern, den von August vorgegebenen Import oberdeutschen Katholizismus' nachholen wollte, brachte man es zu einem miserablen Kunstmaler aus Braunau nebst einigen wilden Bayern, die zwar Dresden zugrunde richteten, Preußen aber gleich mit, und noch viel gründlicher: Preußen existiert seitdem nicht mehr, Sachsen aber, wir sagten es, existiert.

Nun wurde hier Dresden immer gleich Sachsen gesetzt wie umgekehrt. Dies war über die Maßen fahrlässig, und außerdem war es falsch. Der sensualistische Überfluß dieser Stadt gedieh vielleicht zum höheren Ruhm, ganz sicher aber zur häufigen Pauvreté seiner Umgebung. Dresden steht nicht nur zu Preußen, sondern auch zu Sachsen selber in höchst auffälligem Gegensatz. Sachsen ist Zwikkau und Plauen, Sachsen ist bestenfalls Meißen. Am sinnfälligsten ist es vielleicht in Leipzig, wo die einstige sprachlich-kulturelle Mittlerfunktion, ausgewiesen durch das Lutherdeutsch, sich wenigstens noch in merkantiler Form erhalten hat.

Es wird aber dadurch die Situation der Nicht-Dresdener Sachsen in doppelter Weise belastet: durch den Antagonismus zu Dresden, welcher Stadt man überdies wieder den Antagonismus zu Preußen verdankte, ohne Dresden zu sein. Tief und unausrottbar ist daher der Kummer in diesen Breiten, und wenn alte Statistiken berichten, die Sachsen seien die selbstmordfreudigste Völkerschaft der Deutschen – wen wundert es? Und wen wundert, daß die Sachsen, mit der kunstfreundlichsten Stadt nördlich der Main-Linie als Hauptstadt, diese mieden und das Land Sachsen flohen, sofern sie Künstler waren? Nach Schwaben ist es des deutschen Territoriums üppigste Geniekoppel. Doch während die Schwaben heimatsüchtig blieben, von Hölderlin bis Hesse, wiesen die Sachsen alles Sächsische weit von sich wie eine üble Krankheit. Von zahllosen Beispielen sei hier das prägnanteste angeführt: das des Richard Wagner. Leipziger von Geburt, machte er sogar seinen Versuch mit Dresden, gebärdete sich jakobinisch, floh aber dann: nach Frankreich, Bayern, Italien, am Ende ein humorloser, empfindlicher, ruhmpusseliger Opportunist mit alberner Oberbekleidung. Seine Produktion aber ließ sich widerstandslos okkupieren: ausgerechnet von Preußen und ausgerechnet für den preußischsten aller Zwecke, eine feine Untermalung fürs blutige Endspiel.

Sie waren sicher nicht alle so. Aber etwas davon war in den meisten. Und wie Wagner die sächsischen Künstler zu repräsentieren vermag, repräsentierten diese die Sachsen schlechthin. Repräsentieren sie zumal in einer Eigenschaft, die sehr künstlerisch und zugleich sehr sächsisch ist: der Neugier. Sie ist Grund einer anderen Eigenart, welche ich Respektlosigkeit nennen möchte. Bekanntermaßen erhält ein Ortsfremder, der in Leipzig nach einer Straße fragt, zur Antwort die Gegenfrage: Egar – was wollnsn da? Respektlosigkeit war es aber auch, kraft derer man den letzten sächsischen König zur Abdankung zwang und ihm keinen anderen Ausspruch ließ als diesen: Machd eiern Dregg alleene! Was dann auch geschah.

HELGA SCHÜTZ

Besuch in der Galerie

Es heißt, Wasser zirkuliere im Gleichmaß zwischen Himmel und Erde. Dieses Jahr nicht. Dies Jahr kommt alles von oben. Es regnet ununterbrochen viel. Wir aber machen uns nichts daraus. Wir fertigen uns aus für einen Gang aus dem Gehäuse, ziehen feste Schuhe an und versuchen, einen Regenschirm zu finden. Inzwischen gebe ich eine Erklärung zu unserem heutigen Unternehmen: Die neulich von ihm, dem Kleinen, gemalte Katze mit dem roten Schnurrbart habe mich darauf gebracht, kurz, ich mache mich erbötig, ihn, den Kleinen, mitzunehmen in die Galerie.

Während ich erkläre und den vermißten Schirm beschimpfe, will er wissen, warum wir in die Galerie und nicht zum Beispiel in den Großen Garten zur Kindereisenbahn gingen. Die Kindereisenbahn, sage ich, ist für sonnige Zeiten oder mindestens für Tage ohne Niederschläge gedacht. Wer weiß denn, ob die kleine Bahn sich gegen solche grobe Natur durchsetzen kann. Die bleibt vielleicht im Wetter stecken. Die Lehre geht dem Kleinen ein. Er fragt, warum in die Galerie und nicht zum Beispiel in das Reptilienhaus des Zoologischen Gartens. Ich weiß keine bessere Erklärung, als daß mir seine Katze mit dem roten Schnurrbart so außerordentlich gefallen hätte, daß ich den Plan gefaßt, ihm sehr viele schöne Bilder zu zeigen, die von erwachsenen Leuten schon vor einigen hundert Jahren gemalt worden sind. Er will wissen, ob auch Katzenbilder dabeisein werden. Hat je ein alter Meister eine Katze gemalt? Ich kann mich nicht erinnern. Den Schirm haben wir inzwischen in einem Schirmfach gefunden, aber das ist noch lange kein Regendach, vorläufig ist das

Ding ein Krückstock, und dabei bleibt es. Die Mühe, die wir an die fortschrittliche Spiral- und Blattfedermechanik verwenden, um den Schirm aufzuspannen, verlohnt sich nicht. Wir geben auf. Ein Blick aus dem Fenster: noch Regen. Trotzdem: wir gehen. Der Kleine hat unterdes meine Lehre nach seinem Kopfe gesattelt. Brötchen eingesteckt für die Salamander, falls wir doch in ein Reptilienhaus gehen.

Eilig eilen wir durch die halbe Straße des Herrn Guths-Muths.

Der Kleine in seinem aschfarbenen Regenpaletot vor mir her, erwartungsvoll, schon wegen des nächsten: die Straßenbahn. Haltestelle Fauenpalast. Ich trete unter das Vordach des Kinos. Vor dem nächsten das vornächste: ein Schleppdampfer. Der nabelt sich ab vom Ufer der Pieschner Hafenanlage, rädert sich schwer in die Fahrrinne und macht sich ohne viel Dampf elbabwärts in Richtung Meißen, Magdeburg, Tangermünde, vielleicht sogar Hamburg. Der Kleine hält das Dampfschiff im Auge, nicht gerade mit schlauem Gesicht, sperrt den Mund auf und sagt plötzlich laut: Bad Schandau! Bad Schandau ist der Name des Dampfers. Ja, das stimmt. Das ist richtig. Bad Schandau heißt das Schiff. Bad Schandau ist ein wohlklingender und guter Name, wenn man ein Kind ist, das gerade erst alle Buchstaben kennengelernt hat, diese Buchstaben nun wiederentdeckt und ordnet zu einem Gebilde Badsch an dau und schließlich Sinn hinter dem Gebilde vermutet und findet. Bad Schandau. Wir sind froh, und das ist ein schöner Beginn eines Besuches in der Galerie, auch wenn es regnet und wir einen Schirm haben, den man nicht benutzen kann, weil er eine kombinierte Spiral- und Blattfedermechanik hat. Bei guter Laune besehen, ist man in so einem, am häufigsten blau vorkommenden, zivilen Uniformmantel aus Dederon ganz gut gegen alles geschützt, was von oben kommt.

Unten kommt die Straßenbahn. Beim Ballhaus Watzke

beugt sie sich in die Straße. Sie hat uns gesehen. Sie kriecht uns entgegen. Eine Fünfzehn aus Radebeul. Wir fahren. Die Leipziger Straße stadtwärts, längs der Elbe, die wir hinter den Häusern nicht sehen, aber wissen und auch ahnen könnten, wenn wir sie nicht wüßten. Flüsse nimmt man wahr, bevor man sie sieht. Puschkin-Haus. Stadt-Metz – Anton – Leipziger. Zum Bahnhof Neustadt bitte umsteigen. Wir bleiben. Karl-Marx-Platz. Neustädter Markt. August der Starke auf einem dickarschigen Pferd macht eine schöne Levade, alles in Gold, alles vergoldet. Dann über die Brücke. Dimitroffbrücke. Die Elbe führt Hochwasser. Nicht besonders oder gar bedrohlich, aber wesentlich höher als in anderen Jahren um diese Zeit. Am Terrassenufer sind die weißen Markierungen der berüchtigten Hochwasserjahre noch frei und leserlich.

Die Fünfzehn hält auf dem Theaterplatz. Wir steigen aus und überqueren den großen eben gepflasterten Platz, auf dem auch heute, dem Schlechtwettertag, Reisebusse aus vielen Ländern auf ihre Bürde warten. Wir gehen in das Gewölbe der Galerie. Fühlen uns geborgen unter dem, was über uns aus zwei Schwächen zu einer Stärke in bezug gebracht worden ist, Bogen, Kreisviertel, im Begriffe zu fallen, aber das eine tritt dem Sturze des anderen konsequent entgegen, möglich, daß sich das Gewölbe im nächsten Augenblick weiter verjüngt, die Spannung der Bogen am Ende verlorengeht, die Steine sich schließlich auflösen und Raum wird für Licht und Regen. Ich zahle unser Eintrittsgeld. Voran. Treppauf.

Was sonst, ohne die Kalamität draußen, in Schloßparks und Gärten, vor Japanischen und Italienischen Palais, auf Brühlschen Terrassen, auf Weißen Hirschen und auf Altmärkten sein würde, ist heute zum größten Teil auch hier. Schon in den Aufgängen: Bilder. Die weniger außerordentlichen, die vermöge ihres Alters und ihrer Größe vorsichtig schon unsere Achtung fordern sollen. Der Kleine läßt sich willig in die Hallen führen. Legere Kunstsachverständige und perplexe Neulinge stehen und schauen, genießen und staunen. Viel beisammen vor den Bildern von Giorgione und Tizian und Rubens und Rembrandt und Dürer und Holbein und van Dyck und Cranach, Eyck, Correggio und Hals. Eine ganze Schwadron vor Raffael. Praktizierende Kunststudenten lotsen die Besucher vor die wichtigsten Erscheinungen der Kunstgeschichte und mühen sich um eine saubere Erklärung der Werke aus der Zeit und aus einem Vorbild. Bei Rs Werken spiele die italienische Imagination mit, ohne, daß er mit der flämischen Technik gebrochen hätte. Dies können versammelte Ohren auch in einem sächsischen Französisch, Englisch oder Russisch hören. Ich mache mich mit dem Kleinen vor Lorenzo di Credi. Hier in der Ecke ist es verhältnismäßig still. Credi hat eine Heilige Familie gemalt. Genauer: eine Familie. Das Wichtigste auf dem Bild: das Kind. Der Kleine sagt: So sei unser molliges Kleinstes zu Hause. Ein Viertel des Bildes: die Mutter. Nur für das Kind da. Mit einem weiten Mantel, es einzuhüllen, einer Garbe Weizen, es zu nähren, einem Distelfinken, es zu unterhalten. Der Vater, außerhalb des schützenden Gemäuers um Mutter und Kind, gleichmütig und bedachtsam, da für Mutter und Kind, aber Blick auf das, was draußen geschieht – er hat gröbere und größere Kreise zu ziehn. Der Kleine sagt: Soll das Afrika sein? Marokko vielleicht oder das alte Ägypten? Der Himmel ist schön und blau, und das Wasser sieht warm aus. Ich gebe zu, daß es Nordafrika sein könnte. Wir schaun uns das Bild lange an. Wir haben eine Meinungsverschiedenheit. Dieses helle Licht über allem, kommt es von Mittag oder von Abend? Der Kleine behauptet, es wäre Abendlicht, denn der Horizont habe einen honiggelben Saum, das käme von der Sonne, die eben hinter den Bergen verschwunden wäre. Ich muß zu bedenken geben, daß Mutter und Kind, durch einen Mauerpfeiler vom Hintergrund getrennt, im Schatten dieses Pfeilers sein müßten, wenn die Sonne gerade untergegangen wäre. Es ist meine Pflicht, weiter dagegenzuhalten: Wenn die Sonne im Mittag steht, haben die Landschaften dieses Blau, denn die Luft ist dann frei von Feuchtigkeit. Du siehst die Bäume an den Rändern leuchtend grün und die Schatten in der Mitte dunkel. Es mag Mittagslicht sein. Er einigt sich mit mir auf Mittagslicht. Ich spekuliere darauf, dem Kleinen eine weitere Familie vorzuführen. Die Heilige Familie des löblichen Botticelli, denke ich. Aber der Kleine fährt dagegen, er will jetzt vor allem einmal herausfinden, wo diese auseinanderführenden Räumlichkeiten zu Ende gingen, wieviel Zimmer denn eine Galerie habe. Dreißig, schätzt er. Wir gehen ohne große Eile. Er will wissen, welche Spezies Fisch dort auf dem Bild neben dem goldenen Teller läge, Karpfen oder Schlei? Was ein Altar sei. Und wozu Eisenanzüge nötig wären. Ob ich diese Venus schon einmal gesehen und ob ich den Dürer persönlich gekannt hätte.

Reisegruppen halten ihn auf und fesseln seine Aufmerksamkeit. Vor Rubens' Merkur und Argus stauen sich Rumänen. Über die Zwischenstationen Russisch und Französisch kommt es schließlich aus drittem Munde an deren Ohr. Von einem bestimmten Jugendschicksal ist die Rede, das den jungen Rubens in außergewöhnliche Situationen hineingeworfen hätte. Und dann geht über mehrere Sprachen das Geständnis: Peter Paul war nicht nur Maler, sondern auch Diplomat, Page und Mensch.

Während ich dieses linguistische Experiment verfolge, ist der Kleine schon in die stilleren Räume des nächsten Jahrhunderts gegangen. Eine Unerhörtheit bringt ihn zurück. Eine Sensation. Kosmonauten seien in der Galerie. Ungefähr fünfzehn Stück. Ich soll nur machen. Ich soll nur kommen, schleunigst, sonst sind sie fort, zum Mond vielleicht oder nach Moskau.

Fünfzehn schwarzverhüllte und weißbehelmte Nonnen belagern, sich unbeobachtet wähnend, die Bilder Watteaus, bei dem alles Heimliche bei Tageslicht geschieht und gezeigt wird. Ich gebe Ursache, indem ich festere und lautere Schritte setze, daß sich die Nonnen-Kosmonauten schleunigst auf das feine brave und unverfängliche Schokoladenmädchen zubewegen. Und verweilen. Und dem Maler Lob sprechen, weil er die weiße Schürze so schön gemacht hat. Der Kleine läßt sich überzeugen: Nonnen sind keine Kosmonauten. Kosmonauten, erkläre ich, hätten verhältnismäßig andere Anzüge an. Aber ganz will er seine Vorstellung nicht fallenlassen. Mit der Weltraumfahrt haben sie vielleicht doch ein bißchen zu tun? fragt er. Ich mag nicht kleingläubig sein. Ich gestehe. Ich lasse gelten. Ich suche und finde und formuliere einen Zusammenhang zwischen den fünfzehn schwarzverhüllten Galeriebesuchern und der Weltraumfahrt. Der Kleine ist mit mir zufrieden. Er führt mich zum Ausgang. Treppab. Durch die Pforte. Es regnet noch. Wir queren den Zwingerhof, wählen einen langsamen gleichmäßig bewegten Schritt, ein Tempo, das gar nicht zum Wetter paßt und das man im Unterschied zum gewöhnlichen Laufen und zum normalen Gehen ›Spazieren‹ heißt. Von der Brücke des Zwingerteiches aus beobachtetet der Kleine die Karpfen. Nimmt die Brötchen aus der Paletottasche. Still und stillvergnügt schaut das Fischvolk aus seinem Element herauf zu uns, die wir heute in gemischten Elementen, halb Wasser, halb Luft, existieren müssen. Der Kleine teilt das Brot ein in viele kleine Bröckchen, sammelt sie in der Tüte und streut alles auf einmal in den Teich hinunter. Damit jeder was bekommt, sagt er schlau. Die Karpfen schnappen ihr Teil und stehen schnell wieder still im ruhigen Wasser. Nur einer ist zu spät gekommen. Er schwimmt schwer beleidigt davon. Sie sind satt, sagt der Kleine.

Wir fahren mit der Fünfzehn nach Hause.

In unserem Garten sagen wir dem gelben Kürbis guten Tag und: Wie geht es Ihnen, Herr Kürbis, war Ihnen das Regenwetter nützlich? Geht das Wachstum voran?

Das sollte uns freuen.

Dies sei ein Tag gewesen, erklärt der Kleine, bevor wir ins Haus gehen, solche Tage könne man auch an anderen Tagen tun. Ich verspreche, daß wir einen solchen Tag auch an anderen Tagen tun. Wir werden den Tag wiederholen.

Die Gescheiten sagen, das könne man nicht, aber wir wollen das nächstens einmal versuchen.

HANS SAHL

Die Vogelwiese

Die Vogelwiese ist eine Welt im Kleinen, eine *demi-monde*, sozusagen. Daß sie an einem Tag erbaut wurde, unterscheidet sie von ihrer Mutterstadt Dresden. Ein ragendes System von Pfosten, Stangen, Schienen, Rädern und Rollen, anzuschauen wie ein kubistisches Pamphlet. Diese Mechaniker moderner Amüsiertechnik haben den Teufel im Leib ihrer Maschinen. Zirkel und Zwerchfell sind ihre Instrumente, wenn es gilt, das Gefälle der Rutschbahnen, den umstürzlerischen Rhythmus der beweglichen Treppen zu balancieren. Wie heimtückisch sind die Übergänge vom Ruhenden zum Bewegten! Mächtige Dynamos speisen den Überfall der lebendig gewordenen Materie auf den Menschen. Und dieser nun, welch ein beschämendes Schauspiel, Herr Wurzelhofer, unser aller Herr Wurzelhofer im Parallelogramm der Kräfte! Stolpernd und hinfällig wie nur irgendein Dahergelaufener! Als habe das Leben einem bewährten Beamten keine passenderen Aufgaben zu stellen als: auf sein Gleichgewicht zu halten und mit dem Kopf nicht zuerst auf der Matratze zu landen. Der Mensch als Spielball dynamischen Blödsinns – hier zeigt er sich ganz in seiner irdischen Nichtigkeit.

Jahrmarktsromantik! Schießbudenluft! Im Restaurant ›Zur Arche Nowack‹ dampfen die Wurstkessel. Mißgeburten warten auf ihr Stichwort, um hervorzutreten und sich kühn zu entblößen. Lyonel der Löwenmensch. Er sitzt auf einem Stuhl und raucht Zigaretten. Sein Vater, so sagt er, war Dompteur in einem Wanderzirkus. Einst wurde er von einem Löwen angefallen. Unter diesem Eindruck gebar ihn seine Mutter. Sein Haupt ist vollkommen bewachsen, auch die Brust. Er rollt die Augen. Erhebt sich, die Asche abklopfend. Ein Salonlöwenmensch. Weiter: das Riesenehepaar van Droysen. Blonde, starke Gestalten in holländischer Tracht. Nicht unsympathisch. Essen und trinken wie normale Menschen. Schade, der Nimbus ist weg. Die Schreie der Ausrufer verstärken sich. »Das dicke Mädchen mit seinen 500 Pfund.« Trommeln und Pfeifen. »Das dicke Mädchen«, – Pause – »mit seinen 500 Pfund. Was Sie hier sehen, meine Damen und Herren, das ist der Strumpf von dem dicken Mädchen!« Ah! Glocke des Vorsitzenden. Vor den Vorhang tritt ein Geschwabbel von Fleisch. Knixt. Erzählt seine Entstehungsgeschichte. »Nachher zeige ich Ihnen mein Bein.« Sie sagt eigentlich ›Bo-i-n‹, mit hohem, tenoralem Geknödel. Inzwischen geht sie sammeln. Jeder Tritt ein Ereignis. Wieder auf der Bühne, hebt sie ihr Hemd bis zum Knie. Ein Gymnasiast wird ohnmächtig hinausgetragen. Man sieht ein verbeultes, krampfadriges, blau und rot gesprenkeltes Stück Fleisch, mit Fettsäckchen, ein Elefantenbein. Dann läßt sie wieder das Hemd fallen, dankt für die ›Aufmerksamkeit‹, knixt und verschwindet. Man wandert weiter. ›Pariser Lachkabinett‹?? Natürlich ein anatomisches Museum. Wachsmodelle erquicken den müden Wanderer mit frisch infizierten Geschlechtsteilen. ›Das Wunder der Natur‹, kein Wunder, wenn es auf die Sexualnerven geht. Auch Knochenbrüche, entzündete Trinkermägen, Kratz-, Biß-, Brand- und Stichwunden erfreuen sich großer Beliebtheit. Eine Geburt in magischer Beleuchtung. Daneben ›Rautendelein und Nickelmann‹, frei nach dem ›bekannten Theaterschriftsteller Gerhart Hauptmann‹, schreibt der Katalog. Über der Tür steht mit Riesenlettern: ›Paul Pötzsch's Münchener Universum‹. Ein wildromantisches Panoptikum der alten, aussterbenden Gattung. Keimzelle des Kinos. Der Raum, schwül und übelriechend, zeigt lebensgroße Plastiken. Sehr schön vor allem: Gorilla, ein Mädchen raubend. Signierte Arbeit. Der Rachen des Untiers von innen beleuchtet. Darauf eine Szene aus dem Weltkrieg: Franktireure überfallen einen abgestürzten deutschen Flieger. Blut klebt an allen Ecken und Enden. Dann folgt, zur Erholung, ein harmloser Kniescheibenbruch. Ein paar Schritte weiter beginnt die Kollektion berühmter Massenmörder. Haarmann, Angerstein, Denke, die jüngsten Klassiker des Lustmords, eröffnen den Reigen. Und zwischen ihnen, o heilige Ordnung, schlicht und bescheiden: Graf Zeppelin. Neben Schlageter und dem Erzbergermörder Schulz – Rosa Luxemburg. Es ist genug. Durch ein Spalier deformierter Unterleibsorgane rettet sich das Auge ins Freie.

Draußen beleuchten Raketenschwärme das großartige Schlachtfest sächsischer Provinz. Höher steigen die Hekatomben der Vogelwiese. Und zwischen Räucheraalen und Flundern, Massenmördern in Wachs und Embryonen in Spiritus findet sich der Sachse zum Sachsen. Ein beizender Dampf erfüllt die Straßen der Vergnügungsstadt. Durch einen Nebel von Fett, Staub, Schweiß und Zigarrenqualm kämpfen sich die Gebirgsbahnen zu Tal. Um ein Uhr stehen die Dynamos still. Noch einmal zeigt das dicke Mädchen denen von Pillnitz und Pieschen sein Bein. Dann verlöschen die Bogenlampen. Und der Mensch, fahnengeschmückt, blutunterlaufen wie ein Stierkämpfer, verläßt die Arena, ein abgekämpfter Herold der großen, menschlichen Armee.

PETER HÄRTLING

Dresden

Die Städte unserer Kindheit sind leichter, gewichtloser, heller als alle Städte, die wir später kennenlernen oder bewohnen. Die Perspektive des Kindes gewährt Weite, unermeßliche Höhe, sie verleiht Zauber und sie nimmt Zauber auf. Nach Jahren, gehen wir die unvergessenen Straßen wieder, mögen sie uns enttäuschen in ihrer Enge. War dies ein Palast gewesen, jemals – habe ich mich nicht in seinen Gärten, in seinen Gängen verirrt? Werden Paläste im Alter klein? Ich werde das Dresden meiner Kindheit nicht wiederfinden, ich werde nicht vergleichen können (und wenn, dann nur an einigen Bauten und Plätzen): es ist vom Erdboden verschwunden gleich einer Märchenstadt, die sich ein Poet mir zur Unterhaltung ersonnen hatte. Stimmen höre ich, die der Gestalt entglitten sind, Stimmen, die sich bewahrten, heiter, wie aus einer kleinen Oper von Pergolesi. Straßen bauen sich von neuem auf; meine Fantasie hilft dabei mit, Geschichte, in der Schule gehört und aus Büchern gerufen, wird lebendig, nimmt Gestalt an, ordnet sich zu Dialogen, mischt sich ins Private, in die verwirrte, tastende Kindererinnerung. So sollst du beginnen: regellos, mehrstimmig, eingesponnen in verklärende Reminiszenz, bis die Realität einbricht, bis du über den Stadtplan gebeugt stehst, Fotografien anschaust, dich widerstrebend korrigierst: Solch ein kurzer Weg war das gewesen vom Neumarkt zum Altmarkt? Wahrhaftig? War er dir nicht endlos erschienen, eine erschöpfend-tändelnde Wanderung. Die Großmutter bittet dich, du mögest doch stets in Sichtweite bleiben, ihr seid unterwegs, eine Bande sächselnder Rangen, Cousins und Cousinen, genießt die großen Ferien – gestern hattet ihr

Moritzburg heimgesucht, eine Dampferfahrt ist euch versprochen, und hinauf zum Weißen Hirsch, wo Großvater alljährlich seine Kuren macht, sollt ihr auch noch, es ist festgelegt, wunderbare Pläne sind geschmiedet, lockende Namen genannt worden –, Großmutter ist auf Übersicht bedacht während eures Streifzugs durch den Großen Garten...

...eine Schöpfung des Barock zum Vergnügen des Rokoko; da fuhren die Damen auf schnurgeraden Wegen in leichten Kutschen, Pferde trabten unruhig, am Palais vorüber; sie hatten weite Sicht, denn der Park, von Martin Göttler im 17. Jahrhundert geplant, frönte axialer Überschaubarkeit – kleine Baulichkeiten, Tempelchen, waren dazu angehalten, die Blicke ab und zu festzuhalten, doch im Grunde prunkte die Weitläufigkeit; man begegnete ausreitenden Herren, dieser oder jener Exzellenz, ließ anhalten, parlierte über diese oder jene Festivität – lud die Stadt nicht zum Feiern ein, zu Bällen, zu Soirees, zu Konzerten? – und, längst war man weitergefahren, dem Kavalier huldvoll zunickend, sinnierte man noch über Balestras Plastik ›Die Zeit entführt die Schönheit‹, eine malerisch-bewegte Steingruppe, deren in Stein gehauene Herrlichkeit trotzig Dauer versprach, aller Symbolik entgegen...

...die Kinder waren schon an der Zoo-Kasse, Großmutter beschleunigte ihre Schritte, sie wollte Ungezogenheiten verhüten: Und nachher gehen wir Schokolade trinken! schrien die Rangen durcheinander. Aber wir müssen auf der Terrasse sitzen! Zuerst zu den Affen! Großmama, kauf Futter! Die alte Frau tat alles, wehrte die Quälgeister ab. Zu den Affen drängte der Junge immer. Ihre Menschenähnlichkeit ärgerte und entzückte ihn in einem. Dort, vor dem Käfig, hatte er, ohne sich dessen eingedenk zu sein, Widerstand gegen das Dritte Reich geübt. Sein Onkel, in Offiziersuniform, stand neben ihm, der Bub hatte den Mann ungeduldig zum Affenzwinger gezerrt, dort angelangt, einem der zottigen Gorillas fest in die Augen schauend, hatte er die Beine stramm gemacht und den rechten Arm hochgerissen: »Heil Hitler, ihr Affen« brüllend. Das Gaudium muß, nach den Berichten des Onkels, groß gewesen sein; er freilich hatte sich eilends von dem Knaben entfernt, nur noch notierend, daß die quicke Reaktion der Sachsen unter dem Regime offenkundig nicht stark gelitten habe: Die Umstehenden hätten allesamt geschmunzelt, dankbar für eine neue ›wahre‹ Anekdote, die ihren Geist erfrischte, wie seinerzeit das königliche ›Machd eiern Dregg alleene‹, mit welchem der Monarch sein Land in die Weimarer Republik entlassen hatte. Zu den Lamas wollten sie noch, vorm Kakaotrinken, nicht zu nahe, die spucken – gewiß, sie wußten es, denn ein Lama gab es auch bei Sarrasani ...

... ein Stichwort? Vielleicht verbindet sich's nicht jedem mit der Stadt, der aber, Bilder betrachtend, hört seine helle fragende Kinderstimme noch immer. Sie stehen auf einer der Elbbrücken, die steinerne Kulisse vor und neben sich, eine Preziose an die andre gereiht (vielleicht war nur die Prager ›Kleinseite‹ in ihrer architektonischen Musik ähnlich gestimmt), jemand murmelte die Litanei: Brühlsche Terrasse, Frauenkirche, Italienisches Dörfchen, Zwinger, dort hinten die Dorfkirche ... Und Sarrasani? Er meinte den Winterbau mit seiner Kuppel! Nichts war ihm so wichtig gewesen wie dies, keine Kirche, kein Schloß, kein Palais und kein Park, allenfalls die Engel der Sixtinischen Madonna, die er allen andern Engeln – damals – vorzog.

Welche Abwege wir gehen, um uns die Stadt zu vergegenwärtigen. Sind diese Details noch statthaft, holen sie Leben ein? Hier ist die Mutter groß geworden: du fährst mit ihr hinaus nach Klotzsche, ihr geht eine stille Straße entlang, weiße, hölzerne Zäune trennen das Trottoir von wuchernden Gärten, und dann deutet sie auf ein sich hinter alten Bäumen behäbig lagerndes Haus: Siehst du, das war unser, da haben wir gespielt, dort in der Ecke war das

Ställchen für unsern Esel gewesen, der unsern roten Karren zog – haben die Märchen kein Ende? Diesem setzte die Inflation eines. Oder die parkettknisternden Nächte in der Borsbergstraße, in den Ferien bei Onkel und Tante, die Kuhglocke, die man in der Finsternis läuten durfte, wann immer die nächtlichen Laute zu beunruhigend wurden. Vom Onkel hatte er gehört, die Stadt habe, so wie sie sei, heute sei (und heute nicht mehr), vieles dem August zu verdanken. Und die kindliche Bemerkung, ob jener August als ein Großvater vom Dummen August zu betrachten ist. Um Himmelswillen, nein, ein König sei er gewesen, und man habe ihn nicht den Dummen, sondern den Starken genannt.

Lassen sich solche Szenen nicht rekonstruieren? Graf Brühl und August der Starke. Eine Oper ließe sich komponieren, Händel allerdings müßte sich des Librettos annehmen, nur er, und einige Ballette könnten, zwischen den Akten, die Fülle und Bewegung suggerieren, deren es hier bedarf. Die Geschichte berichtet es trocken. Das Eingangsmotiv, herzhaft rustikal, bläst ein böhmischer Trompeter, dem der Junge oft an den Abenden lauschte, der Bläser sei nur einer von vielen Tschechen, die in der Stadt arbeiteten, und sein Heimweh ließe ihn während der freien Zeit zum Instrument greifen. Slawisch ist der Grund Dresdens, hier müssen bis zur Mitte des 12. Jahrhunderts zwei slawische Weiler gewesen sein, noch unangefochten von den deutschen Kolonisatoren, die auf dem anderen Elbufer inzwischen einige Dörfer gegründet hatten, Radebeul und Serkowitz darunter, während das linkselbische Drezga in den slawischen Bereich gehörte. Allerdings wurden die wendischen Schiffer und Fischer von den Deutschen geschont, sie konnten sich eingliedern und sie assimilierten sich allmählich, was dem Menschenschlag im südlichen Sachsen bis auf den Tag anzumerken ist. Der Elbkessel füllte sich auf, ein Runddorf wurde neben das andere gesetzt, wobei man sorbischen

Formensinn folgte. Man vermutet, daß um das Jahr 1200 bereits ein markgräfliches Schloß am linkselbischen Ufer erbaut wurde, bald trat die Stadt ohnehin über den Mauerring hinaus, Kirchen entstanden – die Frauenkirche und die Kreuzkirche in ihrer ursprünglichen Gestalt –, das urbane Gebilde wuchs sich zur Festung gegen Böhmen aus, überholte das dominierende Meißen, wurde Hauptstadt von Sachsen und erlitt, wie viele Metropolen, das Leidwesen mancher Belagerung; die Brandenburger brachen durchs Wilische Tor ein (1316), im Dreißigjährigen Krieg trotzten die Verteidiger zweimaliger Belagerung, doch Friedrich der Große vermochte später, ebenfalls zweimal, ihren Widerstand zu brechen und rächte sich an der sächsischen Aufsässigkeit bei der dritten Belagerung im Jahre 1760, indem er durch ein entsetzliches Bombardement viele Kirchen und Häuser in Asche legte. In diesen Jahrhunderten der Geburt und der Jugend hatte die Stadt nie Ruhe gefunden, stets schwankte sie zwischen Verderb und Gedeihen, und es schien, als bedürfe sie einer festen schöpferischen Hand, die den schon sichtbar gewordenen Plan ihrer Köstlichkeit formen und ordnen würde. Diese Aufgabe fiel an August den Starken und an seinen überaus zwielichtigen Kabinettschef, den bautollen Grafen Brühl. Das ungleiche, durch Lüste und Taten aneinandergefesselte denkwürdige Paar (und weshalb schmückte nur die Mitwelt den keineswegs politisch kräftigen Friedrich August II. mit dem Beiwort ›stark‹ – ach, wie leicht läßt sich die Historie foppen) fand ein stattliches, wenngleich flüchtig verfugtes Fundament vor. An ihm hatten die Wettiner gewerkt, ein fürstliches Geschlecht, das über dem Lande herrschte und das in dem Herzog Moritz (in der Mitte des sechzehnten Jahrhunderts) seine prächtigste Ausprägung fand. Die Renaissance hatte sich durchgesetzt – die Steinmetze wanderten aus dem Süden ein. Und sie erweiterten, in des kunstsinnigen Herzogs Auftrag, das vorhandene Schloß. Wer in Prag Steine bearbeitet hatte, tat's auch in Dresden. Moritz war politisch mehr noch begabt denn als Mäzen und Bauherr – er kämpfte erst mit, dann gegen Kaiser Karl V. und war nahe daran, evangelischer Kaiser zu werden, da fiel er 1553 bei Sievershausen. Die Fäden der europäischen Politik hatten sich eine Zeitlang in Dresden verknotet. Einige seiner Nachfolger bauten eifriger, regierten lascher. In diesen Dezennien siedelte sich jene Kunst in der Stadt an, die, der Architektur verwandt, dem Porträt Dresdens für immer Fülle verleihen sollte: die Musik. Moritz hatte den Chor des Kantors Walther nach Dresden geladen – er blieb, während Michael Prätorius zur Taufe irgendeines Prinzen ein lobsingendes Gastspiel gab. Die Kurfürstliche Kapelle richtete sich, allerhand Feierlichkeiten und dem Komödienhause dienend, beständig ein; fast sechzig Jahre wurde sie von Heinrich Schütz geleitet, der, ein fleißiger und frommer Kompositeur, hier, zwischen Proben, Madrigalen und Motetten, die erste deutsche Oper schrieb (das Libretto hatte Opitz aus dem Italienischen übersetzt): ›Daphne‹ . . .

. . . übernimmt die Geige das Thema von der Fiedel, strengt sich die Kniegeige an, zur sanften Viola zu avancieren? Wir hören die Musik der Stadt, der Türme und Brücken, der sanften Höhen, die den Strom begleiten (auch Wein ist an den Hängen gezogen worden, der Meißner löst herb die Zunge bis heut); noch wandern die Kunstfreunde nicht zur Semperschen Oper, noch ist das Schloß Domizil, aber war Daphne nicht ein Motiv gewesen für Ouvertüre und Finale? Der strenge Chor, die trokkenen, spröden Rezitative lösen sich auf, zerfasern sich, werden ein Gespinst von spätem Licht, das Publikum versammelt sich, 1630 wie 1938, zweimal Premiere, zweimal die Epiphanie in der Musik, die Bitte des Mädchens, da die Stunde des jungen Dionysos anbricht, an die Bäume, Blumen, Schmetterlinge und an die Quelle, sie mögen ihre Liebe erwidern, ein bukolisches Land rundum und aus der Trauer die Verwandlung des schmalen Geschöpfes in einen Baum – Schütz und Richard Strauss, vom Dresdner Licht getaufte Musik...

1648 läuteten die Glocken den fremdgewordenen Frieden ein. Die Stadt hatte lange darben müssen, selten hatten die Damen tanzen dürfen, jetzt regte sich wieder, noch ein wenig matt, die Lust zum Fest. Der Landbaumeister Starke entwarf das Palais im Großen Garten: ein Fest-Haus, dort sollte den Vornehmen aufgespielt werden, ein Bau auf der Schwelle zwischen Renaissance und Barock, dem beherrschenden Dresdener Stil, der allerdings sehr bald schon die leichteren, auch leichtsinnigeren Züge des Rokoko annahm, nach Helligkeit und Farbe dürstend. Friedrich August I. trat zum Katholizismus über, so blieb der Hof, inmitten eines evangelischen Landes, katholisch bis 1918, was die einen und die andern nicht störte. Die Konversion hatte – den Monarchen zwackte der Ehrgeiz – politische Hintergründe: dermaßen und mit saftigen Bestechungen gewann er die Krone von Polen. Nur scheinbar hatte ihn staatsmännische Fortüne geleitet, dem Hause Wettin brachte diese Krone kein Glück. Brühl und August der Starke würden sie verlieren, kämpfend und intrigierend, wobei dem Grafen Brühl der Löwenanteil an Intriganz zuzuschanzen ist. Dennoch hat die Stadt den beiden Reichtum zu verdanken: sie wollten Macht und sie bauten Macht. Der Ratszimmermeister George Bähr hatte vor längerem mit dem Bau der Frauenkirche auf dem Neumarkt begonnen. Ein biederer Handwerker, der nach den Sternen griff und sie sich unter eine gewaltige Kuppel holte. Der Konstrukteur hatte Schwierigkeiten mit den ungläubigen Bauherren: ein solches Gewölbe werde nie und nimmer halten. Bär gelang's. Die Kuppel barst erst unter den Bomben des zwanzigsten Jahrhunderts.

Wer aber würde Raum und Mauer schaffen für das dauernde Fest? Wo, in welchem Areal, konnte die Stadt, sie selbst, sich unentwegt feiern, wo konnte sie ihre Heiterkeit spiegeln in den Lustbarkeiten ihrer Einwohner und Herrscher? Ein vermessener Traum, den ein genialer Mann erfaßte und in Stein bannte. August bat den Oberlandbaumeister Pöppelmann zu sich, ihn, der den sächsisch-augusteischen Geist verewigen sollte, trug ihm auf, ein Theater für gemeine und höhere Spiele zu schaffen, unter freiem Himmel. Die Entwürfe lagen bald vor. Ehe der ›Zwinger‹, um den es hier geht, fertig errichtet ist, zum Teil noch in Holz, sei uns gestattet, nur dieses eine Mal, eine summarisch-biographische Notiz einzuschieben, da es zu weit führen würde, das unübersehbare Schaffen dieses Baumeisters ausführlich zu schildern und zu preisen:

Matthaeus Daniel Pöppelmann (1662 bis 1736), seit 1691 in Dresden, Nachfolger Conrad Markus Dietzes, der den plastischen Schmuck für das Palais im Großen Garten schuf; Vater des in Warschau arbeitenden Architekten Carl Friedrich P. und des Malers Adolph P. – Oberlandbaumeister. – Werke u. a.: Neubau des Schlosses; Zwinger (1709), Französischer Pavillon, Kronentor mit Langgalerie; Opernhaus, Palais Brühl, Umbau des Holländischen Palais zum Japanischen Palais (auf der Neustädter Seite), Matthäuskirche in der Friedrichstadt, Umbau der Augustusbrücke, Bau zahlreicher Bürgerhäuser ...

Der dänische König hatte seinen Besuch angesagt, bis dahin mußte der Zwinger erbaut sein, womit der Name, der so geheimnisvoll und martialisch klingt, noch nicht erklärt ist: ›Zwinger nannte sich in der Festungsbaukunst der Platz hinter der Mauereinfassung, der sich gerade durch seine Geräumigkeit bei der sonstigen Enge der Städte für allerlei Spiele als geeignet erwies‹ (Fritz Löffler). Sehr bald aber, kaum vollendet, geriet das Bauwerk in Vergessenheit, die Zeiten hatten sich gewandelt, die Stile zudem, und der Zwinger, obgleich ein Geschenk der Götter, wurde als solches lange nicht begriffen. Erst das 19. Jahrhundert fand den Hof samt seiner ziselierten Fassung in Bewunderung wieder.

Wie schwierig ist es, diese architektonische Gliederung um einen freien, in sich schwingenden, fortwährend beschwingten Raum zu erklären. Wer Lust hat, denke sich eine kristallierte Suite von Johann Sebastian Bach, höre Sarabande und Gigue, Allemande und Gavotte, setze die Schritte nach ihrem Takt, halte hin und wieder ein in Figuren, die sich spiegeln im Mauerwerk, in den Durchbrüchen, Arkaden. Ein rechteckiger Hof, an dessen Längsseiten sich zwei schmalere Höfe gleich Korridoren schmiegen, und dies alles umbaut von kleinen Palais, von Galerien, Arkaden, durchbrochen von akzenturierenden Toren, überwölbt von Bögen, übersät von Figuren, filigranisch erleichtert – nein, der Stein wirkt nicht schwer, bisweilen hebt ihn eine Sonnenwelle auf, schleudert ihn in zierlichen Wirbeln, und die Wärme atmet in seinen Poren. Jedes kleine Gebäude der Einfassung hat seinen Namen, auch seine Aufgabe; eingespannt in die auf drei Seiten graziöse Rhythmen skandierenden Bogenhallen finden wir den Mathematisch-Physikalischen Salon, die Bogengalerie, den Französischen Pavillon, Naturwissenschaftlichen Pavillon, Deutschen Pavillon. Diese gedrungeneren, gleichwohl vom Geist der Musik illuminierten Bauten werden überragt – an dem einen und an dem anderen Ende des Hofs – von den Toren, dem Walltor und dem Stadttor. Hinter dem Französischen Pavillon, etwas erhöht...

...hier führten uns alle hin, die Eltern, Großeltern, Onkel und Tanten, das war kein Besuch mehr, war Fortsetzung eines großen Spiels. Schnellfüßig sausten wir um die Pfeiler, Treppchen hinauf und hinab: hasch mich! du bist's! atemlos, und wieder versammelten sich alle ›Ziehe durch, ziehe durch, durch die Goldne Brücke‹, und hinter dem Französischen Pavillon fanden wir das, was uns nicht durch gelehrige Erklärung erschreckte, was nicht

Kunst war zum Lernen und Anschaun, mit Plakettchen versehen und in Heftchen gedeutet: da sprudelte der Stein, verflüssigte sich, stäubte hoch hinauf. Überall singt und spricht das Wasser. Von oben schießt es breit aus einer Art ewig sich füllender Vase, die ›Kaskade‹ ist es, die wir Kinder spaßig-ehrfürchtig Kakade nennen, ein Wunder, ihm begegnen dünnere Strahlen, die zwei muskulöse Männer aus Füllhörnern gießen, und aus dem Boden wiederum steigt's zweifach, in Regenbögen korrespondierend, hinauf. Im Teich ein vielzüngiger Springbrunnen. – Unersättlich waren die Kinder: Nur noch ein Weilchen, bitte, bitte! Und sie durften ausharren. Der Bub hörte, willig den Eltern lauschend, damit der Besuch beim Wasser, im Nymphenbad, nicht allzu rasch abbreche, den Namen Permoser, die Großen rühmten den Meister, er sei ein Bildhauer gewesen, Freund von Pöppelmann, der viele seiner Bauten mit Gestalten aus den Sagen geschmückt habe. (Siehst du, die Fische, das sind Delphine, sie können fliegen, sie sind kräftig, auf einem von ihnen ist Arion davongeritten. – Arion? Ja, das ist ein Dichter gewesen, ein Sänger. Die Namen purzelten hinein in die Wasserkunst, schillerten und erloschen. Aber daß dieser eine ein Bildhauer gewesen ist – das merkte er sich.) Ihre Spiele ahmten unvollkommen den Wunsch der Schöpfer nach: daß im Hof die Ritter aufeinanderträfen, daß aufgespielt werde zum Tanz, daß in den abgelegeneren Arkaden, in den Grotten die Pärchen sich fänden, daß Lachen aufsteige, eine heiter-klirrende, unzerreißbare Kette – in diesem ›wahren Gedicht von Stein aus einer Zeit, die viel zu lebenslustig war, um sich aus anderen Gedichten etwas zu machen als aus diesem steinernen, in dem man sich rühren und genießen konnte, trinken, tanzen, fechten, lieben, Karussell reiten und in Springbrunnenbassins unter offenem Himmel baden‹ –: wir hätten es gern getan, uns unter die Schauer der Fontänen gehockt, das Silber auf Armen und Leibern, es war uns verboten, nur zum

Ansehn und Hinträumen war noch die Wasserkunst. (Und wo baden die Nümpfen? Die Eltern wiesen tief unters Wasser, unter den Stein: Man kann sie nicht mehr sehen. Wenn niemand da ist, kein Mensch, dann tauchen die Nymphen auf, steigen aus dem Becken, küssen die steinernen Männer, die sich an die Säulen lehnen, und alle rühren sich auf einmal, werden lebendig, sie gehen hinüber in den Saal im Französischen Pavillon. – Der so hübsch gepflastert ist? Ja, der – und dort tanzen sie, dort wartet der König auf sie, und sie tanzen...) Sie können sich nicht trennen, tändeln und verweilen im Hof – durchs Tor und der Zauber ist zu Ende, nichts wird den Nachmittag noch bereichern können, selbst der versprochene Rundflug über der Stadt nicht, den der Junge auf dem Flugfeld ausschlägt, plötzlich weinend – trüge ihn ein Delphin des Bildhauers Permoser, er würde es wagen, ein augusteischer Nils Holgersson, aber dem wackligen Ding mit Propeller mißtraut er...

...Pöppelmann ist mit dem Zwinger nicht fertig geworden. Er hat den Bau bis zur Elbe weiterführen wollen, worüber er in einem Buch, ausgestattet mit mehreren Planskizzen, fantasievoll Mitteilung macht – sein Testament. Der Bausinn Augusts zog die Handwerker an, sie fanden Arbeit genug, sie stukkatierten Säle in Palästen, in Kirchen, sie verzierten Fassaden, sie schufen Silbergeschirr für die königliche Tafel. Der Monarch hingegen legte damals den Grundstock für die Gemäldesammlung: zwei göttliche Damen hielten Einzug, die Venus des Giorgione und die des Tizian, Schwestern, nicht einem Haupte entsprungen. 1753 erstand er Raffaels Sixtinische Madonna, Wahrzeichen der Gemäldegalerie, schöner Gegenstand von Pilgerschaften, verschleudert in zahllosen Reproduktionen: Wer kennt sie nicht, die pausbäckigen, gar nicht nachdenklichen Engel, Putten eigentlich, die sich in Mariae Schutz begaben. So, wie es Dresden ansteht. Chiaveri entwarf die katholische Hofkirche, die

Knöffel vollendete: Niemand vergißt ihn, den der Luft zum Gefährten angebotenen Turm der Kirche und die durchbrochenen Ballustraden, die, in der Höhe, um den Baukörper führen. Fortsetzung eines zarten, sirrenden Dialogs zwischen Gestein und Wind. Raphael Mengs, einer der ersten Dresdner Malerfürsten, ersann die Bilder der drei Hauptaltäre, merkwürdig steif und bieder trotz allem ›römischen‹ Schwung. Der Kurfürst stab; den Grafen Brühl, der Fabriken und Palais aus dem Boden gestampft hatte, jagten die Nachfolger davon. Die Preußen unter Friedrich dem Großen schossen, wie gesagt, größere Teile der Stadt entzwei, entmutigten für eine Weile die arbeitsame Bevölkerung, die sich erst wieder aufrichtete unter dem König Friedrich August III., den zeitgenössische Maler als einen überaus ansehnlichen Mann darstellen, dem Klugheit und Noblesse ins Gesicht geschrieben sind. Die Franzosen besetzten die Stadt, wiederum Elend und von ferne das Getöse der Völkerschlacht. Nach Abzug der Besatzung, nach der Befriedung, war das Land kleiner geworden, über das der verehrte Monarch von Dresden aus regierte. Überhaupt hatten Leid und Not einen Zug von Strenge hinterlassen, der sich nicht bald verwischte, dem wir im Biedermeier, geschönt und stilisiert, von neuem begegnen. Dem Volk wurde größere Freiheit zugestanden, Parks und Gärten der Allgemeinheit geöffnet, und in den Brühlschen Gärten an der Elbe errichtete der Hofbaumeister Thormeyer die Treppe, die breit und gelassen wie die von einem Bariton gesungene Tonleiter vom Ufer zu den Brühlschen Terrassen hinaufsteigt.

Das Gehäuse der Stadt, wie es sich jetzt, in der ersten Hälfte des vorigen Jahrhunderts, darbot, forderte geradezu die Künstler – Poeten, Maler und Musiker – auf, hier Heimstatt zu suchen. Es geschah: nicht allein die Luzidität dieses urbanen Wesens drang in die Kunst ein, auch das Biedermännische (das Bliemchenkaffee-Gehabe) und das

Untergründige, Geheimnisvolle, Geisterhafte, das der Archivarius Lindhorst, wir nehmen es an, in seinem verwinkelten Alchimistenhause noch immer verwaltet, hütet und hortet. Das Körnersche Haus war eines der Zentren, unzweifelhaft gastfreundlich – wie genoß Schiller hier beruhigende Häuslichkeit –, bisweilen aber auch engstirnig in Urteil und Gepflogenheit. Wir sehen den jungen Heinrich von Kleist durch den Garten zur Haustür gehen, er ist, wie er weiß, nicht stets willkommen, und die Zeitschrift, die er in Dresden gegründet hatte – mit einem Titel, der Stadt und Zeitalter gewogen sein will: ›Phoebus‹ –, entspricht in wenigem nur den Vorstellungen der Körners. Hundert Jahre danach scharte wiederum eine Zeitschrift junge Kräfte um sich, der Dresdner Schriftsteller Martin Raschke hatte sie ins Leben gerufen, und der Titel, der Zeit antwortend, lautete ›Kolonne‹. Kleist hatte kein Glück, der Fortbestand seiner Zeitschrift war unmöglich; ›Penthesilea‹ galt der Körnerschen Familie schlichtweg als Ungeheuer, und der ›Zerbrochene Krug‹ ist ihr ›eine Schenkenszene... die ewig an der Grenze der Decadenz hinschießt‹. Nur wenige, wie der Student Anselmus aus Hoffmanns Goldenem Topf, gewahrten die Chimären in den prunkenden Gemäuern, und nie wird...

...nie wird der Knabe, die Schwester neben sich, die Stimme der Mutter aus dem Ohr verlieren, die das Dresdener Märchen Hoffmanns vorliest, raunend wie ein Wasserweib, das unter der Augustusbrücke haust, verwandt den Lindhorstschen Flaschengeistern, er sieht den verwirrten Studiosus in die Apfelkörbe springen, sieht ihn im Haus des Archivars in die Flasche verbannt, blind in seiner Liebe, und er verspürt am Ende einen Hauch von der Lindhorstschen Güte, die sich nicht ausspricht, die sich nach Verwandlung und Verwirklichung sehnt; er sieht sich, mitträumend, in Zwergengröße durch die enge Münzgasse laufen und schlüpft in die Haut des Anselmus hinein; und er sieht, mit den Augen Hoffmanns, die Silhouette der Stadt: ›Dicht vor ihm plätscherten und rauschten die goldgelben Wellen des schönen Elbstroms, hinter demselben streckte das herrliche Dresden kühn und stolz seine lichten Türme empor in den duftigen Himmelsgrund, der sich hinabsenkte auf die blumigen Wiesen und frisch grünenden Wälder, und aus tiefer Dämmerung gaben die zackichten Gebirge Kunde vom fernen Böhmerlande.‹

Tieck amtierte als Dramaturg des Dresdner Hoftheaters, zog Besucher an, darunter Jean Paul. Eine Deutsche Oper wurde gegründet, deren Leitung 1816 der 30jährige Carl Maria von Weber übernahm. Primadonnen wurden in dem Hause groß (es ist Sempers edler, nach 1945 wiedererstandener Bau), als erste und unvergessene die blutjunge Wilhelmine Schröder-Devrient. In seiner Dresdener Wohnung komponierte Weber den Freischütz; die ›Deutsche Oper‹, eben erst begründet, hatte ihr Meisterwerk. Ein romantischer, in sich ruhender Auftakt. Hören wir Agathe sächseln? Wo ist die Wolfsschlucht zu suchen? Im Elbsandstein-, im Erzgebirge? Die Reihe riß nicht ab. Den Taktstock übernahmen Marschner und Richard Wagner, der nach den Pariser Niederlagen in Dresden Höhenflug erhoffte. ›Rienzi‹ wurde aufgeführt, die Schröder-Devrient sang den Adriano, und der Erfolg brach über den listig-mutigen Mann herein: ›In dieser stürmischen Nacht erhob das Dresdner Publikum, bis dahin selten in der Lage, einer neuen Kunsterscheinung gegenüber den Ausschlag zu geben, Richard Wagner zu seinem kühn adoptierten Liebling. Eine solche Aufführung lag außer dem Bereich des bisher Erlebten.‹ Tannhäuser und Lohengrin entstanden in Dresden, das ›Musik-Drama‹ wurde von dem Unermüdlichen konzipiert; dann die Revolution, die Barrikaden und der Steckbrief, der ihn vertrieb. Robert Schumann lebte vierzehn Jahre in Dresden, weniger aufsässig. Verzweiflung nagte sich still in ihn hinein; die Gespenster, welche die Bürger Dresdens verleugneten, die

Hoffmann auf die Tanzplatte rief, suchten auch ihn heim, die gespaltene Zunge wurde ihm zur Figur, die geteilte Seele redete in zwei Namen, Eusebius und Florestan, und der Kapellmeister Kreisler saß im Fensterkreuz und wartete auf den Notenwirbel. Schinkel entwirft unterdessen die Neue Wache, Semper baut die Villa Rosa, die Synagoge (die vor den anderen Bauten in Asche sank, 1938), und – die Zeit eilt in unseren Zeilen und verändert die Stadt – das Grabmal für Carl Maria von Weber auf dem Katholischen Friedhof entsteht.

Die Behäbigkeit des kleinbürgerlichen Dresdens überliefern die Bilder und Holzschnitte Ludwig Richters. Ob die Stadt zu seiner Zeit noch so aussah, ob ihre Bürgerschaft sich derart friedlich-fromm gab? Der Archivarius Lindhorst schüttelt den Kopf. Oder gerade weil die kleinliche Bourgeoisie zumindest im Äußern noch geschlossen auftrat, Sitte und Anstand wahrte, sich in Frömmigkeit erquickte, brüteten die Geister eine düstere Zukunft aus. Aus Richters liebenswerten Erinnerungen erfahren wir viel Glaubhaftes über das Treiben in der Stadt. Zwar verkehrte er unter Künstlern, doch die waren brave Leute und schauderten zurück, brach einer von ihnen trotzig in irgendeine gefährliche Freiheit aus. Über die Geselligkeit macht Richter launig Mitteilung:

›... auch Rethel nahm zur Winterszeit seinen Aufenthalt in Dresden, wo er die Kartons zeichnete, welche er im Sommer im Aachener Krönungssaal al fresco malte ... Die meisten ... trafen sich allabendlich in einem Kaffeehause, in welchem auch Peschel, Oehme und Otto Wagner und ich uns einzufinden pflegten. Aus diesem zufälligen Zusammenfinden bildete sich ein Gesellschaftskreis, der in einem gemieteten Lokale regelmäßig einmal wöchentlich sich vereinigte und gegen zwanzig Jahre lang in jedem Winter sich erneuerte. – Eine andere Gesellschaft hatte sich zu jener Zeit zusammengefunden, die sogenannte Montagsgesellschaft, an welcher sich literarische und künstlerische Kräfte beteiligten: Auerbach, Gutzkow, Klaus Grotz u. a. Mit Berthold Auerbach kam ich in näheren Verkehr; denn wir fanden in unseren dem Volksleben entnommenen Stoffen künstlerische Anknüpfung.‹ (Die Montagsgesellschaft hielt von 1846 bis 1879. Ihr gehörten, neben den von Richter genannten, Gustav Freytag, Robert Reinick, Otto Ludwig, Georg Herwegh, Hoffmann von Fallersleben und Schnorr von Carolsfeld an – eine Tischrunde von Biedermännern und kleinen Revolutionären.)

Nur zögernd mag die Bürgerschaft den Schritten des neuen Zeitalters, des neuen Jahrhunderts gelauscht haben. Die Holzschnittbücher Richters gerieten in die Hände der Kinder, die aus den Bildern Märchen- oder Heimwehlandschaften machten. Die Großmutter führte den Knaben zu Freunden, die in Rokokohäusern wohnten, kostbare Einrichtungen darin, es war ihm verwehrt zu tollen. Sitz brav! Und ein Bilderbuch wurde ihm in die Hand gedrückt, darin pausbäckige Mädchen und haubengezierte Matronen den Wandlungsdrang des Archivarius und das schmale Wissen des Kindes mit draller Geste zu widerlegen suchten. Aber er, der Bub, hatte andres erfahren, er kannte Bilder, die in tollkühnen Farben und in fantastischen Verzerrungen in unendliche Tiefen führten. Sie ließen dem Auge keine Ruhe, sie zerrten es hinein in den Strudel, den er für Welt hielt. Und er glaubte sich im Recht. War es nicht Tante Elle gewesen, die ihm alles das vorgeführt hatte, ihn ermunternd zur Paraphrase, ihn nicht auslachte. Er mochte sie gern. Ihr magisches Wort, an die Stadt geknüpft wie jedes andre, hieß Hellerau. Er erfaßte es erst, als es zu spät war. Sie arbeitete dort, tanzte – bei einer Dame namens Palucca –, malte und machte Krüge aus buntem Ton. Sie nannte Namen, die man, es war 1940, nicht mehr nennen durfte, und die Großmutter blickte sie vorwurfsvoll an. An irgendeinem Sonntag fuhr sie mit dem Auto ins Wasser. War es die Elbe? Sie liebte ihre Stadt, über ihre Liebe witzelte sie. Niemand konnte so durch die Straßen, die Galerien führen wie sie, weil sie mit Kinderaugen sah. Und sie fragte, wenn sie uns vom Bahnhof abholte, immer wieder: Habt ihr die Einfahrt genossen? So, als habe sie damals gewußt, daß man jede Ankunft doppelt genießen müsse und jeden Abschied dreifach. Die Prager Straße entlang, die vielen Geschäfte und Kaffeehäuser, da ist eines, das hat schon Stollen ausgestellt (niemand buk ihn besser, schwerer und gewürzreicher als Großmutter), und Pflaumenmänneln wandern blank und schwarz hinter den Fensterscheiben; wir sind angekommen, wie viele Male noch. Das letzte Mal? Es war 1943, die Großmutter holte uns ab, Tante Elle war tot, das Wort Hellerau war allen Glanzes bar, ein hübscher Stadtteil, eine Künstlersiedlung, nicht mehr; über die Brücke, von Neustadt zum Hauptbahnhof, schnaubte der Zug; ein verhangener Abend und kein lockendes Licht in der Prager Straße, die Trambahnen fuhren wie gedämpft, con sordino um die Kurve, Verdunkelung, ein Kennwort der Jahre – das letzte Mal, auf Durchfahrt, ein flüchtiger Besuch, die Kinder müde, unwillig. Aber morgen wandern wir zum Waldschlößchen! Die Mutter lächelte, eine ihr bekannte Marotte der Greisin, von der Aussichtsterrasse dort (oder vom Weißen Hirsch) den Prospekt zu genießen. Endgültiger Abschied. Blick, dem nichts verlorengehen darf. Wer sagt es den Kindern, wer weiß es. Sie alle wiegten sich in der Schönheit, der sie Sicherheit zusprachen. Diese Stadt wird nicht bombardiert, alle anderen, diese nicht. Der Hochmut begann zu stammeln. Die beiden Putten, welche die schöne Aussicht säumten, vorm Waldschlößchen, grüßten hinüber zum Strom, zu den Brücken, zur Silhouette. Viele haben dies gemalt, mit einem einzigen sehe ich das heute, einer frischt mir den Anblick auf, die Atmosphäre, das erloschene Licht...

... unter blendendem transparenten Himmel die Bestandteile der vertrauten Litanei, auf der Neustädter Seite das Japanische Palais und ein Stück Klobigkeit vom Neuen Rathaus; die Blicke gleiten über die Brücken ans andre Ufer; nur zu erahnen die Brühlschen Terrassen – es flimmert – die Kuppel der Frauenkirche, du sprichst den Neumarkt mit, den Jüdenhof, dann die Hofkirche, die Gestalten auf dem First, bewegt von der Fantasie, wandernd an der Balustrade, die Kreuzkirche (die Cruzianer in ihrer Tracht hattest du beneidet, bis dir gesagt wurde, sie müßten Engeln gleich singen können und hätten eine Schule, an der es sehr streng zugehe), der Altmarkt, davor der Schloßturm, Zwinger, der strenge Giebel der Oper, die Anlegestelle der Dampfer, fast alle werden sie noch von Schaufelrädern getrieben; Kirchen, die du nicht bei ihren Namen kennst: die vertraute Litanei, zum letzten Mal. Ihr müßt heim, heute abend fährt der Zug, der Reiseproviant will vorbereitet sein...

... viele haben die Schauseite gemalt, Namenlose und Große, Richter und Thiele, Dahl und Elsner, der wunderbare Bernardo Beletto, den die Kunst als Canaletto kennt, und Oskar Kokoschka. Er ist gemeint. Wenn du die Augen schließt und den verblichenen Prospekt herwünschst, dann hilft er dir. Er hat so gemalt, wie du erinnerst. Vielleicht nicht korrekt, doch genau. Er hat getroffen, was dieser Stadt, diesem Stadtbild unwiederholbaren Reiz verlieh: eine bewußte, kristallhafte Sinnlichkeit, Verschwisterung von Land, Himmel und geformtem Stein.

Die Stimmen mehren sich vor diesem Bild. Sie reden durcheinander. Hell und dunkel, verzaubert und verzaubernd. Der arrogante Tenor Brühls, und die Soprane – die Devrient, Lotte Lehmann, die Lemnitzer, beide Daphnen, und das quicke Ännchen –, Wagner, Strauss und Schumann, Weber, der köstliche Erich Kästner, Hegner, über Bücher und Buchstaben herrschend, Poelzig, die Palucca, die Maler der ›Brücke‹; einer drängt sich vor, sehr nah, ein basso continuo der Zuneigung. Die Stadt baut sich auf, sie strahlt. Die Stimme bewirkt es. Martin Raschke, der in Dresden lebende Dichter – er fiel in Rußland –, hat sie geliebt und besungen, die ›beiden Schwestern‹, Altstadt und Neustadt, durch den Strom getrennt und verbunden. Er führt uns noch einmal hindurch, nicht daß wir Anselmus vergäßen und die Geheimnisse des Archivarius:

»Da wendet sich der Strom, und die Brücken der Stadt – seid gegrüßt! seid gegrüßt! – liegen vor uns. Dort brennen schon die Lampen vor dem noch lichten Himmel, den kaum die Sonne verließ. Dahinter, wie von Brücken getragen, heben sich Schloß, Terrassen und Kirchen in den Himmel, verschleiert von dem Dunst, der über dem Wasser lagert. Eine Schar von Figuren am Rande der Hofkirche bevölkert die Luft, die Finger emporgereckt, auf Stäbe nachdenklich gestützt, und wer Fantasie besitzt an solchen Abenden, dem wird wohl die Kirche zu einem Schiff, an dessen Borden diese bewegten Barockfiguren im Winde zu stehen scheinen ... Glaub mir, ich kannte einen Mann, der meinte, hier sei der Mittelpunkt der Welt. Er zeigte mir die Stadt, wie sie sich nachts mit ihren Lichtern im Wasser spiegelte, und den Geruch des sommerlich brackigen Wassers einatmend, sagte er: ›Erinnert das nicht an Venedig?‹ Er ging über die Weite des Platzes vor der Oper und glaubte in Paris zu gehen. Er schritt langsam durch den Zwinger, an den Wasserkünsten vorbei, und ahnte die Nähe von Versailles. Er bummelte durch die engen Gassen der Innenstadt, zwischen den Barockhäusern eines vergangenen Bürgertums, und dachte an süddeutsche Städte, und wenn er durch die Säle des Schlosses wandelte, stolz, als gehörte ihm alles, und wenn er die hohen Fenster der Festräume von dem Anblick der Hofkirche ausgefüllt sah ..., da überfiel ihn die Erinnerung an Rom, wo die Menschen wie hier den Mut gehabt hatten, fern von aller Natur in einer selbstgeschaffenen Welt aus Stein zu leben. Wanderte ich mit ihm an den Hängen entlang, die ihre Brust dem Süden zukehren, und war ich mit ihm in den vielfältigen Geruch des überall Blühenden gehüllt, dann wähnte ich mich wie er im Süden... Auf der Brühlschen Terrasse nahmen viele Abschied und viele erkannten sich wieder. Hier saß Turgenjews ›Onkel‹ aus dem Roman: Väter und Söhne – erinnerst Du Dich? – und er ließ die Sonne auf seine gepflegten Hände scheinen, die zu leben verpaßt hatten, und es blickte von hier Caspar David Friedrich oft durch das nächtige Schneetreiben auf den Strom, wo sich das Eis knirschend aneinanderstieß. Es lehnen Alte und Verliebte wie immer eng beisammen an den Geländern und schauen auf die Brücke, die aus der Neustadt herüberschwingt, und auf das Ufer, wo schon die letzten Schiffe landen, und wissen doch lange nicht mehr, was sie sehen...«

Eine Stimme in der Tonart des Rosenkavaliers. In der Hofoper, 1911, war seine Premiere: zum ersten Mal dachte die Marschallin über die Zeit nach und seufzte mit Herrn Faninal über die jungen Leut'. Es spielt in Wien. Aber uns, nach dem Blick auf die Stadt, nach dem Chorus der Stimmen, kommt es vor, als vereinigten sich die Inbilder dreier Städte in der Musik von Strauss: Wien, Prag und Dresden. ›Die Zeit, das ist ein sonderbar Ding‹, der Seufzer weht über die Stadt hinweg.

1945 luden englische Bomber in mehreren Wellen ihre Ladung über der Stadt ab. Flüchtlingszüge standen auf den Bahnhöfen, Trecks hatten hier, wo jedermann Sicherheit wähnte, Zuflucht gesucht. Der Brand entfesselte Sturm. Asche wirbelte auf. Die Großmutter rannte blind stundenlang durch die Straßen, bis man sie in Loschwitz aufgriff. Hunderttausende von Toten liegen unter den Trümmern der Innenstadt begraben. Türme verwandelten sich in angerußte Stummel. Eine Fotografie hat den Moment der Finsternis überliefert. Von irgendeiner stehengebliebenen Mauer hält ein steinerner Engel Ausschau. Er blickt über eine Wüste von Steinbrocken. Die Erinnerung aber verläßt sich auf Stimmen, die von den berstenden Mauern nicht begraben wurden. Zaghaft wird aufgebaut. Das meiste ist verloren. Die Fotografien vergilben. Die Bilder widersprechen sich. Manchmal kommen Briefe aus Dresden: Du müßtest den Zwinger sehen! Doch dann fragt sich der Empfänger: Woher schreibe ich, wohin schreibe ich? Gleicht das eine dem andern? Es gibt Städte, die der Fantasie anvertraut sind.

WOLFGANG PAUL

Die Elbe

Die Sommerterrasse, dahinter die Elbe, dann die Silhouette der Bauten und Türme, der Canaletto-Blick auf Zwinger, Hofkirche, Brühlsche Terrasse, auch wenn es diese zu Canalettos Zeiten noch nicht gab. Sie war ein Geschenk des Fürsten Repnin, des Gouverneurs von Dresden in der Russenzeit, nach den Befreiungskriegen.

Erste Russenzeit, zweite Russenzeit: Eine hatte nur kurze Zeit gedauert, der König durfte zurückkehren in ein verstümmeltes Königreich, Fürst Repnin reiste ab, die Brühlsche Terrasse, die er herstellen ließ, wurde der Balkon Dresdens, die Promenade auf den Befestigungswerken, davor die Elbe, der sanft ansteigende Höhenzug hinter ihr, der zu den Loschwitzer Bergen hochwuchs – dieser berühmte Blick (wir wollen mal einen Blick nehmen, sagten die Dresdner) blieb.

Von seinem Platz am runden Tisch der Sommerterrasse des Hotels Bellevue konnte Michael aus der anderen Perspektive, mit der Neustadt im Rücken, über den Strom sehen, auch diese Perspektive war ein berühmter Blick, sie schloß ein, was geblieben war. Seine Frau ruhte im Zimmer der Königlichen Kanzlei, ihre Erschöpfung nach dem zweiten Versuch, das Haus der Kindheit zu betreten, hatte ihn getroffen.

Sie waren älter geworden, vielleicht alt.

Die Abwesenheit hatte zu lange gedauert, sie hatten keine Reserven, leicht fuhr es sich nicht mehr durch Sachsen. Sie litten unter der Schwüle, die Luft war dick geworden, es fehlte Sommerwind, der bei großer Hitze über Berlin strich im flachen märkischen Land.

Der Talkessel ließ diesen Sommerwind nicht herein, die

Höhen ringsum hielten ihn ab. Auch diese Schwüle hier war eine alte Erfahrung, die sie vergessen hatten.

Oder hatte sich nur zuviel dazwischengeschoben? Viel zu viele Sommernachmittage, ein ganzes Menschenleben voller Sommerwetter, kühl und heiß, verregnet und beinahe tropisch, Jahreszeiten unter anderen Himmeln, die sich nie glichen, stets anders waren, ohne Wiederholung immer neue Enttäuschungen und Erfahrungen?

Wenn er sich umblickte, kannte er niemanden. Hier durften die Dresdner Kaffee trinken, es war ihr Anteil an dem ›Bellevue‹, in dem sie als zahlende Hotelgäste nicht erwünscht waren, da sie nicht zu den Devisen-Ausländern gehörten.

Er fand, daß sie sich alle irgendwie ähnelten, selbst die Alten sahen den jungen Leuten noch ähnlich, sie blieben sich gleich, vielleicht lag es daran, daß sie in einer geschlossenen Gesellschaft lebten, künstlich eingezirkelt in ihrer sächsischen und DDR-Heimat.

Eingezirkelte.

Oder lag es an der Stadt, an ihrer prägenden versteinerten Historie, der Residenzstadt, an den Überlieferungen?

Schönheit, barbarisch entstellt durch die Bombenangriffe, dann wieder unter unendlichen Mühen zurückgerufen ins Überleben, nun voller Leben, einem anderen Leben, das doch dem Leben auf den Bildern glich, die er von Canaletto kannte.

Nichts Gemeines entdeckte er an ihnen, wie er es oft sah, wenn er in einer westdeutschen Stadt auf einer Sommerterrasse saß. Gemeines in dem Sinne, daß es nicht dazugehörte. Hier schien alles dazuzugehören.

Nur er war fremd.

Aber ihre Sprache verstand er. Sie hörte sich an, als spräche seine Großmutter zu ihm. Es war jenes weiche Sächsisch, das im Elbtalkessel gesprochen wurde. Nicht das rauhe und rohe Sächsisch, das es auch gab, das aber nicht zur Residenzstadt paßte, sondern dieses Dehnen und Verdunkeln der Vokale, die Aufweichung harter Konsonanten, es klang, als seien Rede und Antwort ganz auf Milde eingestimmt. Die Hochsprache der Meißner Kanzleien, das Hochdeutsche, für den Alltags-Gebrauch abgemildert, von ihrer Höhe heruntergekommen, zärtlich geworden, auch manchmal voller absichtlicher oder ungewollter Komik, wenn man in sie hineinhörte.

Als Dresden noch mächtig war in seiner Pracht, hatte es schon dieses Zurücknehmen in der Aussprache gegeben, die Verkleinerung, das Gemütliche, kein Hipphipphurra und auch keine unsolide Lautsprecherei.

Es wurde leise auf der Sommerterrasse gesprochen, als wolle man den Nachbarn nicht stören oder ihn nicht wissen lassen, was man sagte.

Kein helles Auflachen, aber auch kein dumpfes Verdämmern der Sprache.

Man nahm Rücksichten.

Man sagte: ›Ich bin so frei‹, wenn man sich auf einen Stuhl zu anderen Leuten setzte, blieb höflich.

Es waren die höflichen Dresdner, mit denen Michael auf der Sommerterrasse saß, sie hatten sich nicht verändert. Ob es noch die galanten Dresdner waren, von denen alte Bücher berichteten, konnte er sich höchstens vorstellen, aber zu bemerken war davon nichts.

Ihr Sächsisch schien immerzu Harmonie zu suchen, aus ihm drang nichts heraus, was ärgerlich klang, es war wie eine fremde Sprache für ihn, auf die er neugierig hörte, obwohl es doch auch seine eigene Sprache gewesen war.

Diese sächsische Sprache, dieses Sprechen, das weichlich, aber nicht flach, altmodisch, doch immer voll klingt, ein Abschleifen der Wörter, das Sichgehenlassen ohne Absicht, war ein Dialekt, der in Sachsen selbst sich stark landschaftlich differenzierte.

Das sehr weiche, schwimmende Leipzigerisch, das dem singenden Thüringisch nahekommt, das gepflegte, fast hochmütige Dresdner Sächsisch, die derben, rollenden

Laute der Oberlausitzer, die verkniffene und ehrliche, hölzern-holprige, gar nicht mehr weiche erzgebirgische Klangfarbe, die härtere vogtländische Variante davon, während das Sächsisch der mittleren Städte, der Industrielandschaften am ehesten jenem Sächsisch entspricht, das man zu kennen glaubt.

Auch im Dialekt die Unterschiede, mehrere Gangarten, Ambivalenzen, mit denen gerechnet werden muß.

Dazu kam ein Bildungstrieb der Sachsen, auch mit der Absicht, sich Fremdes mit mehr oder weniger Kritik anzueignen, in anderen Welten aufzugehen, der die Sprache bereicherte, die doch durch die Aussprache stets an die alte Heimat gebunden blieb.

Beinahe gefesselt, dachte Michael, der sich diese Vielseitigkeit durch den Kopf gehen ließ, als er auf der Sommerterrasse zuhörte oder versuchte zuzuhören.

Im Westen fehlte dieses Sächsisch. Es war zu einem Außenseiter-Dialekt degeneriert, dessen man sich schämte, wenn man ihn hörte.

Und das war selten.

Hier war das Sächsische zu Hause, es genierte niemanden, mit seiner Milde konnte es Schreckliches vergessen machen, das Sachsen widerfahren war.

Aber daran wollte er jetzt nicht denken.

Auch die Dresdner auf der Terrasse dachten nicht daran. Sie saßen artig, wie seine Eltern es immer wollten, im Freien unter ihrem schwülen Sommerhimmel.

Vielleicht warteten sie auf das Gewitter, das kommen mußte, auf die ersten Blitze, das Donnergrollen von Westen her aus dem Elbtal bei Meißen – aus dieser Richtung waren die Bomberflotten gekommen.

Abkühlung durch Regenschauer, wieder Schwüle.

Aber vorläufig keine Wolke am Himmel, die ein Gewitter bringen könnte. Michael rief den Kellner, unterschrieb die Rechnung, gab einen ›Tip‹, der Kellner setzte auch den Tip auf die Rechnung.

Durch den Hotelgarten, der welk aussah, ging er die wenigen Schritte zur Elbe.

Dies war sein Fluß, an dem er aufgewachsen war. Er kam aus dem Riesengebirge und verströmte sich in die Nordsee.

Strom der Schwere. Das trübe, von Braun ins Schwarz sich verfärbende Wasser floß träge. Michael hatte es noch hell gesehen, er war in der Elbe gewesen; in einer der Badeanstalten, die auf Flößen an den Ufern verankert waren, hatte er das Schwimmen erlernt. An beiden Ufern der alte Leinpfad, auf dem einst die Lastzillen stromaufwärts gezogen wurden. Jetzt war er voller Unkraut, an den Rändern Brennesseln, Schafgarbe, struppiges Gras.

Wie oft hatte er sich, wenn er hier barfuß lief, an den Brennesseln verbrannt, er spürte es jetzt noch.

Kieselsteine am Ufer, die sie einst über die Wasseroberfläche ›glitschen‹ oder ›pfeffern‹ ließen, wie es in ihrer Sprache damals hieß. Gehen wir an die Elbe, sagte der Vater, wenn ihn etwas bedrückte, in die Elbe war sein Lateinlehrer gegangen, als sein zweiter Sohn im Osten gefallen war.

Auch in die Elbe hatte seine Mutter seinen Säbel, den Offiziersdolch und Uniformstücke geworfen, als die Russen kamen.

Auf ihrem Grund mußte vieles liegen, das anderen Zeiten angehört hatte. Schrott der Geschichte.

Weiter stromabwärts war die Elbe 1945 die Grenze gewesen, die überwinden mußte, wer nicht in russische Gefangenschaft und Gewalt fallen wollte. Eine ganze Armee, die 12., war damals über den Fluß gegangen. Zuletzt ihr General Wenck, den Michael gekannt hatte.

Sehen wir auf die Berge, sagte sein Vater, dann wissen wir, wie schön wir es hier haben. Er sagte immer Berge, obwohl es nur Hügel und Höhen waren.

Der Vater war aus Loschwitz, in seiner Familie gab es Schiffszimmerleute, Zillenführer, Dampfbootkapitäne;

Loschwitz hatte sogar einen richtigen Winterhafen, in dem Schiffe und Boote lagen. Über dem Dorf die Loschwitzer Höhen, auf ihnen das Haus Annas, das wie ein Schloß aussah; sein Vater hatte es nie betreten.

Die Väter gehörten einer anderen Geschichte an.

Michaels Vater war neunundfünfzig Jahre alt, als er am Hauptbahnhof starb. Siebenundsechzig Jahre hatte Michael hinter sich gebracht, den Vater überholte er um acht Jahre bis heute. Daß er einmal älter als sein Vater werden würde, hatte er sich nie vorstellen können. Die meisten Väter hatten während der ersten Hälfte dieses Jahrhunderts eine kürzere Lebenszeit. Zwei Weltkriege hatten sie zu erleben, ihre Söhne nur einen.

Deutschland bedeutete für Väter und Söhne eine Auslese, gleichgültig, ob positiv oder negativ. ›Wen's trifft, den trifft's‹, hieß es in den Kriegen.

Auch die Wahrheit hatte ein kurzes Leben bei den Deutschen. Für sie gab es viele Wahrheiten, immer wieder neue, die einander ablösten und beanspruchten, die einzig Wahre zu sein. In glücklicheren Ländern nannte man die Wahrheiten auch Moden, vorübergehende Erscheinungen des Zeitgeistes. In Deutschland hatte jede Wahrheit ihre eigene Geschichte, von Jahreszahlen in die Historie einbetoniert: 1871/1918, 1918/1932, 1933/1945, 1945/1949, dann bis heute, stets zweimal zu rechnen die Zeit seit 1949, die Westzeit und die Ostzeit, und mittendrin Berlin.

Michael fand die von ihm oft gehörte Bezeichnung ›schwieriges Vaterland‹ für dieses Deutschland nicht gut. Schwierige Deutsche, das träfe eher zu. Man kann das Vaterland nicht für das verantwortlich machen, was seine Bewohner aus ihm machen oder machen lassen. Es war kein Verdienst, älter zu werden mit dem Vaterland. Es hing von Zufällen ab.

THOMAS ROSENLÖCHER

Der Aufsteigende

Die Elbe war ein Fluß bei Heidenau
und eingefaßt in graue Ufersteine.
Aus einem Halbrund strömte gelber Schaum
und weiter draußen, aus Geheimgeysiren,
vom Grund auf blasiges Geblubber,
daß weißliche Scholln abwärtstrudelten
und sich doch in der Mitte sonderbar
ein blasses Büschel regte, wie es gern
der Fluß in Richtung seines Fließens
zu strähnen pflegt. Wars Gras, wars Menschenhaar?
Was wußte ich. Ich ging hier nur spazieren
und wandt mich ab als ich erneut hinschaute
stieg langsam aus der Flut ein fahles
und stark bebrilltes Angesicht empor
und sah mit strengem Blick zu mir herüber,
so daß Entsetzen meine Schritte lähmte,
indes das Wesen sich noch weiter
des Stroms enthob und so fast bis zur Hüfte,
umkocht von schwefligem Gedämpf, vorragte,
daß ich sein gutgeschnittenes Jackett,
das weiße Hemd und den korrekten Binder
deutlich erkannte. Eine Stimme sprach:
Dies ist des Fortschritts erster Sachverwalter.
Nach diesen Worten sank er wieder tiefer,
nicht ohne daß sein Mund vorm Untertauchen
genüßlich gelbe Molke in sich sog.
Das Wasser aber schwoll: O Jugendfreund,
tritt nur herab. Dies ist auch deine Scheiße.
Doch unbesorgt, wir haben sie im Griff,
und gerne zeigen dir die Aggregate

des Fortschritts sieben Töchter unterm Schlamm,
sprachs Gurgeln noch, eh es sich selbst verschluckte.
Zaubrisch umtanzten Flädchen meine Schuh.
Im Uferweidenschlammwerk schaukelte
vom Vorjahr eine tote Aktentasche.

WILHELM VON KÜGELGEN

Die Heimreise

(1818)

Zwischen Leipzig und Dresden gingen damals zwei Personenposten, die sogenannte gelbe und die grüne Kutsche. Die erste dieser Gelegenheiten stieß dermaßen, daß Leib und Seele Gefahr liefen, voneinander getrennt zu werden, daher besonnene Leute die andere, etwas gelindere zu wählen pflegten. Doch war auch diese noch immer von der Art, daß man bisweilen vor Schmerz laut aufschrie, und wenn der Schwager nicht an jeder Schenke angehalten hätte, so würde man es kaum ertragen haben; mit solchen hochnötigen Intervallen war es aber eine gesunde Art zu reisen. Die heftigen Erschütterungen, denen man ausgesetzt war, solange das Vehikel in Bewegung blieb, erregten nämlich Löwenhunger, den zu befriedigen jedwede Schenke und Station ihren eigentümlichen und berühmten Leckerbissen darbot. Außer den Hauptmahlzeiten nahm man zum Beispiel in Borsdorf einen Sandkuchen zu sich, der allezeit vorhanden und so schwer war, daß nur Postreisende ihn zu verdauen imstande waren; in Wurzen gab es ein dickes, schwarzes Bier, in Luppa Ziegenkäse mit Danziger Goldwasser, in Meißen das sonderbare Gebäck der Fummeln; hier aß man Preßkopf, dort wurden Rühreier verschluckt, und anderwärts mußte Landwein getrunken werden – kurz, von Stunde zu Stunde hatte man Gelegenheit, die Löcher wieder zuzustopfen, welche Weg und Wagen unablässig in den Magen stießen.

Meine Reisegesellschaft bestand aus einem wohlhäbigen dicken Partikulier, der wegen Übermaßes von Gesundheit nach Karlsbad wollte, und einem heldenmütigen Leipziger Studenten. Letzterer hatte ein Aussehen wie der grimmige Hagen, sprach mit Nachdruck und schien seinen eigenen Erzählungen nach sich nur Raufens halber in Leipzig aufzuhalten. Auf der Brust hing ihm ein ledernes Beutelchen mit Schießpulver, aus welchem er sein Terzerol lud, um ab und zu aus den Wagenfenstern herauszufeuern. Der Dicke drückte dann die Augen zu und bat inständigst, wenigstens das Pulversäckchen abzuhängen, das Feuer fangen könne. Es sei allerdings gefährlich, versicherte der Studio, aber darin läge gerade der Jux. Darauf schwor er bei allen sieben Weisen Griechenlands, daß, wenn ein einziges Fünkchen aus seiner Pfeife dahineinflöge, so würden wir augenblicklich alle samt grüner Kutsche, Postillion und Pferden wie Elias im feurigen Wagen gen Himmel fahren.

Das war schon richtig; aber bei alledem konnte man ganz sorglos sein, wenn man bemerkte, mit welcher Vorsicht jenes unheilschwangere Säckchen nach jeder Ladung zugebunden wurde.

Inzwischen dauerte einen die Angst des armen Badegastes, der doch wahrscheinlich nur deshalb nach Karlsbad reiste, um sein Leben zu verlängern, und dem es daher sehr ungelegen sein mußte, es schon vorher einzubüßen. Er wurde nicht müde, dem waghalsigen Schützen die eindringlichsten Vorstellungen zu machen, und dieser stellte die Gefahr auch nicht in Abrede; nur meinte er, daß solche Erwägungen zu nichts anderem führten, als ein altes Weib zu werden, und eigentlich sei doch die ganze Welt ein Pulversack, und des Menschen Schicksal stehe in den Sternen, daher man machen könne, was man wolle. So blieb die Sache, wie sie war, das Pulver auf der Brust des Renommisten, dem Partikulier aber die Besorgnis eines schauderhaften Endes.

LENE VOIGT

Wo de Bleiße bläddscherd

Wo de Bleiße bläddscherd dorchs Gelände
un der Gnoblauch dufted ohne Ende,
dort bei Leibzch in den sumbfchen Aun
schbugn nächdlich sächsche Wasserfraun.

Wo de wilden Schdrudel gorcheln, wärbeln
sied bei Mondschein mr de Nixen schärbeln.
Manche wedeln midn lilan Schleier,
daß mr schbierd, hier isses nich geheier.

Andre wieder sing ganz zard un leise
änne sähr verfiehrerische Weise.
Un de driddn hoggn frech un schdumm
offn Zweichen von dn Babbeln rum.

Neilich hammse erschd ä Mann verhext.
Der singkt eschal nu den Nixendexd.
Von den Wasserfraun un ihren sießen Freiden,
seine Alde läßt sich deshalb von ihm scheiden.

Darum wenner wolld, daß eire Ehe
bis zur goldchen Hochzeit hibsch beschdehe.
Un daß niemals eier Gligg zerreiße –
dann gehd ja nich nächtlich an de Bleiße!

HANS REIMANN

Orientierung

Es ist alles nur halb so schlimm.

Auch Leipzig.

Früher lag es an der Pleiße (Blaiße). Jetzt liegt es an der Messe.

An der Messe liegt es, daß sich die Stadt ein bißchen über den Kopf gewachsen ist.

Aber wir wollen hier keinen Hymnus auf die gute, alte Zeit verüben; denn wir sind uns dessen bewußt, daß auch die heutige Zeit über kurz oder lang eine gute, alte sein wird.

In Leipzig haben 60 Millionäre ihren Wohnsitz.

In Leipzig gibt es offiziell 90 Gesangvereine und ebenso viel Militärvereine. Und 12 Bandoniumklubs.

Insgesamt beziffern sich die in Leipzig domizilierten Vereine auf mindestens 2500, darunter den Skizzierklub Radiergummi, die Kegelvereine Querköpfe und Graf Koks, die Gesangvereine Philomele und Liederhain.

Das Adreßbuch der Stadt beginnt mit Aa.

Der Beneidenswerte heißt Hugo von der Aa und ist kein Pseudonym von Roda Roda, der im Kürschner an allererster Stelle prangt mit dem eigens zu diesem Behufe ertüftelten Namen Aaba.

Wer die Stadt kennenlernen will, sollte überhaupt einmal im Adreßbuch blättern. Er erfährt (falls er's noch nicht weiß), daß Leipzig viele tschechische Elemente hat. Das beweisen nicht nur die typisch sächsischen Eigennamen (wie Pietzsch), sondern auch die Bezeichnungen der Vororte (Connewitz, Eutritzsch, Plagwitz, Zschocher, Stötteritz, Oetzsch, Gautzsch).

Das neue Theater faßt 1650 Personen, das Gewandhaus faßt 1649. Wo die eine Person hingerät, weiß Gott allein.

In Leipzig gibt es eine Universität, eine Akademie der bildenden Künste und ein Konservatorium.

In Leipzig gibt es Gose.

In Leipzig gibt es drei Brauereien: Sternburg (in Lützschena) und F. A. Ulrich und Riebeck. Das Naumannbräu schmeckt mir nicht.

Wer nach Leipzig kommt, rechnet mit vielerlei:

1. mit dem Hauptbahnhof,
2. mit dem Augustusplatz,
3. mit dem Völkerschlachtdenkmal und
4. mit Klingers Beethoven.

Der Hauptbahnhof ist über alles Lob erhaben. Schön sind die Bahnhöfe in Stuttgart und in Karlsruhe. Aber der in Leipzig ist der schönste und monumentalste.

Der Augustusplatz gilt als der größte Platz Deutschlands oder Europas oder der Welt. Es bleibe dahingestellt.

Das Völkerschlachtdenkmal wird desgleichen mit einem Superlativ ausgezeichnet. Man muß es gesehen haben, um als rechtschaffener Deutscher daran zu denken, daß es an Tuberkulosenheimen und Invalidenspitalen und etlichen anderen sozialen Einrichtungen mangelt, für die kein Geld da ist.

Und Klingers Beethoven, dieses Potpourri aus edlem Material, reizt mehr zur Verwunderung denn zur Bewunderung.

Im Museum, dessen Inhalt aufzuzählen ich nicht gesonnen bin, schlummert still und unauffällig Max Klingers ›Blaue Stunde‹, einst ein heiß umstrittenes und sensationelles Gemälde. Heute ist es das Zahmste vom Zahmen, und Befremden erregt bei Besuchern aus Oschatz oder Dahlen (falls sie sich ins Museum verirren) allenfalls die moderne Abteilung mit ihren Werken von Vlaminck, Kirchner, Heckel, Marc, Girieud, Kandinsky, Masereel (›Place Pigalle‹, 1925) und Feininger (›Hopfgarten‹,

1920). Lyonel, in meiner Schulzeit der eifrigste Mitarbeiter der ›Lustigen Blätter‹ und des ›Ulks‹, ein Karikaturist größten Formats, hat sich zwar zum Abstrakten hinaufgehäutet, aber das ›g‹ im Worte ›Feininger‹ leidet immer noch an der spaßigen Schleimbeutelentzündung. Außerdem birgt das Museum zwei meiner Lieblingsbilder: ›Das Landhaus‹ von Th. Rh. Heine (1911) und ›Landschaft in den Voralpen‹ von Georg Schrimpf.

Und was bietet die Stadt sonst an Sehenswertem?

Seien wir uns von vornherein im klaren, daß alles, was ich über Leipzig zu vermelden habe, durchaus subjektiv, einseitig, ungerecht, parteiisch und anfechtbar ist. Ich bin kein korrekter Oberlehrer, sondern ein waschechter Leipziger, ohne Respekt und ohne die Fähigkeit, durch verbindliche Phrasen den Einwohnern und ihrer Stadt zu schmeicheln.

In den Kinos darf nicht geraucht werden. Der Magistrat müßte einmal in der Welt herumkutschieren und sich beispielsweise in Hannover davon überzeugen, wie famos man in einem Kino rauchen kann. Das Rauchverbot ist nahezu albern – zumal in den Foyers der Theater. In Leipzig wird es einem sogar auf der Balkonterrasse des Neuen Theaters untersagt.

Die Klingeln der Straßenbahn sind nach einem von Beelzebub erdachten System hergestellt. Es ist kein Zingzing und kein Bimmelimm. Es ist ein hysterisches Sichselbstüberklingeln. Der Mechanismus dieser entsetzlichen Apparate scheint wie eine Kaffeemühle zu arbeiten.

Auf der Elektrischen macht man sich lächerlich, wenn man ›Gradeaus‹ verlangt. Es sind Fälle zu buchen, wo der geistesgegenwärtige Schaffner geantwortet hat: »Nee – mir fahrn um de Ecke!« Man fordere deshalb ›Einfach‹. Es sei denn, man wolle das tun, was in Prag mit ›Pscheß‹ bezeichnet wird, nämlich umsteigen.

Überaus apart ist die Institution der ›Leipziger Außenbahn‹. Sie verfügt über 16 oder 27 Wagen und über einen eigenen Aufsichtsrat, der bestimmt nicht von der guten Luft lebt. Die Stadt schmeichelt sich, im Besitz der Aktienmajorität zu sein. Der Preistarif ist fantastisch. Eine Strecke, für die man in Berlin 2 Groschen berappen müßte, kostet achtzig Pfennig. Die Fahrradhändler tragen sich mit dem Plan, der Außenbahn ein Monument zu errichten. Denn daß die Straßen Leipzigs eine leise Ähnlichkeit mit den Straßen Kopenhagens oder Magdeburgs (wo jeder zweite Mensch sein Veloziped besitzt) aufweisen, ist der Beliebtheit elektrifizierter Bahnen zuzuschreiben, insonderheit der Außenbahn.

Ich sagte schon, daß Leipzig etwas Verwandtes hat mit dem Böhmischen. Für mich existiert überdies eine leichte Ähnlichkeit mit Prag. Wenigstens war es in meiner Schulzeit so; die innere Stadt bestand aus Durchhäusern und Passagen und einem Gewirr altertümlicher Gäßchen.

In Leipzig laufen fast so viel hübsche Mädchen herum wie in Prag. Sie sind nicht so wadenstramm wie die Pragerinnen. Dafür sind sie lieblicher. Ja, Leipzig wimmelt von lieblichen Mädchen. Man stelle sich morgens gegen acht, wenn die Züge aus den umliegenden Nachbarortschaften einströmen, auf dem Hauptbahnhof auf und schaue sich die freundlichen, süßen Dinger an, die da zur Arbeit wetzen. Und das sind beileibe nicht die leipzigerischesten Leipzigerinnen. Die wirklichen sind um ein erkleckliches reizvoller und begehrenswerter. Sie sind zum Küssen. Doch man verhindere mit den energischesten Mitteln, daß sie den Mund auftun. Denn was da herauspurzelt an puddingweichem Platt, ist schaurig.

Im Osten geht die Sonne auf. Da wohnen stets die Frühaufsteher, die Armen, die Arbeiter.

Der Westen einer Stadt ist meist das vornehme Viertel.

In Leipzig sind Osten und Norden hermetisch voneinander abgeschnitten. Durch die Stränge, die zum Hauptbahnhof führen.

Jeder Fernzug ist gezwungen, um die Stadt herum zu dampfen. Das bedeutet einen Zeitverlust von mindestens zwanzig Minuten.

Einen Peripheriebahnhof gibt es nicht für Fernzüge.

Aber einen Peripherieflugplatz.

Draußen in Schkeuditz, auf der preußischen Grenze.

Die Lufthansa ist preußisch, und der Partikularismus ist deutsch.

Die Preußen mochten Schkeuditz nicht aufgeben, und zwischen Halle und Leipzig entbrannte ein begreiflicher Wettbewerb.

Halle konnte nicht, und Leipzig wollte nicht; und so muß man von beiden Städten je achtzehn oder zwanzig Kilometer fahren, bis man am Flugplatz anlangt.

Leipzig ist übel dran.

Man hält sich schadlos am Anblick des stattlichen Hauptbahnhofs.

Der nicht einmal Sitz einer Direktion ist.

Reichsbahndirektionen sitzen in Dresden und in Halle.

Ob man in Halle und in Dresden weiß, wie sauer es einem gemacht wird, Gepäck von außerhalb – beispielsweise vom Bodensee – ausgehändigt zu bekommen? Dreimal kann man ohne Trinkkur die Halle entlang rennen: vom Westen zur Auskunft und zum Schalter und wieder zur Westhalle, und hernach liegt das Gepäck trotzdem auf der Ostseite.

Wer sich im Hauptbahnhof einen Nervenkollaps holt, wandere nach Dösen.

Elektrische bis Probstheide, dann eine kurze halbe Stunde durch Weizenfelder, und man hat die Heilanstalt Dösen erreicht.

Diese abseitige Kolonie nennt den herrlichsten Park ihr eigen.

Vom Quartalssäufer bis zum Paralytiker wibbelt und kribbelt es in Dösen von zufriedenen Menschen.

Sinds die Nerven, geh nach Dösen!

Die Universität war einst geistiges, ja freigeistiges Zentrum. Hier wirkten der Theologe Ernesti und später der Alttestamentler Kittel (der enge Fühlung hielt mit den Zionisten, durchaus liberal und tolerant und nicht ein Hundertstel so schwarz wie heute Frenzel); hier wirkten Gellert (der nachmals auf einem sanften Schimmel spazierenritt), Fichte (der in einer einzigen Nacht Kants Kritik der reinen Vernunft durchschmökerte), Lamprecht und Wundt.

Im Nordviertel ist das Ghetto. In drei Abstufungen: Gerberstraße-Nordstraße, Humboldtstraße, Funkenburgstraße-Kickerlingsberg.

Mitten im Ghetto (Pfaffendorfer Straße) macht sich eine rein völkische Buchhandlung mausig.

In der Mädler-Passage ist mittags von zwölf bis eins der Bummel. Ein halbes Dutzend Lautsprecher übermitteln entweder die Unterhaltungsmusik des Senders oder Grammophonplatten. Getippte Programme informieren dich über die genaue Reihenfolge und Titel der Darbietungen.

Der Erfinder des im Weltkrieg verwendeten Flammenwerfers war ein Leipziger. Da hört die Gemütlichkeit auf.

Die Stadt Leipzig führt einen Löwen im Wappen, im blaugelben Wappen.

Dieser Löwe mit seiner seltsam engen Taille scheint mit der Historie Leipzigs verknüpft.

Vor der Börse sind zwei (mit Stacheldraht), und am Naschmarkt sind zwei.

Und jetzt wird es langsam Zeit für mich, die (auf das Wendische zurückgehende) Schreibart »Leipzig« auf Eis zu stellen. Ich bediene mich jetzt fürderhin der Schreibart ›Laibzj‹. Denn Leipzig ist Laibzj.

Im Zoologischen Garten der Stadt Laibzj sind die berühmtesten Löwendresseure und -dressuren herangereift oder tätig gewesen. Ich erinnere an Miß Cläre Heliot und an Tilli Bébé und an den großen Kapitän Alfred Schneider, der mit den wildesten Vertretern der Gattung Wüstenmonarchie umgeht wie unsereiner mit Katzen. Ich war einmal mit Schneider im Zoo. Er schritt... keine Spur: er laatschte in den erstbesten Löwenkäfig und apostrophierte den grimmigen König der Wüste (der einem nie in die Pupille guckt, sondern beleidigend dicht daneben) mit den Worten: »Na du alldes Radiesjn, du bißd awwr fett gewordn, Duhnrwäddr! Nu gomme nur mal hähr, mai alldr Sießhahn!« Und der in Laibzj geborene Löwe parierte aufs Wort.

Am 19. Oktober 1913 liefen einige ausgewachsene, ansehnliche Löwen in der Blücherstraße spazieren. Das rief einen tollen Aufruhr hervor. Die Polizei, die Feuerwehr und sonstige gemeinnützige Unternehmungen galoppierten herbei. Die Löwen jedoch (die einem Wagen des Zirkusses Barum entsprungen waren) nahmen wenig Notiz von den Passanten und Verfolgern. Sie trudelten in der Blücherstraße herum, und der eine Löwerich betrat, als sei das so verabredet gewesen, das Hotel Blücher, spazierte den Korridor des Hotels entlang und öffnete vermöge seiner Intelligenz das Pförtchen zum Klosett, in welchem ein ahnungsloser Reisiger saß, der zuzusperren vergessen hatte. Schlimmes hat sich dabei nicht ereignet. Man soll trotzdem immer abriegeln.

Daß es in Laibzj manchmal so stinkt, liegt an der Braunkohle, an den Leuna-Werken, an der Schwemmkanalisation. Die Jauchenplumper fahren herum wie zu meiner Schulzeit. Damals hatten sie allerdings Gäule vorgespannt. Jetzt haben sie Motorbetrieb (Marke Gaggenau).

Die Käranlagen im Rosental haben noch keiner Rose zum Blühen verholfen.

Auf dem Augustusplatz ist ein Plagiat am venetianischen Marcusplatz untergebracht: Tauben.

Herr Neumann aus der Glockenstraße, der eines Tages den Augustusplatz überquerte, fing eine Taube, drehte ihr das Genick um und praktizierte sie in die Hosentasche. Ein Magistratsbeamter bemerkte dieses und erstattete Anzeige, nicht ohne zuvor die Personalien des Missetäters zu Papier gebracht zu haben. Vor Gericht gab Herr Neumann keck an, die Tauben seien mitnichten Eigentum der Stadt, sintemalen sie frei umherflatterten.

Nachdem sich die Herren Richter dahin geeinigt hatten, daß Jagdfrevel nicht vorliege und die Tierchen als herrenloses Gut zu betrachten seien, mußte Herr Neumann freigesprochen werden.

Solches geschah am elften Oktober 1927.

Und nach diesem allgemein gehaltenen Kapitel wenden wir uns nunmehr den Sehenswürdigkeiten zu.

JOACHIM RINGELNATZ

Leipzig

Die Berge sind so schön, so erhaben! –
Aber es gibt hier keine. –
Wo hier zwei Menschen sind, ist keiner alleine. –
Über manche Leute, die jemand begraben,
Lache ich beinahe mich selber zu Tode. –
Fast alle Sachsen sind sächsisch. Sie zeigen sogar,
Daß die Pariser und die Londoner Mode
Vor zwei Jahren eigentlich auch sächsisch war.
Bei deiner Großmutter bin ich gewesen.

Es tut einem weh:
Sie nagelt – die Siebzigjährige – Stiele an Besen
Und trinkt – weil das jetzt am billigsten –
Blutreinigungstee.
Sie hat eine alte Kommode, wertvolles, frühes Barock.
Ich klärte sie auf. Und denke dir:
Sie – unabwehrbar – schenkte sie mir,
Trug sie persönlich mir heimlich nachts ins Hotel in den dritten Stock.
Was nun mit ihr, was mit der Kommode machen?? –

Genug für heute. Ich bin so müde gefragt.
Es ist doch billig, über die Sachsen zu lachen.
Der müßte selber ein
(und würde kein) Sachse sein,
Der einmal recht ihre Vorzüge sagt.

LISE GAST

In Sachsen zuhause

»Ich bin in Leipzig geboren und schäme mich dessen nicht«, beginnt mein großer Kollege Wolfgang Götz seine Erinnerungen. Nun denn: auch ich bin im Klein-Paris des Sachsenlandes zur Welt gekommen, auch noch auf dem Täubchenweg, sprich Däubschenwech, und kenne Sachsen in- und auswendig. Mütterlicherseits aus Schlesien stammend, mündeten wir später wieder in dieses Land, aber die Geburt und ein Teil der Schul- und Berufsausbildung fanden in Sachsen statt, und so können wir sagen: in Sachsen zuhause. Ich habe dieses Land zu Fuß, per Fahrrad, Motorrad und Auto durchstreift, meinen Mann in Sachsen gefunden und im Vogtland sechs unserer acht Kinder bekommen. So etwas gibt schon ein Heimatgefühl.

Da meine ganze Liebe seit je den Pferden galt, verfiel ich darauf, landwirtschaftliche Lehrerin zu werden, was sich als großer Um- und Irrweg erwies. Mit Pferden kamen wir weder in der Ausbildung noch in der Ausübung unseres Berufs in Berührung, wir mußten Hühner füttern und kochen und wurden nicht einmal mit in die Heuernte genommen. Damals arbeitete man noch mit Pferden, aber an die ließ man uns nicht heran. Wir wurden mächtig ausgenutzt, und es ist nur zu begrüßen, daß sich im Lehrlingswesen vieles grundlegend geändert hat.

Nach zwei Jahren Praktikum, das kein Zuckerlecken war, kamen wir ins Seminar, die Ausbildungsstätte für Lehrerinnen der ländlichen Haushaltführung, auf den ›Arvedshof‹, der mitten in Sachsen liegt. Hier gab es früher, als er noch in privater Hand war, auch Reitunterricht für die Seminaristinnen. Leider zu meiner Zeit nicht mehr, wir wurden in Hauswirtschaft ausgebildet, was uns später zugute kam, als wir heirateten. Fast alle landwirtschaftlichen Lehrerinnen heirateten, sie waren bekannt dafür, zufassen zu können, praktisch zu sein und sich von Widrigkeiten nicht erschüttern zu lassen. Wie vielen Widrigkeiten sollten wir bereits als Junglehrerinnen, sogenannten Pröbchen, begegnen! Na, und später erst!

Aber davon will ich nicht erzählen, sondern vom Seminar. Gottlob konnte man vom Arvedshof aus sonntags mitunter ausbüchsen, und ich erweiterte die Kenntnis des sächsischen Landes, indem ich es durchradelte, Münchhausen, den Balladendichter, besuchte, bei Grimma in der Mulde schwamm und die Burgen von Rochlitz und Wechselburg erkletterte. Dies alles mußte heimlich geschehen, denn das Kollegium legte mehr Wert darauf, daß wir Kochrezepte auswendig lernten und fit im Bügeln von Männerhemden wurden. Wir trugen die Maidentracht, hellgrau mit weißen Schürzen, die wir haßten; sie war auch alles andere als kleidsam, und bekamen die Maidenbrosche verliehen, wenn wir uns entsprechend benahmen. Auf der Brosche war die aufgehende Arvedshöfer Sonne zu sehen und die vier Buchstaben MAID, die wir mit ›Mit Anstand im Dreck‹ oder ›Morgen abend im Dunklen‹ auslegten, obwohl sie ›Mut, Ausdauer, Idealismus, Demut‹ bedeuteten. Eine Direktorin soll einmal bei einer Abschiedsrede gesagt haben: »Und, meine Damen, vergessen Sie fürderhin nie, Ihre vier Buchstaben hochzuhalten.!«

Für mich waren diese ländlich-sittlichen Anstandsregeln ein Grund, wütend zu protestieren, ich war immer ein Rebell, machte zum Beispiel damals heimlich und von geborgtem Geld den Führerschein, zu jener Zeit etwas ganz Ausgefallenes; niemand von Lehrern oder Schülern des Seminars besaß ihn, ich war die erste. Trotzdem galt er mir nur als Ersatz, ich träumte mich, auf dem Motorrad meines Vetters und späteren Mannes fahrend, immer in den Sattel eines Pferdes. Jahre, viele Jahre danach setzte ich meinen Dickkopf durch und kam in die richtigen Sättel, damals blieb es ein Wunschtraum. Immerhin, auf meinen Führerschein war ich stolz, machte mich aber mit solchen ›weltlichen Kinkerlitzchen‹ im Seminar nicht beliebter.

Kein Mensch kann heute verstehen, wie engstirnig es damals zuging. Ich flog beinah von der Schule, weil ich –

Ja, das muß ich von Anfang an erzählen.

Es war Sonntag, und wir langweilten uns, Witschi, meine Zimmergenossin, und ich. Kein Besuch, kein Telefon, nichts Ordentliches zu lesen. Gähnend sah ich in den leeren Gutshof hinunter. Da plötzlich war er nicht mehr leer.

»Du, Witschi« – ich gab meiner Budengefährtin einen Puff in die Seite – »guck, was da ist!«

»Was soll denn sein!« Witschi, sehr ehrbar, hatte gerade ihr Lehrlingstagebuch vor und studierte es. Ekelhafte Streberin!

»Zwei Reiter – komm bloß mal ans Fenster« –

Das Wort ›Reiter‹ ließ auch die tugendhafte Witschi aufhorchen. Auch sie hatte einmal den Traum vom Reitpferd geträumt, als sie sich zu diesem Beruf entschloß. Sie stand auf und kam neben mich.

Unten im Hof hielten zwei Jungbauern auf ihren Pferden, sie kamen allem Anschein nach von einem ländlichen Turnier. Dafür sprach auch – Reiter sind immer und überall durstig –, daß sie, als sie ihre Pferde tränkten, nicht ganz senkrecht daherwanderten; nicht etwa weil die am Brunnen gefüllten Eimer zu schwer waren, o nein. Die Schwerkraft kam von etwas Stärkerem als Wasser.

»Die haben einen gewaltigen sitzen«, sagte Witschi halblaut, und ich lachte.

»Komm, wir laufen mal runter, vielleicht lassen sie uns ein Stück reiten.«

»Optimist!«... aber Witschi schloß sich mir an. Ich

rannte im Vorbeisausen noch in den Eßsaal, wo zum Kaffee gedeckt war, und raubte eine Handvoll Würfelzucker aus der Glasschale.

»Nicht doch!« rügte Witschi gouvernantenhaft, riß mir aber doch ein paar von den gestohlenen Zuckerstücken aus der Hand. Sie meinte wahrscheinlich, einen Dieb zu bestehlen sei eine gute Tat. Draußen waren wir.

Die Bauernburschen waren noch nicht wieder aufgesessen, wir schmeichelten uns an die Pferde heran und fütterten sie mit Zucker. Und dann gab ich Witschi einen Puff, den zweiten des heutigen Tages:

»Sag was!« flüsterte ich.

»Was denn?« raunte sie zurück.

»Na, daß wir reiten dürfen!«

Ich flüsterte so lautstark, daß die beiden Jungbauern es genau hören mußten.

»Wollt ihr mal?« fragte also der eine und deutete mit dem Kopf nach seinem Sattel. Ich nickte wie wild. Witschi stand neben dem anderen. Sie fragte höflich und, wie sie meinte, ladylike – ich fand es affig –, ob sie sein Reitpferd einmal probieren dürfe, sie sei früher im Reitverein gewesen. Und, o Wunder, der Reiter nickte. Natürlich machte das der Alkohol. Wer verborgt schon sein Pferd an fremde Leute!

Wir waren beide in Tracht. Jetzt aber hinauflaufen und eine Turn- und Trainingshose holen, das hätte zu lange gedauert. Fand wenigstens ich. Schon angelte ich mit dem linken Fuß nach dem linken Bügel, erreichte ihn, zog mich hoch. Und da hatte Witschi anscheinend auch alle tugendreichen Bedenken überwunden und folgte meinem Beispiel. Wir saßen beide zu Pferde!

O Glück ohne Maß, o endlich, endlich erfüllte Sehnsucht! Ich klopfte mit dem Hacken, das Pferd ging folgsam vorwärts, ich setzte mich tiefer in den Sattel und trieb es in Trab. Es muß ein sehr, sehr gut zugerittenes und braves Pferd gewesen sein, denn ich war ja, abgesehen von heimlichem Kindheitsreiten auf nacktem Pferderücken, nie in dieser bezaubernden Lage gewesen. Eins allerdings wußte ich noch von früher: Galopp ist am leichtesten.

»Komm, wir galoppieren!« sagte ich zu Witschi, deren Pferd neben meinem ging, als wir einen weichen Feldweg erreicht hatten. »Los, vorwärts –«, und schon setzte sich mein Roß in Bewegung, und ich fühlte, wie es nach dem etwas stockernden Trab in den weichen Schaukelgang des Galopps fiel. Einen Augenblick schloß ich die Augen vor Glück...

Dann aber machte ich sie wieder auf. Ich mußte sehen, nicht nur fühlen, wie wir den Rain entlangflogen, der Bewegung hingegeben, den Duft atmend, der von einem vorwärtsgehenden Pferd ausgeht, scharf und bitter und unvergleichlich, unverwechselbar schön und stark – da sah ich etwas anderes. Witschi hatte, als ich »Komm, wir galoppieren!« gesagt hatte, »Nein, laß« – gestammelt, und jetzt merkte ich, daß ihre angebliche Reitvereinskunst eine recht mäßige sein mußte. Jedenfalls schien sie in starke Wohnungsnot geraten zu sein und kämpfte darum, oben zu bleiben.

›Der Kopf sei der höchste Punkt des Reiters und der Absatz der tiefste‹, heißt es, und hämisch wird oft hinzugesetzt: ›Manchmal ist es umgekehrt.‹ Bei Witschi war es binnen weniger Minuten umgekehrt, und ihr Pferd, seiner Reiterin ledig, fiel in einen noch schnelleren Galopp, machte Faxen, indem es die Hinterbeine hochwarf, höher als die Kruppe, und die leeren Bügel schlenkern ließ, daß es mich beim Zusehen schauderte. Irgendwie gelang es mir, mein eigenes Tier zurückzuhalten – es wollte natürlich dem anderen nach – und schließlich zum Schritt durchzuparieren. Sogar wenden ließ es sich. Kaum hatte ich es herum, da trieb ich es wieder an, der Unglücksstelle zu, an der Witschi zu Boden gegangen war.

»Hast du dir was –«

»Nichts, nur gestaucht. Fang es ein – reit hinterher –«

jammerte sie. Ich? Ich sollte mit meinem Pferd ein anderes einfangen? Nun befielen mich doch Zweifel. Ein Cowboy war ich nicht, so gern ich einer gewesen wäre.

»Da – da – es dreht um –« Wahrhaftig, das ledige Pferd hatte anscheinend seinem Freiheitsdrang Genüge getan und kam zu uns zurück. Da war ich aber fix aus dem Sattel, drückte Witschi meinen Zügel in die Hand und sperrte für ihres mit ausgebreiteten Armen ab. »Hoh, hoh, mein Schöner, haaalt!«

Aber, o weh, das Pferd stoppte zwar ab, wich aber seitwärts aus und verschwand wiederum, diesmal so weit, daß wir es nicht mehr sehen konnten. Ich stieg wieder auf und ritt dem Arvedshof zu, Schlimmes ahnend.

Es wurde noch schlimmer als geahnt. Viel hätte nicht gefehlt, und wir wären beide von der Schule geflogen. Witschi und ich. Obwohl wir das zweite Pferd schließlich einfingen und die beiden Bauernburschen in ihrem Schumm überhaupt nicht ärgerlich waren. Aber eine Lehrerin hatte uns gesehen, und die war strenger als das Direktoren-Ehepaar und die ganze Landwirtschaftskammer, der wir alle unterstanden, zusammen. Wir hätten uns unwürdig benommen, mit betrunkenen Männern paktiert und wären in Tracht auf fremde Pferde gestiegen und demnach nicht wert, fürderhin die Maidenbrosche zu tragen...

»Die hatten wir gar nicht dran!« sagte ich empört bei der Verhandlung. Unsere Seminarleiterin, eine sehr kluge und souveräne Person, die mich von da an unter ihren persönlichen Schutz nahm, verbiß ein Lachen. Ihr war es auch zu verdanken, daß wir nicht flogen. Aber ich bekam einen Tadel ins Zeugnis – Witschi nicht, weil sie sonst so brav war –, aber ich. ›Fräulein Gast hat charakterlich sehr an sich zu arbeiten, um dem Lehrberuf gewachsen zu sein –‹ oder so ähnlich. Weil ich ein Stück geritten war!

Diese Geschichte ist historisch und nicht nur wahr. Ich habe viel später mit Direktors, die wir heimlich Papi und

Mami nannten, darüber gesprochen und gelacht – als ich schon ein bißchen bekannt war und nicht mehr das schwarze Schaf vom Arvedshof. Sie bekannten lachend, sie wären ja damals auch noch jung und recht unsicher gewesen, und solche Lehrerinnen wie Fräulein Gensel...

Jetzt besitzen wir eigene Ponys, die uns durch unsere neue Heimat, durch Schwaben, tragen, und kein Mensch würde eine angehende Lehrerin verteufeln, weil sie an einem freien Sonntagnachmittag zu Pferde stieg. Ja, die Zeiten ändern sich, und oft zum Guten! Meine Kinder hatten eine Lehrerin, die Turniere ritt, und sie bewunderten sie glühend. So aber war es damals, und ich werde es nie vergessen, so wie ich Sachsen nie vergesse. Leipzig mit seiner wunderbaren Musik nicht und Grimma, und auch nicht Dresden, dessen Untergang ich auf der Flucht von Schlesien her selbst miterlebte. Es soll wieder neu aufgebaut und sehr schön geworden sein. So schön wie in unserer liebenden Erinnerung ist das ganze Sachsen sicherlich nicht mehr.

OTTO JULIUS BIERBAUM

Leipziger Erinnerungen

Meine frühesten Erinnerungen an Leipzig sind gußeiserner (oder bronzener?) und monumentaler Natur. Heute noch kann man auf dem Naschmarkt die beiden Löwen sehen, an die sie sich knüpfen. Auf diesen Löwen nämlich pflegte ich zu reiten, als ich der ersten Hosen für würdig befunden war. Das war so gegen 1870. Damals trugen die Leipziger Polizeier noch Stöcke aus spanischem Rohr mit einem, wenn ich nicht irre, beinernen Knauf. Ich kann mich an den Knauf nicht so deutlich erinnern, wie an das spanische Rohr, denn von diesem wurden meine ersten Hosen geklopft, wenn ich sie als Reithosen auf städtischen Monumenten mißbrauchte.

Mein Vater hatte damals eine Wirtschaft inne, die sich in der damaligen Nr. 4 der Grimmaischen Straße befand: genau gegenüber diesen verlockenden Löwen. Die Mitglieder der Burschenschaft ›Germania‹, die bei ihm verkehrte, pflegten mich ›Bierast den Löwenritter‹ zu nennen. Es ist Felonie von mir gewesen, daß ich später nicht Burschenschafter, sondern Corpsstudent geworden bin, denn ich kann wohl sagen, daß ich eine wahrhaft innige Liebe und Bewunderung für die ›Germanen‹ hegte, die sie aber auch reichlich vergalten. Sie leben in meiner Erinnerung samt und sonders als wahre Ausbünde von Ritterlichkeit, Lustigkeit, Kraft und Schönheit. Einer hieß Lachmund. Den liebte ich seines Namens wegen besonders. Ein anderer, der Pechmann hieß, wurde, glaube ich, im Duell erschossen. Es kann aber auch sein, daß ich mir dies nur aus dem Namen zusammenfantasiert habe, und daß es ein anderer war, der um jene Zeit erschossen wurde. Das weiß ich nämlich noch bestimmt, denn ich erinnere mich deutlich, einen schwarzen Kasten gesehen und gefragt zu haben: »Was is denn da drinne?« »Pixtolen!« erhielt ich zur Antwort, und am nächsten Tage fehlte ein Germane. Ich brachte das ohne weiteres mit dem Kasten in Verbindung und entsetzte meinen Vater nicht wenig, indem ich sagte: »Der is totgeschossen worden.« Jeder Versuch, mir das auszureden schlug fehl, aber ich erklärte: »Ich sags nich weiter.« Übrigens fand ich gar nichts besonderes dabei. Studenten waren für mich Helden, und es schien mir nur selbstverständlich, daß zuweilen mal ein Held im Kampfe fiel...

Meine Eltern verwandten mich gerne zu Botengängen, und ich war damit durchaus einverstanden, da sie sich in der Hauptsache zu Delikatessengeschäften richteten, wo ich gewöhnlich etwas ›zukriegte‹. Während der Messe aber stellte ich mich als unbrauchbar dazu heraus, weil mich die Herrlichkeiten der Budenstadt auf dem Altmarkte viel mehr interessierten, als der Umstand, daß die Wiener Würstchen, die ich bringen sollte, sogleich und nicht erst nach Stillung meiner Neugierde gebraucht wurden. Als ich gar einmal die ganze Summe, die für ›essende Ware‹ bestimmt war, in Schaubuden und Karussells veruntreut hatte, erklärte mich mein Vater für ein gewissenloses Subjekt und ungeeignet zu Vertrauensposten. Nur der Einspruch der gesamten Burschenschaft ›Germania‹ rettete mich vor einer schweren Tracht Prügel; aber mit den lukrativen Botengängen war es aus.

Bald auch mit meiner Leipziger Kinder-Zeit, denn meine Eltern fanden, daß ich strengerer Beaufsichtigung bedurfte, als sie leisten konnten, und taten mich nach Dresden ins Freimaurerinstitut.

Leipzig sah mich erst als Untertertianer der Thomasschule wieder. Die Schola Thomana war eben aus ihrem alten Hause neben der Thomaskirche nach dem neuen übergesiedelt, das mir wie ein ungeheurer Palast vorkam. Auch der alte Rektor Eckstein imponierte mir sehr, wie ich denn überhaupt vor alten Lehrern immer viel Ehrfurcht gehabt habe, während mir die jungen ›schneidigen‹ weniger imponierten. In der angenehmsten Erinnerung ist mir der geblieben, der Schümann hieß und Schümp genannt wurde. Er war ein Original, und ich fürchte, daß er bei seinen Kollegen weniger beliebt war, als bei seinen Schülern. Einige seiner Schrullen waren ja komisch, und wir amüsierten uns manchmal mehr über ihn als respektvoll war; aber der bittere Hohn, mit dem sich Schüler über die Schwächen unsympathischer Lehrer lustig machen, blieb von ihm fern. Er ließ es zu, daß wir ihm schallend ins Gesicht lachten, aber keiner grinste hinter seinem Rücken. Ich für mein Teil liebte ihn geradezu, obwohl er mich oft genug arg demütigte, indem er Stellen aus meinen Aufsätzen, die ich für besonders schön hielt, dem allgemeinen Gelächter preisgab. Dafür durfte ich aber bei ihm Aufsätze in Versen schreiben und hatte den Genuß, sie von ihm ex cathedra im Donnerton deklamieren zu hören, wenn sie sein Plazet erhalten hatten. Er war keiner von den verhängnisvoll schlechten Pädagogen, die da glaubten, Jugend müsse vor allem geduckt werden. Wo er Talent sah, ließ er sich's tummeln; selbst Bocksprünge sah er gelassen lächelnd mit an, hatte aber eine sehr feine ironische Manier, jedem Böckchen seine Geschmacklosigkeiten so zum Bewußtsein zu bringen, daß es das nächste Mal etwas bedachtsamer hoppste. – Da er selber ein wirkliches herzliches Verhältnis zum großen poetischen Erbe aus unserer klassischen Zeit hatte, verstand er es, auch uns dazu anzuleiten. Statt uns mit Kommentaren zu langweilen, ließ er uns die Meisterwerke Schillers mit verteilten Rollen lesen, wobei er die Hauptrolle aber gerne für sich selber reservierte. Und er las sie gut. Nur war es drollig, daß er zuweilen an einen eben mächtig herdeklamierten Vers in seinem gewöhnlichen Tonfall eine seiner wunderlichen ›Regeln‹ fügte, die er in kurze, nur ihm und seinen Schülern geläufige Formeln, gebildet aus den Anfangsbuchstaben ihrer Worte, gebracht hatte. Es kam mir immer vor, als wollte er auf diese Weise sein philologisches Gewissen beruhigen. – Schon in der Obertertia hatten aber einige von uns literarische Aspirationen, die über das hinausgingen, was der Stundenplan bot. Wir (an der Spitze ein jetziger Staatsanwalt, ferner ein jetziger Heidelberger Professor der Medizin und ich) gründeten ein Kränzchen, in dem wir gemeinsam Dramen lasen und Vorträge hielten. Das lustigste an diesem Kränzchen war sein Protokoll, in dem wir uns gegenseitig aufs prachtvollste im Stile parlamentarischer Gegner vermöbelten. Es ist mir heute noch ein Genuß, in diesen Heften zu blättern und daraus zu erfahren, daß ich während meiner Präsidentschaft ›deutliche Spuren von Cäsarenwahnsinn an den Tag gelegt‹ habe, wofür ich dann in einer gewaltigen Niederschmetterungsrede von ›faktiöser Opposition‹ sprach. Wir kultivierten besonders die Dramen der Sturm- und Drangperiode; moderne Literatur interessierte uns gar nicht.

Der Karneval in Leipzig:
Messerummel

Hauptbahnhof und Bogenlampen.
Welch Getümmel vor den Rampen!
Laut ertönt's von fern und nah:
»Der Berliner Zug ist da!«
Und ein Herr, der extraklug ist,
ruft: »Ob das der Damen-Zug ist?«
Und es scheint: der Herr hat recht!
Nichts als weibliches Geschlecht!
Nichts als Mädels – Donnerwetter!
Immer hübscher, immer netter!
Lu und Li und Lee und Lo,
Ern und Trud und Mi und so...
Puderhauch und frohe Stimmung.
Pelzjackett mit sanfter Krümmung.
Lauer Duft wie von Lavendel.
Necessaire und Reisemäntel.
Seidenstrumpf und Glockenhut:
Na, mein Kleiner! Keinen Mut?...
Rot und Gelb und Grün und Blau!
Lachen, Schreien, Mordsradau!
Mädchen – schlank wie Rehe –
Na! Wer hat noch keine Frau
für acht Tage Ehe?...

Meine Wirtin hat vier Zimmer.
Doch wir waren fleißig!
Bauten um und räumten immer:
Jetzt ist Platz für dreißig...
Jede Stube, Stück für Stück,

wird halbiert durch einen Strick.
Ja! So wurden wirklich acht
Zimmer aus nur vier gemacht...
Sehr moralisch ist das kaum,
seien wir doch ehrlich...
Strick als Wand und Zwischenraum
ist nicht ungefährlich!
(Und zudem entbehrlich...) –
Links vom Strick ist Lehmanns Bett –
rechts ist Meiers Lager:
Beide Fraun sind längst zu Bett,
die Frau Meier dick, fast fett,
die Frau Lehmann hager...
Auf den Gatten warten beide –
horch, da kommt der eine an!
Findet er die richt'ge Seite?
Ach, wie leicht der brave Mann
in der Richtung irren kann!
Und – da beide Frauen sächseln –,
oh, man kann sie leicht verwechseln...
Denn wer kennt des Zufalls Grenzen?
Und – wer trägt die Konsequenzen? –

Bis hierher zeigt das Gedicht:
Einfach ist die Messe nicht!
Nichts als Sorgen, nichts als Plage,
Angebot und Nachgefrage.
Bargeschäft? Geschäft auf Sicht?
Kaufen? Oder besser nicht?
Warten, ob die Preise fallen?
Kauf in Wagen? Nur in Ballen?
Ist das Konto überzogen?
Bist du oder hast betrogen?
Ware halten? Oder brennt's?
Wie verkauft die Konkurrenz?
Über Weltmarkt oder unter?

Es wird immer kunterbunter! –
Seit die Mark stabilisiert ist,
wird der Handel wieder ernst!
Zeig, ob du noch instruiert bist
oder ob du's wieder lernst!
Dummheit ist kein Vorzug mehr,
wenn sich's um Geschäfte handelt.
Raffke denkt: ›Es hat sich sehr,
hat sich sehr gewandelt...‹
Wer sich am Tag mit Preis und Waren
und Risiko die Zeit vertreibt,
der will nicht auch am Abend sparen!
Er eilt, ob ledig, ob beweibt,
ein wenig in die Stadt... und kneipt...
Dies tut der Durchschnittsmensch. Indessen
gibt es auch höhre Interessen!
Die Kunst zum Beispiel ist beliebt,
weil sie der Seele manches gibt,
Man sitzt dann etwa im Theater:
die Mutter rechts und links der Vater,
die lieben Kinder in der Mitte.
(Denn so verlangt's die gute Sitte!)
Wenn nach dem ersten Akt Applaus ist,
hofft der Papa, daß es bald aus ist.
Er schätzt die Kunst, versteht sich sehr;
er rechnet sich nicht zu den Bauern.
Doch darf die Kunst nicht lange dauern!
Und ein Glas Pilsner schätzt er mehr...

Im Gewandhaus sitzen viele,
widmen sich dem edlen Spiele,
still, so wie es sich gehört.
Und man sonst den Nachbar stört...
Große Augen macht der eine,
doch sein Nachbar hat fast keine;
und du denkst empört: Er schläft!

Nein, er träumt bloß vom Geschä-ä-äft.
Seine Gattin staunt beständig,
daß der Dirigent so winkt!
Wirkt er nicht wie tausendhändig?
Und wie laut die Pauke klingt!...

Hohe Kunst ist nicht für alle –
Stimmungsbild in diesem Falle:
Zwischen Sekt und Zigarette
lauschen sie dem Nacktballette.
Liebe Mädchen ohne Kleider,
zart verziert mit Lendenschürzen,
springen, knien, walzen, stürzen,
hüpfen, fallen und so weiter.
Damen aus dem Publikum
wenden sich entrüstet um.
»Nein, wenn ich so wollte – oh!«
Kreischt die Frau von Bolt & Co.
Doch – sie wiegt zweihundert Pfund!
Und ihr Mann, entsprechend rund,
meint: »Du bist doch sonst gesund –«
Schließlich bei der letzten Szene
gruselt's alle eisekalt
weil die Karin – hast du Töne? –
wütend mit der Peitsche knallt
und die andere, die Schöne,
prügelt, daß es widerhallt...
Weil die Tanzkunst, wenn bewegt,
Ehemänner stark erregt,
sagen manche Frauen klug:
»Männe, komm! Du hast genug.«
Und man sieht noch, wie sie hinten
schimpfend mit dem Mann verschwinden.
Andre haben Stolz im Leibe,
und sie denken: Nein, ich bleibe!
Doch im Grunde ist's nicht gut,

wenn die Frau erhaben tut...
Weiter geht's in Sekt und Geigen!
Und in Lärm und Eleganz!
Weiter geht's – ›Der Rest ist Schweigen...‹
Doch erst nach dem Tanz...
Ja, nach solchen Messewochen
spürt der Onkel seine Knochen...
Nach dem siebenten Cocktail
nannte sie ihn schon ›Kamel‹.
Und sie trank noch immer!
Und es kam noch schlimmer!

Das Entsetzlichste vom Ganzen:
Elli wollte mit ihm – tanzen! –
Seide knistert. Kesses Lachen.
Schultern duften, Ringe blitzen.
Onkelchen sagt: »Nichts zu machen,
Kind, ich bleibe sitzen.«
Aber Elli muß heut tanzen.
Tanzen ist der Clou vom Janzen.
»Also Kind, dann los!«
»Onkelchen, famos!«
Und der Onkel wird ganz krank, oh!
Denn man spielt gerade Tango.
Und er hupft in großen Sprüngen.
Doch es will nicht recht gelingen...
Denn er kann ja weiter – falls er
überhaupt tanzt! – nichts als Walzer!
Rotes Licht und Jazzkapelle,
Gläserbruch und Zwischenfälle,
Frauenblick und blauer Aal:
Karneval! Karneval! –
»Morgens, wenn die Hähne krähn,
müssen wir nach Hause gehn.« –
Als er das Lokal verließ,
war dem dicken Onkel mies,

Elli war verschwunden...
An der nächsten Straßenecke,
ausgestreckt im Straßendrecke,
hat man ihn gefunden...
Zweie faßten Onkel unter,
und da war er wieder munter...

Wenn du Geld hast, selbstverständlich!
Gestern beispielsweise pendl' ich
stillvergnügt, wie ich das liebe,
durch das tolle Meßgetriebe...
Tausend neckische Gesichter.
Fensterglas, Laternenlichter.
Grauer Himmel. Weiche Flocken.
Blonde und auch braune Locken...
Während ich noch überlege,
warum ich mich fortbewege,
streift mich eine kleine Hand;
Stulpenhandschuh. Elegant.
Blickgespräch. Oh, bitte sehr!
Also steig ich hinterher...
Leider war das holde Kind
schon mit Herrn versehen...
Sie bleibt stehen, nicht geschwind –
hier muß was geschehen! –
Dann, in einem Nachtlokal,
fand ich sie beim Tanze.
Frühjahrsmesse! Karneval!
Und ich ging aufs Ganze.
Zu dem Herrn, bei dem sie saß,
sagte ich: »Mein Bester,
geben Sie mir auch ein Glas.
Sie ist meine Schwester.« –
Sie sagte: »Arno, setz dich her!
Der Herr kommt alle Messen.
Wir waren grad im ›Blauen Bär‹,

hast du auch schon gegessen?«
Dann tranken und dann tanzten wir.
Und aßen in der Pause.
Der Herr war lieb und nett zu mir.
Dann brachte ich – so gegen vier –
Mein – Schwesterchen nach Hause...

UWE JOHNSON

War das eine von den bombardierten Städten?

Über die Angriffe der vereinigten Welt aus der Luft sagte Achim: Das weißt du ja. Er lernte die Stadt erst wieder kennen, als sie bereits aufgelöst wurde von den Bomben. An einem der ersten Nachmittage nach dem Einzug ließ er die Gartenarbeit liegen, weil die Erinnerung an die trokkene Sonnenwärme der ersten Wohnung ihn überfallen hatte; vierjährig lag er über Fensterbrett und Sims hinausgebeugt und starrte in die Straßenschlucht hinunter. Tiefer Schatten bedeckte die Fahrbahn zur Hälfte und brachte den stockigen Geruch des Ladens im Erdgeschoß hervor (immer noch: Kolonialwaren) und die kühlen Steine im Flur und das graue Licht im Treppenhaus: das alles im Schatten versammelt, und daneben auf der uneben gleißenden Asphaltbahn zog ein Mädchen mit einem Kinderwagen den langen baumlosen Gehsteig entlang, er konnte singen hören. Die Stille schwang gewaltiger über dem Schrillen und Rasseln der Rollschuhe, auf denen die Kinder in Bögen um einander kreisten: in den Kurven gebückt zogen sie Kreidestriche hinter sich her, ein riesiges Gesicht wuchs aus der Hitze, das kannte ihn. Im letzten Augenblick hatte die Mutter ihn zurückgerissen und das Fenster verriegelt. Das alles wollte er wiedersehen. Er ließ sich von der Mutter den Weg dorthin beschreiben und fuhr mit der Straßenbahn ans andere Ende der Stadt. Die Leute, die er nach dem Weg fragte, sagen den Jungen betroffen an und entschlossen sich nur zögernd zur Auskunft. Es war ein so warmer Tag wie der erinnerte. Er ging lange parallel der Straße in einer anderen, weil er um die Apothekenecke genau auf das Haus zukommen wollte. Alles flog ihm wieder zu: das Transformatorenhaus in den Büschen an der Kreuzung kannte er, das Gesträuch war damals niedriger gewesen, die Apothekentür stand offen wie immer wenn er um Lakritzen betteln gegangen war, die Häuser waren nicht da. Der offene Himmel schlug ihn einen halben Schritt zurück. Vor ihm lag ein rundlicher langer Wall aus Schutt bis zum Rand der Fahrbahn, die Häuser der Gegenseite neben ihm waren nur Außenmauern und leer. – Es hat gebrannt: dachte er schnell, aber es half nichts, es waren die Bomben gewesen. Er hätte nie geglaubt daß fünf Stockwerke (mit all den Möbeln! und da waren doch noch Böden und Wände dazwischen! und die Menschen?) so flach zusammenzulegen waren. Der Wind trieb Staub von den Hügeln auf den splittrigen Gehpfad, kleine Wirbel standen auf unter ihm und wanderten wie Fahnen tänzelnd über den Kamm des Schuttwalls. Es war sehr still. Eine einzelne hochragende Mauer trug Kachelverkleidung und darüber auf unversehrtem Putz einen blanken Schmuckteller mit weiß und blauem Muster. Da war einmal eine Küche gewesen. Ein Mann in grauer Uniform war beim Graben, an einen Schornsteinrest gelehnt sah eine junge Frau ihm zu. Er bückte sich und holte zwischen seinen Füßen ein kleines buntes Tuch hervor. Es sah ganz heil aus. Er warf es der Frau zu. Sie lachten über etwas. Der Soldat zog seine Jacke aus und legte sie ordentlich gefaltet neben sich. Pfeifend grub er weiter. Achim lief weg.

Er wartete auf das große Erlebnis des Angriffs, das ihm von der erregten Hast aller Menschen nach dem Aufheulen der Sirenen und von ihren angstbesessenen Gesichtern versprochen war. Er hatte davon nur reden hören. Das erste gezielte Bombardement sah er an einem frühen Nachmittag im Vorsommer, sie saßen alle in der Waschküche unter dem Haus und sahen durch die offene Tür weiße freundliche Wolken am Himmel. Der Wind schlug Wellen von Flugzeuggeräusch in der Luft heran und verschwieg sie wieder. Dann zitterte die Erde ein wenig. Achim begann zu lachen, es war ein unwiderstehliches Kichern, das ihn schüttelte. Der Vater sprang auf und schlug ihm von beiden Seiten ins Gesicht. Über dem grünen Rand des Unkrauts um die Waschküchentreppe quollen Wolken in der Ferne hoch, weiß waren sie und zierlich gebildet. Sie verdeckten die anderen. Dann wurden sie grau. Achim krümmte sich in unaufhaltsamem Gelächter. Sie lebten alle noch. Sie waren nicht tot.

Wieso hatte Achim eine Schwester: nur drei Jahre?

Die Mutter verschwand mit der Schwester in den Armen, so hatte er sie zuletzt gesehen. Er wußte wohl daß die Toten nicht heil unter den Häusern hervorgeholt wurden, er hatte auch auf dem Friedhof die riesigen Gruben gesehen und die unzählbaren Versammlungen vierkantiger Kisten davor, da haben sie Beine und Köpfe durcheinander reingeschmissen was gerade kam Achim, glaubst du nicht? – Doch. In Achims Vorstellung war der Tod bei einer kleinen Gruppe schwarzgekleideter Menschen inmitten eines Kordons brauner Uniformen, auf die man nur durch einen weiteren Sperrgürtel brauner lederverzierter Rücken blikken konnte, Blumenberge verdeckten die eilig aufgeworfene Erde und die schweren Duftschwaden von den Kisten her; der Tod war auch einer von den älteren Sperrmännern, der sich umwandte und sagte so grob wie gutmütig: Geht hier weg Jungens, und nach einer Weile etwas verächtlich: Das ist ein Befehl. Aber die Mutter war nicht in diesen Särgen. Sie war verschwunden. Sie war vormittags in die Stadt gefahren. Sie wollte eine Armbanduhr kaufen für den Geburtstag des Vaters. Danach sollte der Vater sie auf dem Hauptbahnhof treffen, wo sie Einkäufe mit einer Tasse Kaffee zu beschließen pflegte (an die vornehmeren Gaststätten in der Stadt hatte sie sich doch nicht mehr gewöhnen können). Da mußte der Angriff über sie gekommen sein. Weder schien die Westhalle sie erschlagen zu haben, noch war sie wohl in die Kellerräume unter dem Querbahnsteig hinuntergerissen worden. Denn sie wurde da nicht gefunden. Der Vater kam erst spät in der Nacht nach Hause. Er hatte in der ganzen brennenden Umgebung bergen und löschen helfen. Er hatte eine Puppe gefunden wie die Schwester sie in der Hand gehalten hatte, aber sie war angekohlt und konnte auch anderen Kindern gehört haben. Es war ein sehr häufiges Spielzeug. Der Vater weinte nicht. Er saß graugesichtig und angesengt in der Küche und fragte den Jungen aus bis zum Morgen. Achim verschwieg daß sie ein Geburtstagsgeschenk hatte kaufen wollen: er mochte ihr die Überraschung nicht verderben. War Achim sicher, war sie wirklich in die Stadt gefahren? Hatte sie ihm auch etwas vom Hauptbahnhof gesagt? War die Schwester nicht nebenan in Obhut gegeben? War die Mutter nicht längst zu Hause und versteckte sich aus Spaß? Was wollte Achim für die Wahrheit geschenkt haben? Lange nachdenkend saß er über die Lehne gekippt auf einem Stuhl mitten in der Küche. Der schlafende Junge erwachte angestarrt aus weit aufgerissenen Augen, über die eine schwarze Hand fuhr und eine halbe Braue wegwischte wie Staub: hatte Achim sie zur Bahn begleitet? Wann hatte sie zurück sein wollen? Hatte er das mit eigenen Augen gesehen? Sie war nicht tot. Sie war nur nicht wieder nach Hause gekommen. Sie war abgefahren in dem blauen weißgepunkteten Sonntagskleid und hatte gewinkt hinter der Scheibe des Wagens, die Schwester saß ihr auf dem Schoß mit der Puppe vor der Brust und blickte freundlich auf ihren großen Bruder, der ungeduldig die Abfahrt erwartete. Die Schwester hatte vorher geweint beim Haarewaschen, steif geflochten standen ihr die kurzen schwarzen Zöpfe vom Kopf. Die Mutter hatte den Mund bewegt beim Winken, aber er hatte sie nicht verstehen können. Sie waren abgefahren in einem der schweren Großraumwagen, die zum Einsteigen eine tiefere Plattform in der Mitte haben und in den Abteilen lederne Bänke, in einem solchen Zug wie sie auch heute noch durch die Stadt fahren auf derselben Strecke.

ERICH LOEST

Leipzig am Wochenende

Wochenendbesucher, kommst du nach Leipzig und hast keinen Schimmer von der Stadt an den Abwässern Elster, Pleiße und Parthe, so bummelst du am besten die paar Schritte vom Hauptbahnhof zu dem neuen Hause, das Information verheißt, und erwirbst einen Reiseführer vom Brockhausverlag und ein Billett für eine Stadtrundfahrt. Für den Aufenthalt von einem Tag empfiehlt Brockhaus diese Bustour, aber da beginnt schon Theorie, denn auf Anhieb bekommt keiner eine Karte für diesen 25-Kilometer-Trip. Ausgebucht ist der Bus in der Saison auf Tage hinaus.

Viele Filmregisseure zogen ulkigen Effekt aus dem synchronen Schwenken von Köpfen: Links sehen Sie, rechts sehen Sie, und so sieht die Busbesatzung das Romanushaus und das Alte Rathaus, das, lang, lang ist's her, in nur neun Monaten gebaut wurde. Und schon schwingt sich die Reiseschar wieder aus den Polstern, denn die Thomaskirche ist erreicht, vor dem Bachdenkmal erläutert der Stadtkundige die Bedeutung dieses Mannes, seiner Musik, des offenstehenden Knopfes an seiner Jacke sowie des heraushängenden Taschenfutters, was zeigen soll, daß Bach ein armer Schlucker war mit zwanzig Kindern, und Kindergeld wurde damals nicht gezahlt. Am Engelsplatz erfährt der Buswanderer, daß einer, der das Ringmessehaus durchpilgert, viereinhalb Kilometer ableisten muß, am Zoo wird ihm natürlich erzählt, daß hier geborene Löwen sogar bis Afrika exportiert werden, und der Kalauer fehlt nicht, daß sie von echten afrikanischen Löwen nur durch den Dialekt zu unterscheiden seien. Gohliser Schlößchen und Schillerhäuschen und so weiter, so kommt der Besucher in Leipzig herum, aber wie gelangt der Einheimische hinaus?

Es gibt wenige Großstädte, deren nahe Umgebung sich für den Luft-, Wasser- und Sonnenhungrigen als so miserabel erweist. Das Südvorland wird seit Jahrzehnten aufgerissen durch die Braunkohlengruben des Bornaer Reviers mit den Chemiegiganten Espenhain und Böhlen; alte, zum Teil sehr alte Brikettfabriken stoßen ihre Rauchwolken in den Himmel, der 300-Meter-Schornstein des Kraftwerks Thierbach verteilt Asche und Schlimmeres weit herum. Nicht viel anders im Westen, wo sich flache Felder strekken, in die Gruben und Fabriken hineingesprenkelt sind; die Kulisse des Leunawerks teilt hier den Himmel. Reizarme Äcker, früher als Schlachtfelder zweckentfremdet, grenzten bisher an Leipzigs Norden, aber dort muß sich in den nächsten Jahren alles, alles wenden: Drei große Tagebaue fressen sich sogar über die Autobahn, ein Fluß wurde schon vorsorglich umgebettet, bei Delitzsch werden die Fundamente eines neuen Riesenkraftwerks geschüttet, und in Leipzigs Kneipen kommt die Debatte nicht zur Ruhe: Muß auch die Brauerei in Krostitz daran glauben? Leipzig wirkt als eine von drei Seiten belagerte Stadt, der Feind wühlt die Erde um und um, vergiftet ihre Gewässer und schickt seine Rauchwolken hinein. Um die Jahrhundertwende begann der Angriff, in den kommenden Jahren wird er sich zum Trommelfeuer steigern. In fünfzig Jahren ist vermutlich alles vorbei, eine niedliche Hügellandschaft mit Wäldchen und Seen wird Leipzig auf drei Seiten erquicken. Wer möchte da nicht Enkel sein.

Der Leipziger von heute hat sich aufs Überleben eingerichtet. Von Nord nach Süd zieht sich ein Grünstreifen hindurch mit staunenswertem Baumbestand, Rosental und Clara-Zetkin-Park sind zwei seiner Teile. Hier ist an arbeitsfreien Tagen und an Sommerabenden des nichtmotorisierten Fußvolks wahrer Himmel, auf der Wiese des Rosentals tummeln sich Radfahrer und Kinder, und wer will, darf den Hund von der Leine lassen. Ein Fußballspielchen, bei dem Campingbeutel die Tore markieren, im Herbst steigen Drachen, hinter Wassergräben käuen Kamel und Gnu in den Freigehegen des Zoos. Wer den Blick hebt, wird vom Schornstein eines innerstädtischen Kraftwerks zur Demut gemahnt. Durch diesen Wald- und Parkgürtel fließt die Elster mit ihren Nebenarmen. Ihr Wasser ist schwarzbraun, manchmal schimmert es lila. Vor Jahren trieben große Schaumflocken darauf, die sind dank fürsorglicher Maßnahmen verschwunden. Der Spazierer schreitet schneller über die Brücken, um dem Gestank zu entgehen, und staunt über die Wassersportler in ihren Booten, die auf der Chemiebrühe rackern, nicht sich tummeln etwa zum Spaß, denn es sind Studenten und Leistungssportler der Deutschen Hochschule für Körperkultur, die nahebei ihre Heimstatt hat. Weltmeister und Olympiasieger der Ruderer, Kanuten und sogar der Wildwasserspezialisten werden hier herangebildet – ob der Trick darin besteht, daß sie einfach nicht zu halten sind, wenn sie auf einmal richtiges Wasser unter dem Kiel wittern?

Abgesehen von diesem Grünstreifen ist Leipzig eng gebaut, Alleen und kleine Parks hellen nur wenig auf. Die Räte der Stadtbezirke mühen sich, Belebung hineinzubringen, hier entsteht ein Volleyballplatz, dort eine Rollerbahn, die sofort von Jungen als Fahrrad-Querfeldein-Strecke weiterentwickelt wird, im Zentrum wird aus mangelnder Baukapazität eine Tugend gemacht: Anstelle von neuen Messepalästen und Kaufhäusern schmückt Grün einige Freiräume, die von Kriegsbomben gerissen wurden. Alleebäume fallen, denn Straßen müssen verbreitert werden, damit unter anderem die Leipziger mit ihren Autos schneller ins Grüne kommen – es ist der Teufelskreis der Zivilisation, der auch diese Stadt umklammert.

Wohin also am Wochenende? Die Zeitungen liefern Tips. Da wird eine Ausstellung angepriesen – Leipzigs

Maler halten seit Jahren die Republikspitze. Fußball natürlich, vielleicht ein Leichtathletiksportfest im Zentralstadion oder Hunderennen in Paunsdorf oder Briefmarkengroßtausch hier und da oder Radsportleckerbissen auf der vorzüglichen Anlage in Großzschocher, einer der wenigen überdachten Bahnen der Welt. Die Zeitungen geben Wandertips, man kann sich mit Gleichgesinnten des frühen Morgens im Hauptbahnhof einfinden und zwanzig, dreißig Kilometer hinausfahren und wandern auf ausgeschilderten Pfaden und zurückkehren am Abend, luftmüde und gebräunt und mit herrlichem Muskelkater. Im Winter fahren an den Wochenenden Sonderzüge in den Harz, zu Thüringens Bergen und ins Erzgebirge, schnelle Busse bringen Leipzigs Wintersportler zum Fichtelberg und zurück. Der Leipziger muß nur ein bißchen Schwung haben und zeitig aus den Federn kriechen, da kann er sich schon losmachen von seiner Stadt, auch dann, wenn er kein eigenes Auto besitzt. Die Zeitungstips locken: Neujahrslauf, Frühlingslauf, macht mit, bleibt fit!

Sonntag in Leipzig. In der Innenstadt hat die Hälfte aller Lokale geschlossen, vergeblich mühen sich die Gaststättenorganisationen seit langem, dies zu ändern. Arbeitskräftemangel, ein garstig Lied. Die Touristen besichtigen die Denkwürdigkeiten; wenn sie Glück haben, wird ihnen Schnitzel und Bier zuteil. Es wird wenig Leipziger geben, die aus freien Stücken aufs Völkerschlachtdenkmal steigen, aber Verwandtenbesuch fordert bisweilen Opfer. Von oben und schon vom Fuße des mächtigen Steinbrokkens bietet sich freier Blick über die halbe Stadt, die andere Hälfte steckt gewöhnlich im Dunst. Wolfgang Mattheuer hat diese Szenerie gemalt mit knallblauem Himmel aus der Tube und Düsenjägergekritzel darauf – warum, so antwortete er mir auf meine skeptische Frage, soll es denn nicht einmal im Jahr, wenn alle Winde wehen, diesen klaren Himmel geben?

Sonntag in Leipzig. Man kann in die Oper und ins Gewandhaus gehen, wenn man sich rechtzeitig um Karten bemühte, in den Theatern und Kinos sind, von geringen Ausnahmen abgesehen, immerzu Plätze frei. Was man in Leipzig kaum kann: erlesen speisen. Es existieren Nationalitätengaststätten mit ukrainischem, rumänischem, bulgarischem und ungarischem Interieur; nach der Eröffnung mühten sich die Köche eine Zeitlang um Originalität, aber nach und nach pendelte sich alles wieder auf den landesüblichen Durchschnitt ein. Eine spezielle Leipziger Küche hat es wohl nie gegeben, und wenn, dann ist sie längst ausgestorben. In den Spitzenlokalen kann man zur Messezeit auch einmal Austern und Kaviar speisen, dazwischen sollte man mit einem Steak, Champignons und Pommes frites zufrieden sein. An den ambulanten Ständen überall dominiert natürlich die DDR-Nationalspeise Nummer 1, die Bockwurst, gefolgt von der Nationalspeise Nummer 2, dem Broiler (andernorts heißt das Brathähnchen).

Von der Dreiseitenbelagerung der Stadt war die Rede, bleibt also immerhin ein Ausweg. Leipzigs naher Osten ist geprägt von Feldern und Wäldern und Hügeln, hier baut sich eine Datsche, wer über Auto, das nötige Geld und unglaubliche Initiative verfügt. Alte romantische Steinbrüche liegen hier, sie sind längst voller Wasser, das kalt und klar ist. Hier zu schwimmen ist etwas für Kenner, während sich das FKK-Volk an den Kiesgruben um Naunhof herum gegenseitig auf die Füße tritt. Unter diesen Feldern und Wäldchen liegt keine Braunkohle, also werden sie überleben. Hinter der Mulde ist das Land wellig und grün und sauber, und die Luft riecht, um Zille zu zitieren, verwunderlicherweise nach gar nichts. Das ist noch so nahe an der Stadt, daß dieser und jener mit dem Fahrrad hinfindet, und schließlich gibt es ja auch den Bus und die Reichsbahn, die mit Schienenbussen die alten Nebenstrecken befährt. Für den, den Massenauftrieb nicht stört, bleiben die umgestalteten alten

Gruben von Kulkwitz und Großzschocher und im Nordosten der ›Bagger‹.

Wenn aber schönes Wetter lockt, durchstoßen Tausende Leipziger mit ihren Autos die unwirtschaftlichen Randzonen. In Wartburg und Polski Fiat, in Škoda und Shiguli, die meisten aber im unverwüstlichen Herdentier, dem Trabant, erreichen sie die Gefilde der Bäume und Sträucher, der Bäche und Täler. Über die Autobahn kann man in einer Stunde am Hermsdorfer Kreuz sein, von dort aus fächert der Autostrom auf in Thüringens Sauberkeit. Hier kann man Pilze suchen und sich sonnen, hier gibt es Rostbrätl und Bratwurst in jedem Gasthof und saubere Dörfer. Hier trifft sich der Leipziger mit dem nicht weniger umweltgeplagten Hallenser zum seelischen Auftanken. Abends geht es dann über die Autobahn zurück im Kolonnenverkehr.

Indessen hat der eingangs erwähnte Tourist seine Stadtrundfahrt natürlich längst beendet. Zentralstadion und Neubauviertel Oktoberstraße, Messegelände und Deutsche Bücherei, Russische Kirche; da steht die Oper, da die Universität, und oben auf einem Hochhaus halten zwei nackte Männer ihre Hämmer bereit, die Stunde zu künden. »Leipzig in zwei Stunden«, sagt der Rundkursleiter, »mehr kann ich Ihnen nicht bieten. Kommen Sie mal wieder!« Eine Dame aus Toronto fragt beim Aussteigen: »Warum zeigten Sie uns nicht Auerbachs Keller?« – »Wir kommen mit dem Bus zwar hinunter, aber immer so schlecht wieder hinauf.« Die Dame nickt. »Wie bei uns am Niagarafall.« Und der Reiseleiter sagt, was wir Sachsen so gern sagen: »Da genn Se mal sehn!«

Querner-landschaft

auf der erdrinde,
wo das gestreu der ärmlingsäcker lungert,
kegeln im karstigen gewann
bäurische plebejer mit kartoffeln.
dampfenden balgs zerren milchkühe
einspännig pflug und plumpe karreten
den anstieg des hungerscheffels hinauf.
schwerfällig kollert hölzernes gespeich.

wie die steinrücken gefurcht
sind die antlitze der flickjoppenleute
aus der handvoll dorf,
das umgrünt ist von haferhandtüchern,
hinter schwartenzäunen unschlüssig erwartet
den abend.
auf der lauer liegen mistgabeln, sensen
und rinsende hunde, genügsam
gleich den auszüglerherbergen,
gichtknotenbewachsen.

verschmäht vom samtbauern die landschaft.
im letzten licht des tagewerkes
geht ein häusler auf der schwelle des gebirges.
mit aquarellen von Carsdorf kommt
Bauern-Querner.

CHRISTIAN KOSEGARTEN

Besuch in Chemnitz

Chemnitz ist in jeder Rücksicht der dritte Ort Sachsens, seiner Größe, Nahrung, Schönheit und Einwohner nach. Es gibt hier eine Menge Fabriken und daher angesehene Kaufleute. Mich interessierte besonders die Spinnmaschine des Herrn Wöhlert. Ich wußte allerdings zum voraus, daß ich die ganze Einrichtung nicht zu sehen bekäme, weil er dies als ein Geheimnis für sich behält. Doch fand ich Gelegenheit, die Erlaubnis bei ihm auszuwirken, das sehen zu dürfen, was gezeigt werden kann. Wir begaben uns also eine gute viertel Stunde von der Stadt, wo diese Anstalt sich befand. Die Gegend war herrlich und der gewitterschwangere Himmel trug noch dazu bei, das Ganze in einem leichten Flor zu verschönern. Ein großes Gebäude lag vor uns. Tiefe Stille herrschte umher, auch nicht eine lebende Person zeigte sich. Wir traten ins Haus, konnten aber vor dem Getöse der Mühlen, die innerhalb des Hauses lagen, unsre Gegenwart durchaus nicht anzeigen. Alle Türen, wovor wir kamen, waren verriegelt. Durch ein Ohngefähr begegnete uns ein Mann, der gebrochenes Deutsch sprach und den wir sogleich für den bekannten Engländer nahmen, durch dessen Hilfe Herr Wöhlert seine Spinnmaschine realisiert hat. Der Engländer blieb sehr verschlossen. Ungeachtet unserer Versicherungen, daß Herr Wöhlert uns erlaubt hätte, herzukommen; daß wir ihn jeden Augenblick erwarteten; daß wir keine Kaufleute wären, sondern nur unsere Wißbegierde zu befriedigen, die Einrichtung der Maschine sehen möchten, entschloß er sich zu nichts. Endlich trat Herr Wöhlert herein. Er zeigte uns nur das Wasserrad, wo wir nicht wenig staunten, daß eine Masse von dreitausend

Pfund durch sechs Zoll Wasser in Bewegung gesetzt wurde. Die Arbeit des Rades war echt englisch. Die innere Einrichtung sei vollkommen einfach und gerade deswegen könnte er sie keinem zeigen. Vierhundert sechs und zwanzig Gespinne werden durch das eine Rad getrieben. Einige zwanzig Kinder haben nichts zu tun als Acht zu geben und ab- und zuzutragen.

Es freuete mich, einen Mann kennenzulernen, der über sein Geschäft so bestimmt und wissenschaftlich sprach. Sein Unternehmungsgeist bürgt für seinen Kopf. Das ganze Werk kostet ihm schweres Geld und nur sein richtiges Kalkül gibt ihm sichere Aussicht für künftigen, reichlichen Ersatz. Er bat uns diesen Abend nach einem Club in der Stadt und wir schieden dankbarlich von ihm.

Wir wollten nun dem uns nahen Schlosse zusteigen, um so sehr man dort, wie es hieß, gut frühstücken konnte. [...] Auf der Höhe des Schlosses genossen wir im Garten des Wirtes eine schöne Aussicht. Die breite Chemnitz spielte und spiegelte tausend Bilder mir vor. Ganz friedlich lag die Stadt ihr zur Seite. Man tischte uns Forellen auf und es schmeckte in der schwülen freien Luft ganz köstlich. Unser Wirt erzählte dann: daß dieses alte vormalige Fürstenschloß jetzt an eine hiesige Privatperson, die Schwiegermutter des bekannten Herrn Wöhlert, verkauft sei und zur Aufbewahrung von Korn und Holz gebraucht werde. Mein Freund hatte tausend Fragen und hielt den Wirt am Rockzipfel fest, als ich mich schon auf die linke Seite lehnte dem Spiel des Wassers zuzusehen. Der schön gefärbte Himmel lag lüstern im klaren Flusse. Ich schwebte in vielen Gefilden, da mein Freund mich zupfte und aufforderte, die Schloßkirche zu besehen. Ich erwartete ein erbärmliches altväterisches Gebäude und fand auch nichts anders. Viele Märchen hatte der Ehrenküster zu erzählen, auf die ich nicht achtete, wiewohl mein Langer alle Augenblicke rief: hören Sie doch, das ist artig.

Zwischen den Wassern gefangen

Wir sind heute um acht aus Halle gefahren, aber sind nicht gen Eisleben kommen, sondern um neune wieder gen Halle eingezogen. Denn es begegnet uns eine große Wiedertäuferin mit Wasserwogen und großen Eisschollen und dräuet uns mit der Wiedertaufe und hat das Land bedeckt. So können wir auch nicht zurück für der Mulde zu Bitterfeld und müssen allhie zu Halle zwischen den Wassern gefangen liegen, nicht daß uns danach dürstet zu trinken. Wir nehmen dafür gut Torgisch Bier und guten Rheinischen Wein, damit laben und trösten wir uns dieweil, ob die Saale heute wollte auszörnen, denn weil die Leute und Fährmeister selbst kleinmütig waren, haben wir uns nicht wollen ins Wasser geben und Gott versuchen. Denn der Teufel ist uns gram und wohnet im Wasser. Es ist besser verwahret als beklaget, und ohne Not ist, daß wir ein Narrenfreude dem Papst samt seinen Schupen machen sollten. Ich hätte nicht gemeinet, daß die Saale ein solch Bad machen könnte, daß sie über die Steine weg und alles so rumpeln sollt. Jetzt nicht mehr. Betet für uns und seid fromm. Ich halte, wärest Du hier, so hättest Du uns auch geraten, es so zu tun, damit Du siehest, daß wir auch einmal Deinem Rat folgen. Hiemit Gott befohlen. Amen. An S. Paulus' Bekehrungstag, da wir auch uns von der Saale gen Halle kehreten.

JOSEPH VON EICHENDORFF

Bei Halle

Da steht eine Burg überm Tale
Und schaut in den Strom hinein,
Das ist die fröhliche Saale
Das ist der Giebichenstein.

Da hab ich so oft gestanden;
Es blühten Täler und Höhn,
Und seitdem in allen Landen
Sah ich nimmer die Welt so schön!

Durchs Grün da Gesänge schallen,
Von Rosen, von Lust und Streit,
Schauten viel schlanke Gestalten
Gleichwie in der Ritterzeit.

Wir waren die fahrenden Ritter,
Eine Burg war noch jedes Haus,
Es schaute durchs Blumengitter
Manch schönes Fräulein heraus.

Das Fräulein ist alt geworden,
Und unter Philistern umher
Zerstreut ist der Ritterorden,
Kennt keiner den andern mehr.

Auf dem verfallenen Schlosse,
Wie der Burggeist, halb im Traum,
Steh ich jetzt ohne Genossen
Und kenne die Gegend kaum.

Und Lieder und Lust und Schmerzen,
Wie liegen sie nun so weit –
O Jugend, wie tut im Herzen
Mir deine Schönheit so leid.

CURT GOETZ

Was ist das Schönste an Halle?

Ostern 1906 bestand Peterhans von Binningen – er hieß natürlich anders, kein Mensch heißt Peterhans von Binningen – bestand Peterhans von Binningen zu seiner und seiner Freunde Überraschung das Einjährig-Freiwilligen-Examen am Stadtgymnasium zu Halle an der Saale.

Halle an der Saale war eine reizende Stadt.

Doch!

Es soll zugegeben werden, daß kein Mensch, der die Große Ulrichstraße passierte, sich darauf versteift hätte, nun auch die Kleine kennenzulernen: und in der Geiststraße mußte auch ein mit Heuschnupfen Bewaffneter feststellen, daß hier infolge der zahlreichen beiden Delikatessengeschäfte der Käse nicht nur über den Geist triumphierte, sondern auch über die Braunkohle, die sonst allenthalben ihre führende Rolle behauptete in jenem charakteristischen Dreigestank von Kohle, Käse und essigsaurer Tonerde, der wie eine Glocke über der Stadt hing und in der für die Bürger zum Einatmen bestimmten Luft lag, einer Luft, die auch durch die Wiederausatmung seitens der Hallenser nicht besser wurde.

Dennoch und um so bemerkenswerter ist es, behauptet der Chronist, daß obige muffige, sauere Atmosphäre, von Generationen inhaliert und wieder abgegeben, auf das Kultur- und Geistesleben der Hallenser fast ohne Einfluß blieb. Denn Halle war eine kunstsinnige Stadt, und viele große Musiker hat sie in ihren Mauern verborgen gehalten. Auch die Studenten liebten diese Stadt. Nicht so sehr wegen ihrer Universität als um ihrer Mädchen willen, die sich wiederum nicht so sehr durch besondere Schönheit auszeichneten als durch eine entwaffnende Natürlichkeit, mit der sie sich gaben, wie sie waren und sooft man es von ihnen verlangte. Der Erfinder des Ausspruches:

In Halle tummeln sich die Jungfrauen
wie die Walfische in der Saale

war natürlich ein elender Zyniker, wenn auch anerkannt werden muß, daß er ein ausgezeichneter Kenner der faunischen Verhältnisse der Saale und ihrer Nebenflüsse gewesen sein muß; denn diese Gewässer führen wirklich keine Walfische.

An Stelle der fehlenden Walfische umspült die Saale im Tale romantische Inselchen. Zum Beispiel die Rabeninsel. Sie wird ihrer Abgeschiedenheit wegen von den Liebenden sehr gesucht und bald darauf ihrer Mücken wegen von eben diesen Liebenden verflucht. Dabei sollte man froh sein, daß es nur Mücken sind und nicht Raben, die sich bei der Auswahl ihrer Angriffsobjekte so wahllos gebärden.

Und dann die Burgen!

An der Saale die Burgen!

Wer kennt sie nicht: die Moritzburg und die Ruine Giebichenstein! Welch trutzige Festen! Erst kürzlich übertrotzten sie das Tausendjährige Reich, ohne sich umtaufen zu lassen.

An der Saale hellem Strande
Stehen Burgen, stolz und kühn.
Ihre Dächer sind zerfallen,
Und der Wind streicht durch die Hallen,
Wolken ziehen drüber hin…

Das ist nett von den Wolken.

Und das müssen sie ja auch, es sei denn, daß sie vorzögen, um diese zugigen Ruinen einen Bogen zu machen. Neben der Saale gibt es noch die Gerbersaale. Sie fließt mitten durch Halle und ist etwas gelber als ihre großer Schwester. In ihrem Gefälle wurden Wellenbäder für die Hallenser errichtet. Manche führen aber auch die trübe Färbung auf die Gerber zurück, die dort ihr Handwerk treiben.

Wenn wir noch das Galgenberges Erwähnung getan haben, wo in alten Zeiten die Hallenser gehenkt wurden, so bleibt nur noch übrig, die hallische Zwiebelleberwurst hervorzuheben. Und die hallische Knackwurst. Auch die sogenannte Schlackwurst. Und in diesem Zusammenhang die Halloren. Halloren sind Hallenser, die die toten Hallenser beerdigen. Sie haben das Privileg, dem jeweiligen Landeshaupt zum Neujahrstage eine Riesenschlackwurst und etwas Salz überbringen zu dürfen, wofür sie eine neue Fahne und ein Pferd erhalten. Daß sie aus dem Pferd die nächstjährige Schlackwurst machen, ist nicht verbürgt...

Das Schönste an Halle – nach der Überzeugung weitgereister Leute, sofern sie sich nicht genieren, diesen alten Witz anzubringen – sei jedoch Halles Hauptbahnhof, der infolge seiner Eigenschaft als wichtigster Eisenbahnknotenpunkt eine ideale Gelegenheit biete, diese Stadt nach allen Himmelsrichtungen hin zu verlassen.

Glaubt ihnen nicht! Halle an der Saale beherbergt Peterhans von Binningens Schülerliebe!

Sie war, ist und bleibt also eine reizende Stadt!

HEINRICH HEINE

Zu Halle auf dem Markt

Zu Halle auf dem Markt,
Da stehn zwei große Löwen.
Ei, du hallischer Löwentrotz,
Wie hat man dich gezähmet!

Zu Halle auf dem Markt,
Da steht ein großer Riese.
Er hat ein Schwert und regt sich nicht,
Er ist vor Schreck versteinert.

Zu Halle auf dem Markt,
Da steht eine große Kirche.
Die Burschenschaft und die Landmannschaft.
Die haben dort Platz zum Beten.

Zwei Männer kehren heim

Wir befinden uns auf dem Bahnhofe zu Halberstadt, und auf dem Bahnhofe von Halberstadt wartet ein Wagen aus Krodebeck auf zwei Reisende, die eine telegraphische Depesche vorausschickten, der zufolge sie mit dem nächsten Eisenbahnzuge angelangen werden. Ein weicher Duft liegt über den Bergen und der Ebene; die Welt lacht in Lieblichkeit, obgleich der Herbst nahe und der Winter durchaus nicht fern ist. Wir sind in der zweiten Woche des Septembers; es kommt ein frischer, erquickender Hauch vom Harz herüber, und man ahnt bei jeglichem Atemzug, wie dort oben die Waldwasser jubelnd durch Licht und Dunkel tanzen, über Stock und Stein hüpfen und lustig einstimmen in das Singen der Bergleute und Hirten, in das Geläut der Herdenglocken.

Aber die Wasser kommen selber aus dem Gebirge in die Ebene hinab, um Nachricht zu bringen, wie es in der Heimat zugeht. Da tanzt die Holzemme her, der alten Bischofsstadt die Grüße der blauen Höhe zuzutragen, und nimmt es für gar nichts Erstaunliches, daß ihr die Glocken des Domes, der Liebfrauenkirche und der anderen Kirchen antworten wie da oben die Herdenglocken.

Es ist ein Freitagmorgen, und der Kutscher auf dem Bock der Kutsche vom Lauenhofe zu Krodebeck sagt: »Sie kommen gerade recht. Es gefällt mir, daß sie gerad zum Lohntag heimkommen. Es macht sich nicht immer so, daß man so zur rechten Stunde seinen Willen kriegt. Ja, der Fröschler! Ja, man hat ihn gerade satt, und vorzüglich am Sonnabend allwo ihm ein jeder Tagelöhner am liebsten mit dem Knüppel zu Leibe stiege; – der Teufel weiß, wie es zugeht.«

Viel Getümmel am Halberstädter Bahnhof! Der Braunschweiger Herzog wird auch mit einem der nächsten Züge erwartet. Er fährt nach seinem Schloß Blankenburg, und von Berlin kommt ein preußischer Prinz zum Anfang der Jagd auf Besuch, und wenn jedweder offizielle Empfang von den beiden Herren verbeten wurde, so empfängt die Bevölkerung bei derartigen Gelegenheiten immer offiziell und läßt sich ihr Recht nicht nehmen.

In der Stadt ist's desto stiller. Die Fliegen summen dem steinernen Roland am Rathaus um die Nase; an den Fenstern der schönen und häßlichen alten Holzhäuser sitzen die schönen und häßlichen, die klugen und törichten Jungfrauen der Stadt sowie auch ihre Mütter. Die Kinder spielen vor den Türen; die Kindermädchen nehmen die Huldigungen der Garnison entgegen; es geht ein Geist wie der des guten alten Vater Gleim durch die Straßen und sonnt sich in der Mittagssonne auf den ruhigen, reinlichen Plätzen; es ist immer recht still in Halberstadt.

Unter den schattenden Bäumen des Domhofes, wo einst der gute alte Vater Gleim in Person lustwandelte und – es sind eben, auf die Stunde, hundert Jahre – als ›Thyrsis‹ seine Sappho, die Karschin, mit den spitzen Fingern spazierenführte, wandelte augenblicklich ein anderer guter Mensch, jedoch ohne Sappho, einher, der Kandidat der Theologie Franz Buschmann aus Krodebeck. Feierlich im Frack und mit einem Trauerflor um den Hut, doch knickbeinig wie immer kam er daher. Er hatte dem Generalsuperintendenten einen Besuch gemacht und wandelte jetzt in Christo nachdenklich zum Bahnhofe, um die gute Gelegenheit zur Heimfahrt zu benutzen, wie er die nämliche gute Gelegenheit, das heißt den Wagen vom Lauenhof, am frühen Morgen auch zur Herfahrt benutzt hatte. Er grüßte höflich und doch vertraulich verschiedene geistliche Herren, die ihm auf seinem Wege begegneten, und er grüßte höflich den Kutscher vom Hofe auf seinem Bocke.

»Ist der Zug noch nicht angezeigt worden, lieber Fritz?«

»Ja, eben, Herr Kandidate, und jetzt haben wir gottlob am längsten gewartet. Na, wird das eine Freude sein! Ich glaube, endlich hat's doch niemandem gepaßt, daß der Herr in der Fremde so lange herumvagabondierte und andere Leute, die ich nicht nenne, das große Maul führten.«

Der Kandidat Buschmann seufzte und ging in die Halle, wo der Zug, welcher den preußischen Prinzen, den Junker Hennig von Lauen und den Ritter von Glaubigern mit sich brachte, soeben in die entgegengesetzte Bogenwölbung hereinächzte und -zischte. Es war ein sehr heftiges Gedränge; aber der Kandidat sah, wie wir wissen, ebenso lang als dürr über die Häupter der übrigen Menschen weg, und – da – da waren sie wirklich – sowohl der preußische Prinz wie auch der Junker und der Chevalier von Glaubigern, und der Kandidat seufzte wiederum, als er sich auf den Zehen hob und sagte:

»Ja, da sind sie! O du lieber Gott, da sind sie wirklich, und der Hennig scheint seine liebe Not mit dem Alten gehabt zu haben. Nun, nun, ich hoffe, solches wird ihn auch für meine traurige Nachricht weich und teilnehmend gestimmt haben.«

Sofort drängte er sich mit einer Rücksichtslosigkeit, die nur durch jene seine traurige Nachricht entschuldigt werden konnte, durch das große Getümmel den beiden Reisenden entgegen, streckte ihnen die Hände dar und rief:

»O mein lieber, lieber, mein treuer Hennig! Mein treuer Freund! O mein lieber Herr von Glaubigern, der Herr segne Sie in der Heimat! In bangen Sorgen haben wir auf Sie gewartet.«

»Guten Tag, Buschmann! erwiderte Hennig. »Hilf uns vor allen Dingen durch den Lärm. Wir haben auch unsere Sorgen gehabt und bringen einen guten Teil von unsern Schmerzen heim. So! Da haben wir Luft. Guten Tag,

Buschmann – da sind wir. Wie geht es dir? Wie steht es daheim?«

Der Kandidat wies mit einem scharfen Blick auf den Trauerflor an seinem Hute:

»Vor allen Dingen ist mein armer guter Vater recht sanft und friedlich eingeschlafen.«

JOACHIM HEINRICH CAMPE

In Plauen

Auch dieser Ort gewährt – wie die meisten kursächsischen Städte – den schönen Anblick der Betriebsamkeit, folglich auch den des Wohlstandes. Man sieht es den freundlichen und wohlunterhaltenen Häusern an, daß sie von rechtlichen Menschen bewohnet werden, und diesen Menschen selbst, daß sie die Frucht ihres Fleißes, einer wohlverdienten Wohlhabenheit, genießen. Besonders zeichnet sich hier das weibliche Geschlecht durch eine gesunde und blühende Gesichtsfarbe aus. Es gibt hier Kaufleute, welche große Geschäfte besonders mit baumwollenen, hier und in der umliegenden Gegend gewirkten Zeugen, ganz besonders aber mit Schleier oder sogenannten Musselin machen. Da es zu unserm Bedauern schon zu spät war, um die vorzüglichsten hiesigen Werkstätten zu besuchen, so mußten wir uns darauf einschränken nur im Vorbeigehen eine an der Straße liegende Strumpfwirkerei in Augenschein zu nehmen; und es machte uns nicht wenig Vergnügen, die bewunderungswürdige Wirkung der Maschine zu beobachten, durch welche die Strümpfe gewirkt werden. Unterdeß daß die Strickerinnen mit ihren Stricknadeln eine einzige Masche zustande bringen, hat diese künstliche Maschine jedesmal eine ganze Reihe von Maschen von einem Ende der Strumpfbreite bis an das andere hinzugefügt. Es ist doch in der Tat erstaunlich, was für Werkzeuge der menschliche Verstand erfunden hat, um das, was wir brauchen, geschwinder, leichter, besser und wohlfeiler zu verfertigen! Der Meister zeigte uns weiße baumwollene Strümpfe, die feinsten, die wir in unserem Leben gesehen hatten, mit überaus schönen und künstlichen Zwickeln vor, Strümpfe, welche die geübteste Strickerin kaum für zwei Taler, das Garn ungerechnet, zu machen imstande sein würde, und er forderte dafür nur 1 Rthlr. 4 Ggr.

Als wir endlich wieder nach Hause kamen, fanden wir ein für uns bereitetes köstliches Abendbrot vor. Wie das schmeckt, lieber Konrad, wenn man, so wie wir von früh morgens um vier Uhr an bis abends spät zwischen Himmel und Erde bergauf, bergab immer in Bewegung gewesen und dabei noch obendrein um die Mittagsmahlzeit geprellt worden ist! Es schmeckt uns zwar immer wohl, allein von dieser Art des Wohlschmeckens konnten wir uns vorher doch gar keine Vorstellung machen. Wie sind doch die armen reichen Menschen zu beklagen, die es immer so bequem haben und die nie in den Fall kommen, sich ein wenig anstrengen und zuweilen etwas entbehren zu müssen!

Nach eingenommener Mahlzeit fühlten wir uns wieder so frisch und stark, daß wir uns gleich wieder aufmachen könnten. Aber da der Weg, wie wir hören, von hier über Adorf und Zwoda und beinahe bis Karlsbad durch lauter Gebirge geht und wir kein Mondlicht haben, so will Großvater um größerer Sicherheit willen hier lieber bis zu Tagesanbruch liegenbleiben.

Wir sind jetzt hier von Reichenbach an im sächsischen Vogtlande. Nimm doch, lieber Konrad, die Karte zur Hand und suche Dir das hübsche und fleißige Plauen auf, um zu wissen, von woher ich Dir diesen langen Brief geschrieben habe. Der Strich, den Du dabei gezeichnet finden wirst, bedeutet einen kleinen Fluß, und dieser ist die Elster, deren Bekanntschaft wir schon zu Zeitz gemacht haben.

Nun, guter Konrad, lebe wohl und grüße mir alle unsere Schulfreunde! Werde auch unterdeß nicht gar zu gelehrt, damit ich Dich noch wieder einholen kann.

CASPAR DAVID FRIEDRICH

Blick auf das Elstertal

Ich trat soeben aus einem dunklen, finsteren Wald und befand mich auf einer ziemlichen Anhöhe. Vor mir im Tale, von fruchtbaren Hügeln umgeben, lag sie gar freundlich da, die niedliche Stadt, und im Abendglanz blinkte der neu gedeckte Schieferturm. Durch die üppige blumenreiche Wiese schlängelte sich die Elster, gar lieblich zu schauen. Und hinter den Hügeln lagen die Berge, und hinter den Bergen ragten Felsen hervor, und so lag Fels an Fels gereiht, bis weit hinaus in luftige Ferne. Voll hoher Freude stand ich lange da und sah hinaus in die schöne Gegend, sah, wie die Herden der Rinder und Schafe dem Städtchen sich naheten, sah, wie die fleißigen Schnitter mit den blinkenden Sensen Elsterwerda zueilten. Da wurde ich eingedenk der schönen Mädchen, so ich vor einigen Monaten bei meiner Durchreise gesehen, und schnell eilte ich, ehe's dunkel wurde, dem Orte zu. Langsam ging ich durch die stillen Gassen des Städtchens und sah auch einige schöne Mädchen: es waren dieselben, so ich schon gesehen. Durch die klaren Fensterscheiben konnt' ich sie gar deutlich erblicken und ihnen kaum einen freundlichen Gruß zunicken, als sie sich plötzlich rückwärts wandten und schamrot verschwanden.

Sanft sich hebende Hügel hemmen die Aussicht ins Weite; zugleich dem Wünschen und Wollen der Kinder, sie genießen der Gegenwart köstliche Zeit nicht anders, noch wollend, was ferne liegt. Blühende Büsche, nährende Kräuter, duftende Blumen schließen den stillen, klaren Bach ein, in dem sich die reinliche Bläue des unbewölkten Himmels spiegelt, wie in den Seelen der Kinder der Gottheit herrliches Bild. Kinder spielen, küssen und freuen sich, und das eine Kind begrüßt mit frohem Händeklatschen die kommende Sonne. Lämmer weiden im Tal und auf den Hügeln. Kein Stein ist hier zu sehen, kein dürrer Zweig, kein abgefallen Laub, Freude und Unschuld und Leben atmet die ganze Natur.

LENE VOIGT

De säk'sche Lorelei

Ich weeß nich, mir isses so gomisch
Un ärchendwas macht mich verstimmt,
S'is meechlich, das ist anadomisch,
Wie das ähmd beim Mänschen oft gimmt.

De Älwe, die bläddschert so friedlich,
Ä Fischgahn gommt aus dr Tschechei.
Drin sitzt 'ne Familche gemiedlich,
Nu sinse schon an dr Bastei.

Un ohm uffn Bärche, nu gugge,
Da gämmt sich ä Freilein ihrn Zobb.
Se schtriecheltn glatt hibbsch mit Schbugge,
Dann schtäcktsn als Gauz uffn Gobb.

Dr Vader da unten im Gahne
Glotzt nuff bei das Weib gans entzickt.
De Mudder meent draurich: »Ich ahne,
Die macht unsern Babbah verrickt.«

Nu fängt die da ohm uffn Fälsen
Zu sing ooch noch an ä Gubbleh.
Dr Vader im Gahn dud sich wälsen
Vor Lachen un jodelt: »Juchheh!«

»Bis schtille«, schreit ängstlich Ottilche.
Schon gibbelt gans furchtbar dr Gahn,
Un blätzlich versinkt de Familche...
Nee, Freilein, was hamse gedan!

KARL MAY

Keine Jugend

Es waren damals schlimme Zeiten, zumal für die armen Bewohner jener Gegend, in der meine Heimat liegt. Dem gegenwärtigen Wohlstand ist es fast unmöglich, sich vorzustellen, wie armselig man sich am Ausgang der vierziger Jahre dort durch das Leben hungerte. Arbeitslosigkeit, Mißwachs, Teuerung und Revolution, diese vier Worte erklären alles. Es mangelte uns an fast allem, was zu des Leibes Nahrung und Notdurft gehört. Wir baten uns von unserem Nachbarn, dem Gastwirt ›Zur Stadt Glauchau‹, des Mittags die Kartoffelschalen aus, um die wenigen Brokken, die vielleicht noch daran hingen, zu einer Hungersuppe zu verwenden. Wir gingen nach der ›roten Mühle‹ und ließen uns einige Handvoll Beutelstaub und Spelzenabfall schenken, um irgend etwas Nahrungsmittelähnliches daraus zu machen. Wir pflückten von den Schutthaufen Melde, von den Rainen Otterzungen und von den Zäunen wilden Lattich, um das zu kochen und mit ihm den Magen zu füllen. Die Blätter der Melde fühlen sich fettig an. Das ergab beim Kochen zwei oder drei kleine Fettäuglein, die auf dem Wasser schwammen. Wie nahrhaft und wie delikat uns das erschien! Glücklicherweise gab es unter den vielen Webern des Ortes, die arbeitslos waren, auch einige wenige Strumpfwirker, deren Geschäft nicht ganz zum Stillstehen kam. Sie webten Handschuhe, so außerordentlich billige, weiße Handschuhe, die man den Leichen anzieht, ehe sie begraben werden. Es gelang Mutter, solche Leichenhandschuhe zum Nähen zu bekommen. Da saßen wir nun alle, der Vater ausgenommen, von früh bis abends spät und stichelten darauflos. Mutter nähte die Daumen, denn das war schwer, Großmutter die

Längen mit dem kleinen Finger und ich mit den Schwestern die Mittelfinger. Wenn wir sehr fleißig waren, hatten wir alle zusammen am Schluß der Woche elf oder sogar auch zwölf Neugroschen verdient. Welch ein Kapital! Dafür gab es für fünf Pfennige Runkelrübensyrup, auf fünf Dreierbrötchen gestrichen; die wurden sehr gewissenhaft zerkleinert und verteilt. Das war zugleich Belohnung für die verflossene und Anregung für die kommende Woche.

Während wir in dieser Weise fleißig daheim arbeiteten, hatte Vater ebenso fleißig auswärts zu tun; leider aber war seine Arbeit mehr ehrend als nährend. Es galt nämlich, den König Friedrich August und die ganze sächsische Regierung vor dem Untergang zu retten. Vorher hatte man gerade das Entgegengesetzte gedacht. Der König sollte abgesetzt und die Regierung aus dem Lande gejagt werden. Das wollte man fast in ganz Sachsen; aber in Hohenstein und Ernstthal kam man sehr bald hiervor ab, und zwar aus den vortrefflichen Gründen; es war nämlich zu gefährlich! Die lautesten Schreier hatten sich zusammengetan und einen Bäckerladen gestürmt. Da kam die heilige Hermandad und sperrte sie alle ein. Sie fühlten sich zwar einige Tage lang als politische Opfer und Märtyrer groß und mächtig, aber ihre Frauen wollten von solchem Heldentum nichts wissen; sie sträubten sich mit aller Gewalt dagegen. Sie kamen zusammen; sie gingen auseinander; sie liefen auf und ab; sie gewannen die anderen Frauen; sie politisierten; sie diplomatisierten; sie drohten; sie baten. Ruhige, vernünftige Männer gesellten sich ihnen zu. Der alte, ehrwürdige Pastor Schmidt hielt Friedensreden. Der Herr Stadtrichter Layritz auch. Der Polizist Eberhardt ging von Haus zu Haus und warnte vor den schrecklichen Folgen der Empörung; der Wachtmeister Grabner sekundierte ihm dabei. Am großen Kirchentor erzählten sich die Jungen in der Abenddämmerung nur noch vom Erschossenwerden, vom Aufgehängtwerden und ganz besonders vom Schafott, welches derart beschrieben wurde, daß jedermann, der es hörte, sich mit der Hand nach Hals und Nacken griff.

So kam es, daß die Stimmung sich ganz gründlich änderte. Von der Absetzung des Königs war keine Rede mehr. Im Gegenteil, er hatte zu bleiben, denn einen besseren als ihn konnte es nirgends geben. Von jetzt an galt es nicht mehr, ihn zu vertreiben, sondern ihn zu beschützen. Man hielt Versammlungen ab, um zu beraten, in welcher Weise dies am besten geschehe, und da allüberall von Kampf und Krieg und Sieg gesprochen wurde, so verstand es sich ganz von selbst, daß auch wir Jungens uns nicht nur in kriegerische Stimmungen, sondern auch in kriegerische Gewänder und in kriegerische Heldentaten hineinarbeiteten. Ich freilich nur von ferne, denn ich war zu klein dazu und hatte keine Zeit; ich mußte Handschuhe nähen. Aber die anderen Buben und Mädels standen überall an den Ecken und Winkeln herum, erzählten einander, was sie daheim bei den Eltern gehört hatten, und hielten höchst wichtige Beratungen über die beste Art und Weise, die Monarchie zu erhalten und die Republik zu hintertreiben. Besonders über eine alte, böse Frau war man empört. Die war an allem schuld. Sie hieß die Anarchie und wohnte im tiefsten Wald. Aber des Nachts kam sie in die Städte, um die Häuser niederzureißen und die Scheunen anzubrennen; so eine Bestie! Glücklicherweise waren unsere Väter lauter Helden, von denen keiner sich vor irgend jemandem fürchtete, auch nicht vor dieser ruppigen Anarchie. Man beschloß die allgemeine Bewaffnung für König und Vaterland. In Ernstthal gab es schon seit alten Zeiten eine Schützen- und eine Gardekompanie. Die erstere schoß nach einem hölzernen Vogel, die letztere nach einer hölzernen Scheibe. Zu diesen beiden Kompanien sollten noch zwei oder drei andere gegründet werden, besonders auch eine polnische Sensenkompanie zum Totstechen aus der Ferne. Da stellte es sich denn heraus, daß es in unserem Städtchen eine ganz ungewöhnliche Menge von Leuten gab, die kriegerisch veranlagt waren, strategisch sowohl als auch taktisch. Man wollte keinen von ihnen missen. Man zählte sie. Es waren dreiunddreißig. Das stimmte sehr gut und rechnete sich glatt aus, nämlich: Man brauchte pro Kompanie je einen Hauptmann, einen Oberleutnant und einen Leutnant; wenn man zu den Schützen und der Garde noch neun neue Kompanien formte, so ergab das in Summa elf, und alle dreiunddreißig Offiziere waren unter Dach und Fach. Dieser Vorschlag wurde ausgeführt, wobei die Kopfzahl der einzelnen Kompanien ganz selbstverständlich nur klein bemessen sein konnte; aber der Tambourmajor, Herr Strumpfwirkermeister Löser, der beim Militär gestanden und darum alle dreiunddreißig Offiziere einzuexerzieren hatte, behauptete, dies sei nur vorteilhaft, denn je kleiner eine Kompanie sei, desto weniger Leute könnten im Kriege von ihr weggeschossen werden, und so blieb es bei dem, was beschlossen worden war.

Mein Vater war Hauptmann der siebenten Kompanie. Er bekam einen Säbel und eine Signalpfeife. Aber er war mit dieser Charge nicht zufrieden; er trachtete nach Höherem. Darum beschloß er, sobald er ausexerziert war, sich ganz heimlich, ohne daß irgend jemand etwas davon merkte, im ›höheren Kommando‹ einzuüben. Und da er mich ausersah, ihm dabei behilflich zu sein, wurde ich einstweilen vom Handschuhenähen dispensiert und wanderte mit ihm tagtäglich hinaus in den Wald, wo auf einer rings von Büschen und Bäumen umgebenen Wiese unsere geheimen Evolutionen vorgenommen wurden. Vater war bald Leutnant, bald Hauptmann, bald Oberst, bald General; ich aber war die sächsische Armee. Ich wurde erst als ›Zug, dann als ganze Kompanie einexerziert. Hierauf wurde ich Bataillon, Regiment, Brigade und Division. Ich mußte bald reiten, bald laufen, bald vor und bald zurück, bald nach rechts und bald nach links, bald angreifen und bald retirieren. Ich war zwar nicht auf den

Kopf gefallen und hatte Lust und Liebe zur Sache. Aber ich war noch so jung und klein, und so kann man sich bei dem jähen Temperament meines Generals wohl denken, daß es mir nicht möglich war, mich in so kurzer Zeit von einfachen, kleinen Korporalschaft bis zur vollzähligen, gewaltigen Armee zu entwickeln, ohne die Strenge der militärischen Disziplin an mir erfahren zu haben. Aber ich weinte bei keiner Strafe; ich war zu stolz dazu. Eine sächsische Armee, welche weint, die gibt es nicht! Auch ließ der Lohn nicht auf sich warten. Als Vater Vizekommandant geworden war, sagte er zu mir: »Junge, dazu hast du viel geholfen. Ich baue dir eine Trommel. Du sollst Tambour werden!« Wie mich das freute! Und es gab Augenblicke, in denen ich wirklich der Überzeugung war, all diese Püffe, Stöße, Hiebe und Katzenköpfe nur zum Wohl und zur Rettung des Königs von Sachsen und seines Ministeriums empfangen zu haben! Wenn er das wüßte!

PETER BAMM

Trauer um Kötzschenbroda

Von der Karte ist ein Ort verschwunden, der einer der philosophischsten Plätze unseres Kontinents war. Und zwar ist dieser Ort nicht etwa durch Lava verschüttet worden, sondern er hat sozusagen Selbstmord begangen. Kötzschenbroda ist nicht mehr! Die Kötzschenbrodaer haben beschlossen, daß sie nicht mehr länger Kötzschenbrodaer sein wollen. Sie haben sich selbst aufgegeben und sich mit Radebeul vereinigt.

Die Bedeutung Kötzschenbrodas für das europäische Ganze ist mit den Mitteln eines platten Rationalismus nicht festzulegen. Es haftet ja dem Sächsischen überhaupt etwas Chthonisches an. Gewiß, es gibt auch noch Polschappel, es gibt noch die Babisnauer Pappel, es gibt noch Kamenz und Gottleuba, und Radebeul ist ja sogar noch größer als vorher, aber in Kötzschenbroda hatte sich der Genius der sächsischen Sprache selbst ein Denkmal gesetzt.

Vor einigen Wochen konnten wir einer Diskussion folgen, die sich um das Sächsische drehte. Da hatte einer die überraschende Meinung von sich gegeben, daß der König von Sachsen verhöhnt worden sei, weil einer behauptet hatte, er hätte sächsisch gesprochen. O wie sehr heißt das, diesen König mißverstehen, und wie sehr heißt das, das Sächsische mißverstehen. Wir Sachsen haben mit vielem Vergnügen verfolgt, wie es Nord- und Westdeutsche waren, die uns verteidigten. Und in der Tat, die anderen haben es nötig, uns zuverteidigen. War Luther nicht Sachse? Waren Leibniz und Lessing nicht Sachsen? Waren Nietzsche und Karl May nicht Sachsen?

Zugegeben, wir haben uns ein wenig verausgabt. Aber

niemand wird bezweifeln wollen, daß es der Dialekt, daß es die Volkssprache ist, aus deren Erde die Sprache der Dichtung wächst. Nun, der aus dem sächsischen Sprachkreis stammende Luther hat die deutsche Sprache auf die Beine gestellt. Nun ist der Boden ein wenig müde und das Sächsische ein wenig gewöhnlich geworden. Aber sind Shakespeares Dramen vielleicht weniger wert, weil sie auf Jahrmärkten gespielt wurden?

Immerhin sind wir in der Pause der Erholung, die wir unserem sprachschöpferischen Genie nach der Konsolidierung des Deutschen schließlich gönnen durften, durchaus nicht faul gewesen, und unsere Landsleute Bach, Schumann und Wagner haben derweilen etwas für die deutsche Musik getan.

Nein, ihr dürft ruhig über das Sächsische lachen. In den tiefen Katakomben der sächsischen Seele lagern die goldenen Schätze eurer Zukunft. Unseren König haben wir deshalb so geliebt, weil er stolz genug war, die Sprache seines Volkes zu sprechen. Und wie wir ihn begraben haben, Hunderttausende seiner schweigenden Landeskinder an seinem letzten Wege, das war ein Geleit, wie es in vielen Jahrhunderten kein Herrscher gehabt hat.

Nun ist in seinem Reiche die Zinne von Kötzschenbroda eingestürzt. Aber sie hat nur eine neue Katakombe unter sich begraben. Wir wissen noch nicht, welche Schätze aus dieser Katakombe später einmal ans Licht der Sonne treten werden. Aber schon haben sich in Radebeul bedeutsame Veränderungen zugetragen.

Eine Gesellschaft in Radebeul versendet ein neues Heilwasser, das aus einem Teil natürlichen Meereswassers und neun Teilen Wiesenwassers, an sonnigen Tagen geschöpft, besteht. Hier kündigt sich ein Umbruch der Heilkunst an. Hab Sonne im Magen! Apollo in Radebeul sammelt die Sonne von den sächsischen Wiesen, und wenn das Geschäft einschlägt, dann werden alle Leute sächsische Sonne trinken. So wird das Ende Kötzschenbrodas zu einer weiten Verbreitung von Sonne über die Erde führen. Diejenigen aber, die glauben, über uns lachen zu dürfen, sollen angehalten werden, Sächsisch zu lernen. Dann wird das Lachen ihnen vergehen, denn es ist eine der schwersten Sprachen der Welt. Solange sie es aber noch nicht können, wollen wir großmütig sein und ihnen erlauben, nun endlich so stolz auf uns zu sein, wie sie es Rechtens schon lange sein müßten.

Aus einer kleinen Stadt. Frohburg

Dann sehe ich wieder, wo ich geboren bin. Ich gehe durch die Wiesen auf die kleine Stadt zu, plötzlich. Ich komme von Westen und bin eher im Kino als im Traum; diese halbvergessenen Filme mit Titeln wie *Heimat*. Oder ich lese immer noch, wie damals, *Der Fremde aus Indien:* alles schon erlebt. Aber wie es weitergeht, weiß ich doch nicht. Zuerst, auf der alten Grenze zwischen dem Herzogtum Sachsen-Altenburg und dem Königreich Sachsen, steht der Gedenkstein. Ich sehe, daß er frisch geweißt ist. Ein Soldat auf Urlaub hat einen Handwerksburschen erschlagen, wegen einiger Pfennige. Das erste Dorf hinter der Grenze heißt Eschefeld. Seine reichen Bauern legten Ende des 19. Jahrhunderts in ihren Feldern Gruben auf Braunkohle an, in einer Gegend, in der Bauern immer mehr verdient haben als Bergwerksbesitzer. Inzwischen sind die Hoftore verschwunden, die Gärten haben kaum noch Zäune. Man ahnt was von neuen Zeiten, wenn man die vielen Autos sieht, die sonnabends gewaschen werden. Links von der Straße liegt der Große Teich. Kinder wie ich lernten schon vor zwanzig Jahren an seinen Ufern als ›junge Naturforscher‹, wie Schwimmender Hahnenfuß aussieht. Das und die Flugbilder einheimischer Raubvögel bleiben unvergeßlich. Unten im Tal sehe ich die flachen Dächer der Abtmühle. Der Mühlknappe Martin Müller hat dort gearbeitet, der 1689 den Müller von Fockendorf, den Mann seiner Geliebten, erdrosselte. Die Müllerin wurde unweit von Fockendorf in einen Sack gesteckt und in der Pleiße ertränkt. Willibald Alexis hat darüber geschrieben. Hinter der Stadt, im Norden, ragt der Schornstein der Brikettfabrik über den Horizont. Der Direktor lag im Urlaub einen Strandkorb weiter. Er blies mein Schlauchboot auf. Er sagte: Lies sowjetische Romane, mein Junge. Es gibt da eine Stelle. Das einzige, was der Mensch hat, ist das Leben, und nutzen soll er es so, daß ... Ich habe die Stelle nie gefunden. Die Stadt liegt auf einer Anhöhe, die den Fluß zu einer Schleife zwingt, und am Fluß selbst. Eine Vorstadt heißt Auf dem Wind. Die Anfänge sind dunkel, aber 1753 wurde die Stadt zerniert. Eine Viehseuche war ausgebrochen. Soldaten zogen an den Verbindungswegen auf: Halt. Wer da? Parole. Dann hielt sich Alexander, Kaiser von Rußland, eine Nacht in der Stadt auf. Am 1. Mai 1813 rasselte seine Kutsche spät in der Nacht über das Pflaster des Schloßhofes, und spät in der Nacht ging der bleiche, hochgeborene Besucher im Park auf und ab. Es war die Nacht vor der Schlacht bei Großgörschen. Am 3. Mai verpflegte die Stadt 75000 Mann. Die Brücken wurden verbrannt, die Einwohner flüchteten in die Wälder. Auch das Jahr 1864 brachte viel Neues. Brandbriefe wurden gefunden. Am Morgen lagen sie auf den Straßen. Niemand weiß, wer sie ausgelegt hat, und die meisten Häuser haben noch Strohdächer. Es brennt mehrmals. Die Abgebrannten rufen nach Rache, aber der Täter bleibt unentdeckt und hinterläßt Rätsel für Generationen. Die Sorgen nahmen zu. 1864 gab es 156 Webermeister am Ort, zehn Jahre später nur noch fünf. Die neuen Zeiten. Die Stadt hinein das fünfzehnte Haus linker Hand ist die Schmiede. Großmutter sitzt mit mir in der Stube und erklärt die Holzstiche der Gartenlaube Jahrgang 1871. Von Krieg muß die Rede gewesen sein, von der Kommune. Jedesmal tritt dann auch eine Frau ins Zimmer, die Bonbonfrau aus Lunzenau. Ihre blaßroten, lindgrünen, hellgelben Bonbons habe ich in Göttinger Vorstadtbäckereien jahrelang vergeblich gesucht. Vielleicht darf ich mir sogar das Realienbuch aus der Truhenbank unter dem Fenster holen. Ich ließ mir am liebsten den Artikel über Wölfe vorlesen: ... zeigten sich zu Hunderten auf den Schlachtfeldern in Lothringen. Die Verwandten betreiben die Schmiede mit acht Gehilfen. Schurzfell und Blasebalg sind vergessen, die Herstellung schmiedeeiserner Gitter und Zäune wirft Gewinn ab. Man hat zwei Häuser für die Töchter gebaut und verreist hin und wieder nach Prag, nach Leningrad. Jetzt hat die Stadt auch einen Frauenarzt; ich sehe sein Schild an einem Haus in der Hauptstraße. Die alten Ärzte sind schon vor Jahren in den Westen gegangen. Junge Ärzte betreuen im Schichtdienst die Ambulanz neben dem Post-Hotel. Seit es eine Umgehungsstraße gibt, ist es in der Stadt noch ruhiger geworden. Ruhig war es schon immer. Nur die Aufmärsche Anfang der dreißiger Jahre machten Aufsehen. Nachts wurde am Bismarckdenkmal ein Färbereiarbeiter erstochen. Schon vorher hatte es Fälle von gewaltsamem Tod in der Stadt gegeben. Ein Unbekannter erschlug den Viehhändler, schnitt einem Geldverleiherehepaar die Hälse ab. Auch ein Neubauviertel entsteht. Die acht Einfamilienhäuser werden auf den Wiesen in Höhe der Schafbrücke gebaut. Wenn der Bauherr hilft, kostet das Haus 80000 Mark. Dann gibt es noch die Wohnblocks hinter dem Schloß. Dort wohnen Mitglieder der LPG, Lehrer und andere. Das Schloß gehörte im 19. Jahrhundert einem Freiherrn und Minister in Dresden und war nur im Sommer bewohnt. Zwischen Schloß und Kirche führt der Weg über den Damm des Mauerteichs und dann steil bergan. Sonntags standen die Frauen am Fenster und warteten auf den Kirchgang der vornehmen Sommergäste. Am An- und Abreisetag der Herrschaft mußte die Schuljugend, zwischen Bergen von Koffern und Kasten, im Schloßhof singen. Bis in den Oktober hinein gingen die Kinder der Gutsbesitzer barfuß. 1833 hatte der Minister eine große Kiste im Gepäck. Der Sommer war diesmal der Beschäftigung mit den ersten zwanzig Schriften über Kaspar Hauser gewidmet. Mehrmals wurde auch der Lehrer abends auf das Schloß zitiert, weil der Minister sich über seine

Vermutungen, den rätselhaften Findling betreffend, aussprechen wollte. Dieses saisonale Interesse, als es unten in der Stadt bekannt wurde, steckte an, und die Expedition des Wochenblattes, die dergleichen Geschäfte besorgte, brachte einige Bücher aus Ansbach und Nürnberg in die einzige Leihbücherei am Ort. Die Kleinbahn ist stillgelegt. Im Schwimmbad hat man die Liegewiesen vergrößert, bis in die Berliner Zeitungen wird für seinen Besuch geworben. Die Maler nennen ihre Produktionsgenossenschaft Picasso. Die Felder am Stadtrand sind viel größer geworden. Im Wald wird ein Kinderheim gebaut. Die Schule, schon seit mehr als zwanzig Jahren Zentralschule für die umliegenden Dörfer, heißt Polytechnische Oberschule und wird bald ausgebaut. Blumenbeete mildern die Weite des Marktplatzes. Hier haben wir als Kinder an Herbstabenden Fußball gespielt. Der Ball war ein Knäuel Lumpen in einer Tuchhülle. An dieses wunderbare Buch *Der Fremde aus Indien*, an Filme mit Titeln wie *Heimat* erinnere ich mich auch, als ich vor dem Haus am Fluß stehe. Großvater kaufte es 1893 als junger Mann. Der neue Besitzer hat es umgebaut, die Haustür zugemauert und aus der Waschküche ein Bad gemacht. Aus dem Garten ist ein Garten wie jeder andere geworden. Brehms Tierleben und die Präparate des Tierarztes (›Knochengerüst der Katze‹, ›Schädel vom Dachs‹) haben sich verloren. Nur die Wanduhr, die Großvater jeden Tag im Vorbeigehen aufzog, soll noch im Hausflur hängen. Wenn ich gegen Abend zum Bahnhof gehe, werden die Glocken läuten. Zwei Frauen werden sich über die Straße hinweg von Fenster zu Fenster unterhalten. Die Kleinstadt ist Kleinstadt geblieben. Aber sonst ist vieles neu.

KARL SEWART

Frühling, Sommer, Herbst und Winter – Erzgebirgische Jahreszeiten

Der Frühling

beginnt im Ergebirge links und rechts des Drebachs, eines Gewässers, das bei Scharfenstein in die Zschopau mündet, in einem Ort namens Drebach (zwischen 500 und 600 m ü. M., rund 3000 Einwohner). Der Frühling, das sind hier, wie anderswo auch, zunächst einmal schmelzender Schnee und grippale Infekte, bald aber und hauptsächlich sind es – *die Nackten Jungfern.* Wobei es sich bei letzteren nicht um jungfräuliche Drebacher Mädchen dreht, sondern um rein botanische Gewächse, die die Gelehrten ausschließlich auf den Fluren dieses Dorfes zu finden wissen und mit dem Namen *Crocus vernus Wulf, forma drebachensis* bedachten. Doch die zahllosen sonstigen Liebhaber dieser zarten, ohne jedes andere Grün aus dem noch kahlen Boden kommenden Frühlingspflänzchen kümmern sich kaum um diese komplizierte Bezeichnung, sie erfreuen sich vielmehr an den blühenden Wiesen ringsumher. Zurück geht dieses erzgebirgische Frühlingswunder auf einen gewissen David Rebentrost, der vor rund dreihundert Jahren in Drebach als Pfarrer angestellt, jedoch mindestens ebenso rührig als Arzt, Apotheker und Pflanzenzüchter tätig war (und dieserhalb auch seine liebe Not mit seinem gestrengen Kirchenvorstand hatte, der ihn gar der *Alchymisterey* bezichtigte). Dieser erzgebirgische Doktor Faustus nun soll sich einer alten Legende zufolge als Dank für eine ärztliche Hilfeleistung von dem sächsischen Kurfürsten eine Krokuspflanze, die sonst nur in Kleinasien, in den Mittelmeerländern und auf dem Balkan vorkommt, aus dessen Garten in Dresden erbeten und erhalten haben. Dieser Stammutter der Drebacher Krokusblüte aber taten der Drebacher Boden und das Drebacher Klima so wohl, daß sie heute mit ihren unzähligen Nachkommen von Jahr zu Jahr mehr Besucher zur Eröffnung des erzgebirgischen Frühlings nach Drebach lockt, so daß es beinahe schon eine empfindliche touristische Bildungslücke ist, wenn man dieses eindrucksvolle botanisch-gesellschaftliche Ereignis noch nicht miterlebt hat.

Gar so schwer ist dieses mittelerzgebirgische Dörfchen ja auch nicht zu erreichen: Von Karl-Marx-Stadt aus fährt man entweder über Flöha und Zschopau mit der Eisenbahn bis Scharfenstein und wandert etwa sechs Kilometer den Drebach entlang nach Drebach, oder man setzt sich in den Bus oder in den eigenen Wagen und läßt sich über Zschopau oder über Ehrenfriedersdorf den Nackten Jungfern direkt vor die Füße fahren. Ist man dann einmal in der Gegend, hat man von hier aus auch schnell einen Abstecher nach Annaberg hinauf oder nach Marienberg hinüber oder nach Zschopau hinunter gemacht. (Der Entfernung wie der sonstigen Bedeutung nach sind das ja alles weiter nichts als Vororte unserer Frühlingsmetropole.) In unserem Jahresexkurs aber wollen wir uns die beiden ersteren aus organisatorischen Gründen für noch folgende Jahreszeiten aufheben und statten allein der für Drebach verwaltungstechnisch zuständigen Kreisstadt Zschopau einen kurzen Frühjahrsbesuch ab. Von hier nämlich kommen die schnellen, schnittigen MZ-Maschinen, die man, kaum hat der Winter auf den Straßen das Feld geräumt, wieder zu Tausenden gerade die heimatlichen Straßen des Erzgebirges befahren sieht und hört. Die ersten sind da immer die erprobtem Räder der international bekannten Geländefahrer des Motorradwerkes selber.

Nehmen die Feuerstühle aus Zschopau auf den erzgebirgischen Straßen immer mehr überhand, sieht man endlich hinter den lederbejackten und sturzbehelmten Fahrern immer häufiger auch immer leichter angezogene Jungfern auf der Sitzbank hocken und auf den Gepäckträgern immer öfter Campingbeutel und Zeltsäcke klemmen, dann ist auch hier oben der Frühling mit seinen letzten Schneeresten, seiner allerletzten Grippe und seiner allerallerletzten Nackten Jungfer endgültig vorbei und

Der Sommer

ins Erzgebirge gekommen. Wenn diese Jahreszeit auch die kürzeste und untypischste des Erzgebirges ist, ja in manchem Jahr ganz und gar auszufallen droht, und der Frühling gleich in den Winter, der Haupt- und Nationaljahreszeit des Erzgebirges, übergehen zu wollen scheint (ganze 16 Grad beträgt hier oben die Durchschnittstemperatur im Juli, und mehr als ein Drittel der jährlichen Niederschlagsmenge entfällt auf die Sommermonate!) – so nimmt trotz alledem die Zahl der Liebhaber des Erzgebirgssommers ständig zu. An Drebach und seine Nackten Jungfern, die da alle längst schon verblüht sind, denkt allerdings kaum jemand mehr, der Ort unterscheidet sich jetzt von anderen Dörfern dieser Gegend um keinen Deut. Über das fünf Kilometer entfernte Ehrenfriedersdorf gelangt man jedoch zum *Großen Teich*, einem Sommerparadies, mit dem sich nur noch der Filzteich bei Schneeberg messen kann. Tausende tummeln sich hier zwischen den Zelten, Bungalows und Campingwagen, rudern, segeln, schwimmen, sonnen sich auf dem Sandstrand und am Wald, der an manchen Stellen bis dicht ans Wasser heranreicht. Wenn der Wald nicht wäre, könnte man an solchen Tagen glauben, an der Ostsee zu sein. Doch der Wald ist, steht da, bespiegelt seine schlanken Fichten im Wasser und strömt freigebig seinen köstlichen Atem über die Badenden aus. Gerade der Wald rings um das Wasser ist es ja, der nicht nur Menschen aus dem ganzen Bezirk, sondern aus allen Gegenden der Republik und sogar aus dem Ausland anlockt. Dieses nach der in der Nähe liegenden alten Bergstadt Geyer auch Geyerscher Teich genannte Gewässer von 23 Hektar Wasserfläche, das, wie der erwähnte Filzteich und noch so vieles Schöne und Bemerkenswerte mehr ringsum, seine Entstehung dem einstigen Silberbergbau verdankt, vereinigt zusammen mit seiner Umgebung alle Vorteile in sich, die der erzgebirgische Sommer trotz oder auch gerade wegen seiner von vornherein und weithin bekannten Unsommerlichkeit zu bieten hat. Und in einer Höhe von 700 Metern und im Windschatten des dichten Waldes ringsum kann man sich, wenn man will, mindestens ebenso schnell einen zünftigen Sonnenbrand holen wie irgendwo am Ostseestrand ›da unten‹. Dem übrigen Urlaubsprogramm aber tut so eine unvorhergesehene Schönwetterperiode ja auch nicht gerade Abbruch. Denn von einer Wanderung durch den Geyerschen Wald, eines der größten Waldgebiete des Erzgebirges, oder einer Besteigung des Aussichtsfelsens der nur ein paar hundert Meter entfernten *Greifensteine* (732 m ü. M.) oder einem Besuch des inmitten der sieben Greifensteinfelsen liegenden Naturtheaters, das vom Annaberger Kreistheater bespielt wird und dreitausend Zuschauer faßt, hat man doch wohl bei Sonnenschein mindestens den gleichen Genuß wie bei Regen. Setzt dann aber letzterer wirklich einmal ein, so ist ein Spaziergang durch den Wald immer noch kurzweiliger als an der Ostseeküste entlang, wo man dann ja nur noch Wasser um sich hat. Oder man bleibt eben etwas länger im nahen Berggasthaus an den Greifensteinen oder im gemütlichen Ehrenfriedersdorfer Ratskeller sitzen, oder man nimmt sich etwas mehr Zeit als sonst bei der Betrachtung des herrlichen Schnitzaltars in der Ehrenfriedersdorfer Stadtkirche von *Hans Witten* und *Hans von Cöln*, oder man verweilt ein bißchen länger in dem 1436 gegründeten *Frohnauer Hammer*, der mit jährlich etwa 180000 Besuchern eines der meistbesuchten Museen des Erzgebirges ist, oder in der Annaberger St.-Annen-Kirche, einer der schönsten spätgotischen Hallenkirchen (wie man sich bei einer Führung sagen lassen oder in einschlägiger Literatur nachlesen kann, wenn man's selber nicht merkt), oder bewundert ein wenig ausgiebiger die *Schöne Tür* von *Hans Witten* und die Rückseite des *Bergaltars*, auf die *Hans Hesse*, der bedeutendste erzgebirgische Maler der Renaissance, 1521 die älteste und umfassendste Darstellung des zeitgenössischen erzgebirgischen Silberbergbaus malte. Mancher Besucher, der zuerst nur wegen des Waldes und des Wassers herkam, kehrt bald Jahr um Jahr zurück, um auch die Dörfer und Städte und ihre Bewohner immer genauer kennenzulernen. Und nichts liegt dann näher als der Wunsch, das erzgebirgische Land und die erzgebirgischen Leute auch einmal im Herbst und im Winter zu erleben.

Der Herbst

bringt Stille und Besinnlichkeit über den Großen Teich und seine bewaldeten Ufer. Das Rauschen der Fichten und das Plätschern der Wellen sind jetzt hier die einzigen Geräusche weit und breit. Nur ab und zu hört man, wenn man ganz früh aufgestanden ist, einen Büchsenschuß knallen und widerhallen. Und man weiß, daß da die Männer vom Jagdkollektiv ihr Handwerk ausüben. Doch zu so ungewohnt früher Stunde und in dem dichten Morgennebel kann es einem leicht geschehen, daß man mit der Zeit durcheinandergerät, und plötzlich vermeint man den Wildschützen *Karl Stülpner* (1762–1841) selber hinter einem Fichtenstamm hervortreten und seine Steinschloßflinte auf einen Kapitalen anlegen zu sehen. Immer wieder zieht es in den Sommermonaten Tausende von Besuchern zum Naturtheater der Greifensteine, um das Volksstück zu sehen, das als Titel den Namen des Freischützen trägt. Und manch einen mag dieses Erlebnis dazu anregen, an einem Herbsttag die Spuren des erzgebirgischen Volkshelden zu verfolgen. Gar nicht weit von der Freilichtbühne, wohl kaum hundert Schritte von ihr entfernt, ist die *Stülpnerhöhle* zu besichtigen, in der der Wildschütz Rast auf seinen Pirschgängen gemacht, bei den Bauern der umliegenden Dörfer Pulver, Blei und andere lebenswichtige Dinge gegen sein Wildbrett eingetauscht und Zuflucht vor seinen zahlreichen Häschern gefunden haben soll. In dem eine halbe Stunde entfernten und bereits im Frühjahr (weil der Krokushochburg Drebach benachbarten und für deren Besucher verkehrstechnisch wichtigen) erwähnten Scharfenstein befinden wir uns gar im Geburts- und Sterbeort Stülpners selbst. Doch hier bestimmt nicht mehr das auf ›scharfem Stein‹ thronende Schloß, von dem aus einst der hochgeborene Widersacher des Müllerburschensohnes Karl Stülpner, der Herr von Einsiedel, die Umgebung beherrschte, das Leben, sondern der weltbekannte Kühlmaschinenbetrieb, der mit seinen weiträumigen, modernen Werkhallen das enge Zschopautal sprengen zu wollen scheint. Den berühmten Sohn ihres Ortes aber haben die Scharfensteiner darüber nicht vergessen. An seinem Sterbehaus ist eine Gedenktafel angebracht, und das malerische Gäßchen, das zum Schloß hinaufführt, in dem jetzt ein Kinderheim untergebracht ist, heißt Karl-Stülpner-Weg. Drei Kilometer weiter, in der Nachbargemeinde *Großolbersdorf*, befindet sich sein immer liebevoll gepflegtes Grab, und im Schnitzerheim desselben Ortes ist der *Stülpner-Berg* zu sehen, auf dem mit Hilfe von Moos, Baumrinde und geschnitzten Figuren Episoden aus dem bewegten Leben des Freischützen kunstvoll nachgestaltet sind. Hier lebt auch der Lehrer Johannes Pietzonka, der mit Sachkenntnis und Fleiß eine Reihe bisher unbekannter Sachverhalte aus dem Leben Stülpners entdeckt, gedeutet und veröffentlicht hat.

Noch eine halbe Autostunde weiter liegt die alte Bergstadt *Marienberg,* wo dem Volkshelden in dem neu eingerichteten Heimatmuseum im alten *Zschopauer Tor* eine ganze Etage eingerichtet worden ist. Hier kann man seine alte Steinschloßflinte, sein Pulverhorn und seine Jagdtasche nebst einer Kostprobe der reichhaltigen Literatur, die über ihn geschrieben worden ist, aus nächster Nähe und hundertprozentig original bewundern...

Zur Krönung unseres motorisierten Pirschgangs auf den Spuren des erzgebirgischen Helden aber setzen wir uns noch auf ein Stündchen ins ›Weiße Roß‹ (auf einem weißen Hirsch ist der Legende nach der Sohn der undurchdringlichen erzgebirgischen Wälder bekanntlich für immer davongeritten). Hier lassen wir uns zu einem Glas *Stülpner-Trunk* einen scharfen Hasenpfeffer oder einen saftigen Rehrücken servieren und stellen am eigenen Gaumen fest, daß der Erzgebirgler einst nur deshalb als schlechter Koch verschrien war, weil er wohl trotz seiner unerschöpflichen Wälder, die ja seinem Herrn gehörten, wirklich nichts Ordentliches in die Pfanne zu tun hatte... Sollte das ›Weiße Roß‹ jedoch gerade Ruhetag haben, so entschädigen wir uns voll und ganz durch einen Besuch der *Dreibrüderhöhe,* wo wir dasselbe und einen herrlichen Rundblick dazu über die allerdings gar nicht mehr so stülpnerisch dunklen und undurchdringlichen Wälder genießen können.

Auf der Rückfahrt sehen wir dann schon die Novembernebel in den Tälern brauen, in den Häusern werden die Doppelfenster eingesetzt und mit Moos abgedichtet und in den Gärten die Obstbäume gegen Frost und Wild eingepuppt, auf der Wetterseite der frei daliegenden Höhenstraßen stellen die Männer vom Straßendienst die Schneezäune auf, und im Marienberger Wald suchen die Leute von der Forstwirtschaft schon die Bäumchen für den Weihnachtsmarkt aus – kurz und gut, die Haupt- und Nationaljahreszeit des Erzgebirges, kündigt sich mit allem Nachdruck und an allen Ecken und Enden an. Seinen Anfang und sein Ende nimmt er übrigens immer an ein und derselben Stelle: auf dem höchsten Berg des sächsischen Erzgebirges und der Republik, auf dem *Fichtelberg* (1214 m ü. M.). Dazwischen aber liegt so manche Fuchs- oder Schihaserljagd auf den Brettern, die den echten Winterurlaub bedeuten, nach Oberwiesenthal (914 m ü. M.) hinunter oder zum Klínovec (1243 m ü. M.) in der benachbarten ČSSR hinüber, dazwischen liegt so manches olympiareife Schispringen auf der Großen Fichtelbergschanze und so mancher Titelkampf der Rennrodler und der Schilangläufer hier oben, liegt so mancher von wirklichen Anfängern oder von zu waghalsigen ›Spitzenkönnern‹ zubereitete ›Spitzensalat‹ auf der ›Idiotenwiese‹ oder auf der alpinen Abfahrtspiste in den *Schönjungferngrund* hinab (ja, der Erzgebirgler hat es vom frühesten Frühjahr an bis in den späten Winter hinein mit seinen Jungfern zu tun!), liegt so manche Sessellift- oder Schwebebahnfahrt hinauf zum Gipfel mit wohlverdienter Rast in der Selbstbedienungsgaststätte, in der Grillbar oder im Tanzcafé des hochmodernen Fichtelberghauses, liegt so mancher herrlicher Rundblick vom Fichtelbergturm aus, dem vierzig Meter ›langen‹ Zeigefinger des Erzgebirges, bis zum Duppauer Gebirge hinüber oder, bei ganz klarer Sicht, bis zum Völkerschlachtdenkmal hinunter...

Ja, hier oben braucht man keine Angst zu haben, daß man seine Schier oder seinen Schlitten umsonst mit in den Winterurlaub genommen hat und sich aus Ärger darüber die Spezialsohlen seiner Schistiefel durchläuft! Die Höhenlage sorgt dafür, daß der Wetterwart vom Fichtelberg fast alpine Temperaturen und von November/Dezember bis März/April fast immer ideale Schi- und Rodelmöglichkeiten melden kann. – Doch zum erzgebirgischen Winter gehört nicht nur der Wintersport mit all seinen Attraktionen und touristischen Anhängseln. Zum erzgebirgischen Winter gehört genauso das Schneeberger *Fest des Lichtes und der Freude* mit seinen Weihnachtsliedern und Weihnachtsfiguren, gehört genauso der Weihnachtsmarkt in den Städten und Städtchen von Oberwiesenthal oben bis Karl-Marx-Stadt hinunter mit seinen fichtengrüngeschmückten Buden und seinen kerzenflimmernden Weihnachtsbäumen, mit seinen Drehpyramiden und überlebensgroß geschnitzten Bergleuten, mit seinen duftenden Pfefferkuchen und seinen gebrannten Mandeln, gehören genauso die ungezählten Lichterbergmänner und -engel in den Fenstern und die ungezählten Weihnachtspyramiden und -leuchter in den nach Crottendorfer Räucherkerzen duftenden Stuben der Bergdörfer und -städte, gehört genauso der Nikolaustag mit seinen uralten Versen, gehören die Schneeberger ›Glückauf‹-Abende, gehören das ›Neunerlei‹ auf dem Weihnachtstisch und das alte ›Heiligabendlied‹ und all die anderen uralten Weihnachtslieder und Weihnachtsbräuche.

Der harte und lange Winter mit seinen kurzen, oft trüben Tagen und seinen langen, eisigen, sturmdurchheulten Nächten, der die Heimat des Erzgebirglers einst als das sächsische Sibirien in Verruf brachte, läßt die Menschen hier von altersher gemütliche Häuslichkeit und Geselligkeit, Wärme und Helligkeit besonders schätzen und lieben. Vor allem der Bergmann, der entscheidend zur Besiedlung dieser unwirtlichen Gegend beitrug, sehnte sich, nach harter, gefahrvoller Arbeit aus der Dunkelheit der Erde in die Dunkelheit des Winters zurückgekehrt, nach Geborgenheit und Licht. Licht, das bedeutete für den Bergmann gesunde Ausfahrt, Leben, Glück; Licht war ihm der Inbegriff des Guten und Schönen; um das Licht kreiste all sein Denken, Fühlen und Schaffen. An den langen Winterabenden schnitt er aus dem Holz, aus dem er sonst Löffel und Werkzeugstiele und andere Dinge des täglichen Bedarfs herstellte, bald auch das, was ihm lieb und worauf er stolz war: sein Weib, seine Kinder, sich selbst. Sich selbst und seine Söhne in festlicher Bergmannstracht, sein Weib und seine Töchter, dem religiösen Empfinden seiner Zeit entsprechend, als Engel – doch in ganz irdischer weißgeblümter blauer Schürze. Und allen seinen Bergmanns- und Engelsfiguren gab er Lichte in die Hand, alle gestaltete er als Lichtträger und Lichthüter, und sein Weib stellte sie, sobald es dunkelte, angezündet ins Fenster, um dem von der Schicht heimkehrenden Mann den Weg zu erhellen und die Nacht zu verkürzen, und jeder Vorübergehende konnte sehen, wie viele Buben und wie viele Mädchen die Familie hinter den Fenstern zählte... Mit seiner Freude am Licht aber und seinem Drang, ihr durch selbsterdachte und selbstgeschaffene Gestalten Ausdruck zu geben, steckte der erzgebirgische Bergmann bald auch den erzgebirgischen Bauern, Handwerker und Textilarbeiter an, und im Laufe der Jahrhunderte kamen immer mehr Figuren und Lichte hinzu, so daß heute die Bergdörfer und Bergstädte selbst wie liebevoll gebastelte Weihnachtsberge durch die Winternacht flimmern und funkeln. – Ja, der Erzgebirgler macht die Nacht wirklich zum Tage, die Weihnacht wahrhaftig zum Fest des Lichtes und der Freude.

Schnitzen und Basteln blieben hier bis heute, auch über die Weihnachtszeit hinaus, eine lebendige Feierabendkunst, ja in keiner anderen Landschaft unserer Republik werden sie (neben den anderen traditionellen erzgebirgischen Volkskünsten wie Klöppeln und Singen und Musizieren) so schöpferisch gepflegt wie im Erzgebirge, wovon die über zweitausend in Fachgruppen des Kulturbundes organisierten aktiven Schnitzer und ihre ungezählten, vor allem während der Weihnachtszeit in liebevoll aufgebauten Ausstellungen zu bewundernden Werke zeugen.

Ist das erzgebirgische Weihnachten (das nach altem Brauch von der Andreasnacht, dem 30. November, bis zum Hohneujahr, dem 6. Januar, dauert) vorüber, wird all die Lichterherrlichkeit gewissenhaft in Kisten und Körbe gepackt und bis zum nächsten Mal mäuse- und kindersicher auf dem Dachboden verstaut. Nun kann sich auch der Urerzgebirgler, der durchaus kein Stubenhocker ist, wieder der Welt außerhalb seiner vier Wände zuwenden, seine ›Schneeschuhe‹ anschnallen, die Eicheln und Kastanien, die er im Herbst gesammelt hat, für das hungernde Wild zur Futterkrippe bringen, die frische Luft und die schnellen Berge wie ein richtiger Urlauber genießen und von Tag zu Tag das Höhersteigen der Sonne beobachten...

Und dann dauert es wirklich nicht mehr lange, und die Schneeschmelze setzt ein, und die erste Frühjahrsgrippe macht die Runde, und dann lassen auch die ersten Nackten Jungfern nicht mehr lange auf sich warten und lugen aus dem noch kahlen und fahlen Boden hervor und halten nach ihren ersten Liebhabern Ausschau, und das Jahr des Erzgebirglers nimmt von neuem seinem Lauf.

Die Romantik der Sächsischen Schweiz 1860

Wir traten die Wanderung von Dresden aus zu Fuß an. Wie die Einteilung des ersten Tages war, weiß ich nicht mehr genau; wir besuchten Pillnitz, mir, da ich schon als fünfjähriger Knabe das seltsame Schloß in einer Abbildung in Bertuchs Modejournal mit großer Verwunderung angestaunt hatte, von höchster Merkwürdigkeit. Ich glaube, wir übernachteten dort. Der erste Punkt der Sächsischen Schweiz selbst, dessen ich mich zu erinnern weiß, war der Liebethaler Grund und die Mühle daselbst, wo wir Morgens eintrafen und mich an dem heißen Tage ein kühles Glas Milch besonders erquickte. Aber auch die romantische Lage der Mühle erfüllte meine Seele ganz und gar. Schon der Plauensche Grund hatte mich so entzückt; diese Felsen dünkten mich aber doch noch viel schöner, viel steiler, kühner und bloß darum bewunderungswürdiger. Ich ärgerte mich über unseren Führer, der beständig bei meinen staunenden Ausrufen antwortete: »Bagatelle! das alles ist nichts, es wird ganz anders kommen!«

Ob wir in Lohmen über Nacht gewesen, weiß ich nicht. Wohl aber, daß ich, als wir das Dorf verließen, beim Übergang auf einem Brett über einen Graben mit gemauerten Kalkstein-Böschungen ausglitt und einen Fall tat, bei dem ich mir das Schienbein so zerschlug, daß es eine breite Wunde hatte. Die Wanderung wurde nichtsdestoweniger fortgesetzt, und wir gelangten durch die bekannten Felsgründe, die damals genau so aussahen wie jetzt (nur die Pfade sind jetzt gebahnter), auf die Bastei. Dort aber sah es keineswegs so aus wie jetzt. Hier ließ sich wahrnehmen, daß dieses Gebirge damals nicht nur von Berlin aus, sondern selbst von Dresden her unvergleichlich weniger besucht werden mußte als jetzt. Denn schon der Weg dahin ging durch ganz öden, fast unbetretenen Wald. Der Fußsteig verschwand in den hohen Farrenkräutern oft ganz, die Steintische, an denen der Kurfürst August der Starke bei einer Jagd gefrühstückt, lagen in tiefster Wildnis und Waldeinsamkeit! Überhaupt begegnete man keiner Seele dort oben. Diese Einsamkeit erhöhte den romantischen Reiz ungemein. Auf der Bastei selbst keine Spur einer Anlage, um etwa Besucher aufzunehmen. Man betrat die kahle Felsplatte ohne Geländer, mit dem Stock des Gebirgs nur durch einen etwa anderthalb Schuh breiten, sechs Schuh langen, behauenen Sandsteinblock verbunden, auf dem man eine ziemlich tiefe Schlucht überschritt. Auf der Felsspitze selbst mußten wir uns niederlegen, da der Sturm (es war an einem Tage mit rauhem Strichregen) uns sonst leicht hätte hinabstürzen können! So einsam, so wenig besucht war im Jahre 1811 diese merkwürdige Felsspitze noch, die jetzt (1860) einem Kaffeegarten dicht vor Dresdens Toren gleicht, durch die Zaubermacht der Dampfkräfte auf Fluß und Eisenbahnen. Als ich im Jahre 1819 sie wieder besuchte, war ein kleines Bretterhäuschen etwas rückwärts im Walde erbaut, wo man Schutz vor dem heftigen Regen und eine einfache Erquickung finden konnte. Eine Verbindung der Felsspitze mit den anderen steilen Klippen, durch Brücken über die Abgründe, war damals noch nicht vorhanden. Diese, dächte ich, hätte ich im Jahre 1821 zuerst wahrgenommen. So haben sich allmählich die schönen Anlagen und behaglichen Ausstattungen hergestellt, die jetzt den Fremden dort begrüßen. Es ist heutzutage viel bequemer, es weilt sich behaglicher, übernachtet und wohnt sich reizend dort oben! Doch bei alledem, ich kann den Reiz der tiefen romantischen Einsamkeit des Gebirgs, den Zauber der Wildnis, der sich damals darbot, nicht vergessen! Wohin soll man aber jetzt, um solche Reize aufzusuchen? Zur Einsamkeit ist bald in der Welt, mindestens in der europäischen, kein Raum mehr! Und die Segnungen des Gemüts, der Seele, ja der scharfen Geisteskräfte, die sie verleiht, die nur – wie die tiefen, ahnungsvollen Träume und Anschauungen der Anachoreten – in ihrem Schutz gedeihen, sie scheinen ganz natürlich ebenso aus der Welt schwinden zu wollen!

GÜNTER KUNERT

Jenseits der Sachsenkriege: Wanderwege

Gerade in dieser Landschaft hat der Begriff des Wanderns noch Realität, weil sie, die Landschaft, durch ihren Wuchs zu dieser speziellen Fortbewegungsweise zwingt, und nirgendwo sonst könnte der Schein romantisch-sentimentaler Fußgängerei echter sein als hier, hier in der Sächsischen Schweiz, hier im Elbsandsteingebirge, das weder ein Gebirge ist (maximale Höhe 561 m: der Zschirnstein), noch auf irgendeine Art schweizerisch. Es ist eine Landschaft von absolut eigener Art, die gestellt, entworfen, von Hand errichtet scheint: hier kommt die Natur der Vorstellung von Natur, wie die Romantik sie schuf, hautnahe. Daß die deutsche Landschaft in jener Epoche entdeckt und die Kunst einbezogen wurde, ist zwingend; erstaunt wird der heutige Wanderer merken, daß seine Brille noch den Schliff des frühen neunzehnten Jahrhunderts hat, schaut er auf das sich mit jedem Schritt verändernde Panorama: Die Wege und Pfade winden sich feucht und blätterschuppig vor seinen Füßen; stets geht es um Felsecken, stets öffnet sich eine neue Perspektive hinab in enge schwarzklaffende Erdspalten oder auf das turmähnliche Gestein, das aussieht, als sei es irgendwann unvermittelt aus dem Boden gewachsen.

Weitblick herrscht von manchem Punkt, basteigleichem, auch so genanntem, hoch über der Elbe. Wenn der Wanderer, bequem am Tisch des Restaurants auf dem Luginsland oder auf die Quadermauer gestützt, hinunterschaut auf den Fluß, der nicht vom Fleck kommen will, flüstern, nein ›raunen‹ ihm die Zweige den passenden Wortschatz zu, dem der Moment und die wunderliche sonnenerleuchtete, zu selten erlebte Weite und Ferne Glaubhaftigkeit und Echtheit geben: Gold, nicht Doublé der ›träge sich wälzende Strom‹, der ›silbrige Dunst‹, die ›grüßenden Höhen‹, und was die Herren Tieck, Chamisso, Hauff, Brentano, Arnim sonst noch an sprachlichem Kunstgewerbe hervorgebracht: zauberhaft trotz allem. Der Sandstein, in sich gemustert von unterschiedlich getönten Schichten, zernagt von Witterung, ragt in knolligen, knotigen, häufig phallischen Formen auf, liegt in gewaltigen, weggeworfen wirkenden Klumpen.

Natur: aber überall Chiffren menschlicher Durchdringung und Anwesenheit. Hier und da an den Felsen Initialen, dort eine Jahreszahl ›1774‹ ins Gestein gehauen, verwischt von verborgenen Quellen, von feuchter Ausdünstung des Waldes, gelblich und grünlich überwuchert von Flechten und Moos, verbinden den Wanderer durch das unzertrennbare Band der Zeit mit seinen Vorgängern, Vorwanderern.

Rinnsale, in welchselnder Tonlage brabbelnd, die im Winter unter der dichten, wärmenden Schneedecke noch zu hören sind: die sinnlose, sprachlose Stimme unserer Allmutter, der närrischen Greisin, die wirr und irr redete. Farbige Zeichen an den Bäumen und Steinen, Markierungen der Wanderwege, leiten den Wanderer zu Plätzen, deren Namen unentschlüsselte Magie enthalten: Hirschleckhorn, Satanskopf, Leuchterweibchen, Verborgenes Horn, Vergessener Kegel.

Der Eingang in die skurrile Landschaft wird von einer Festung flankiert und bewacht: Königstein, Sperrfort, das den Wagenverkehr oder den zu Schiff auf der Elbe ins Böhmische abriegeln konnte. Frühe Grenzfeste der Slawen, der Böhmen, Raubritterburg dann, dann mäßig florierendes Kloster und endlich Besitz der Markgrafen von Meißen: Ausbau des ›lapis regis‹ zur Festung, zur einzigen Sachsens: glücklicheres Königreich, unglücklicher Alliierter europäischer Großmächte, kultivierter, fortgeschrittener als das Spreesparta im Norden, von dem nichts Gutes zu erwarten war – mit Recht. Verrufen als Partner Napoleons, schlägt Sachsen sich sechzig Jahre später auf die Seite Österreichs im Kampf um die Hegemonie im Heiligen Römischen Reich Deutscher Nation und wird empfindlich von der Niederlage des besiegten Kakanien betroffen; es behält seinen König und verliert seine Selbständigkeit. Zwar sperrt Königstein den Weg für preußische Truppen nach Böhmen, aber Moltke marschiert durch Schlesien, und dem Festungskommandanten bleibt als einzige historische Tat, den allerletzten Kanonenschuß von oben auf eine preußische Patrouille abzugeben.

An der gleichen Stelle liegt dem Wanderer das gleiche Land zu Füßen, aus dem übergangslos wie erloschene Vulkane Gesteinskegel aufsteigen: Pfaffenstein, Papststein, Lilienstein, Relikte des Meeresgrundes, den sie einst bildeten, zurechtgeschliffen von Rinnsalen, Fließen, Bächen, Flüssen, die immer tiefere Cañons fraßen, den Boden abtrugen, um am Ende, nicht mal am Ende, keins ist abzusehen, diese Stumpen stehenzulassen.

Sie haben sich in den hundert Jahren seit Königgrätz nicht verändert: wohl aber die Geschichte. Sicherlich hoffte der Kommandant hier oben auf das Versagen des Zündnadelgewehres, auf den Sieg Benedeks, sah er schon die Preußen retirieren, Bismarck sich auf seine Klitsche zurückziehen, märkischen Kohl zu pflanzen, Sachsen mit Österreich assoziiert zur Triple-Monarchie und Brandenburg-Preußen zur bedeutungslosen Grenzprovinz absinken. Aber Benedek hat versagt und das Zündnadelgewehr nicht: Schad drum. So hat denn Preußen Deutschland groß gemacht und kleingekriegt im bittersten Wortsinn. Wie viele Festungen wurde auch diese später Haftanstalt: der Sozialdemokrat August Bebel saß hier ein, und im Zweiten Weltkrieg französische Generale, darunter Admiral Darlan, der entfliehen konnte.

Die Geschichte eines anderen Festungswerkes (und die Festungen und Burgen sind Grenzscheide zwischen Ost und West vor neunhundert Jahren), einer Burg jenseits der Elbe, Hohnstein nämlich, reicht ebenfalls bis zu uns, nur ist sie weitaus schlimmer; ein ungefüger Kasten, eisengrau, auf einem überhängenden Felsen erbaut, der über hundert Meter abfällt: genau an dieser Stelle befindet sich die Bronzetafel zum Gedächtnis jener, die im tiefen Mittelalter vor 57 Jahren hier heruntergestürzt wurden, indes wenige Schritte entfernt der Herr Apotheker seinen Gallentee mischte und der Herr Konditormeister seine Torten überzuckerte.

Hier bestand ein KZ der ›ersten Stunde‹, in Betrieb von 1933 bis 1934: ein Mahnmal vor dem Burgtor, eine kleine Ausstellung über den Widerstand in diesem Gebiet, Tonnengewölbe, die Hinweise, aber keine Blutspuren mehr tragen, konservieren die Erinnerung. Ob noch dieselben Apotheker und Konditoren in Hohnstein ihre nützliche, notwendige Existenz führen, weiß der Wanderer nicht: wohl aber weiß er, daß in diesem Städtchen Wohlanständigkeit und Terror, Schrecken und Geruhsamkeit dichter nebeneinander bestanden haben müssen als anderswo, und zu fürchten ist, daß sie hier eine Symbiose eingingen. Die freundlichen Häuschen sind unverändert da, und wie ihnen die Zeitläufe bekommen sind, verraten sie mit keiner Fensterfalte, mit keinem Dachtraufenzucken. Und da sind noch die Schatten der Getöteten, die in den Ecken halbdunkler Burgkammern sich erbarmungswürdig regen, sobald die Dämmerung kommt.

Als dritte im Bunde, anders in Architektur und Charakter, die Burg Stolpen: ihr Geschick besiegelte ›le petit caporal‹ alias Der große Korse. Auf kantigem Basalt errichtet, der, aneinandergeleimten, steinernen Balken gleich, aus dem Boden sticht, ging sie recht unbehelligt durch die Geschichte; weder durch Kroaten noch von Schweden im Dreißigjährigen Kriege erobert. In ihren Mauern jedoch fällt der erste Schuß des Siebenjährigen Krieges. Als 1756 die Preußen in Sachsen einrücken, ist nur eine aus Invaliden bestehende Wache in der Festung zurückgeblieben. Eine preußische Husarenstreife reitet ein. Der Kommandant von Liebenau, Greis von dreiundsiebzig, will zum Zeichen der Widerstandslosigkeit seinen Degen überreichen, doch Oberstleutnant von Warney (Puttkammersches Husarenregiment), entweder nervös oder ängstlich, vielleicht beides, vielleicht auf Taten erpicht, mißversteht die Geste und schießt den alten Mann nieder: die Legende von der Ritterlichkeit preußischer Offiziere war wohl schon damals eine Legende.

Nach dem Hubertusburger Frieden wird die Burg wieder zum Dornröschenschloß. Und das Dornröschen, von keinem Prinzen befreit, statt dessen neunundvierzig Jahre ihres Lebens hier gefangen, hieß Anna Constantia von Brockdorff, spätere Gräfin Cosel, Mätresse des sächsischen Kurfürsten Friedrich August I., die ihm und dem Hof zu intrigant und zu ehrgeizig geworden war. Nicht nur ihre Spuren findet der Besucher; auch die namenlos Vergangener, keine persönlichen, individuellen, sondern Zeichen, eher Male ihres zeitgenössischen Schicksals, Indizien ihres Verschwindens: tief unten in der Folterkammer. In ihr bildet das Ebenmaß senkrechter Basaltstäbe die Rückwand, deren Merkwürdigkeit und Schönheit kaum zu würdigen wußte, wem hier Fingernägel und Zunge herausgerissen, die Schamteile mit glühenden Zangen gezwickt, die Schienbeine in spanischen Stiefeln zerbrochen wurden. Sorgsam gesäubert, bietet sich das Werkzeug zur Herstellung von ›Wahrheit‹ heute dar; sogar eine der berüchtigten Eisernen Jungfrauen überdauerte und erweist sich als mannshoher, schlanker Kegel, bemalt mit Antlitz und Tracht einer mittelalterlichen Frau, die vordere Hälfte als Doppeltür eingerichtet, ihre Innenseiten mit eisernen Spitzen von oben bis unten besteckt, ebenso die innere Rückwand der Figur: in sie gepreßt, während langsam die

Türen geschlossen wurden, muß das Sterben anhaltend und qualvoll gewesen sein. Der Tod allein schreckte ja nicht ab in der aufs Jenseits gerichteten Welt und verhinderte nicht, daß die Magd die Herrin bestahl: daß der Arme begehrte seines reichen Nachbar Hab und Gut; von flackernden Kienspänen mehr verdunkelt als erhellt einstmals, repräsentiert die eisige Kammer einer Kernzelle feudaler Ordnung. Hoch über ihr, Stockwerk um Stockwerk, das Coselsche Gefängnis, Coselsche Möbel, Porträts der üppigen Dame, Kupferstiche, Dokumente: ihr Fall hat Europas Klatsch lange genährt.

Fünfzig Jahre nach dem Ableben der Schönen erscheint l'empereur: seine Heere waren siegreich, aber sein Stern ist im Sinken, wie er selber auf seinem Rückzug 1833 resümiert, der auch durch Stolpen flutet; zwar wird die Festung in Verteidigungsstand gesetzt, doch vor der heranrückenden Heiligen Allianz gibt's kein Halten: so wird das meiste gesprengt. Der Capitelsturm stürzt, der Siebenspitzenturm, das gotische Bischofshaus kracht ein, die Kapelle, der doppelte Wehrgang, die Gebäude im Hauptschloß: Welch ein großer Mann urteilen die Zeitgenossen über Bonaparte, und groß ist vor allen Dingen die unbezahlte Rechnung, die er hinterläßt, und mannigfaltig sind die Trümmer.

Ein anderer namenhafter Kombattant dieses Krieges auf deutscher Seite suchte als Nochnichtkombattant und Fünfzehnjähriger die Quellen Bad Schandaus auf, um sich von einer Hautkrankheit zu heilen (einem Übel, das seine psychotische Expressivität zusätzlich erklärt), und besingt in seiner 1810 veröffentlichten ›Reise nach Schandau, eine Erzählung in Briefen‹ den Ort als ›Kraft- und Prachtplatz der Natur‹: Theodor Körner, reimender Kraftmeier des Freiheitskrieges, dem keine Freiheit folgte.

Durch seine Bäder, 1799 bereits frequentiert und durch Pastor Kneipps Kuren, weniger durch Körners verschollenes Buch, wurde Schandau (wie die Bastei) zum Synonym für Sächsische Schweiz. Ein kleines, sauberes Städtchen, Mitte des 14. Jahrhunderts an der Elbe auf dem Schwemmkegel der Kirnitzsch errichtet, hat nichts Museales wie die Burgen und Vesten, aus denen längst das Leben entwichen, um sich in den Tälern, den kleinen Orten und Flecken auszubreiten.

Gesetzte Touristen, früher ›Sommerfrischler‹, klappern mit den Metallspitzen ihrer Bergstöcke über Schandaus Pflaster in die Cafés und Restaurants, Berge von Kuchen und Torten mit Schlagsahnegipfeln zu bewältigen: ihnen auf dem Fuße die Kurgäste, schlechten Gewissens den gleichen leiblichen Genüssen zustrebend, die der Arzt ihnen untersagt hat; dazwischen wirkliche Wanderer und Bergsteiger in Kniehosen, dickwollenen Wadenstrümpfen, Wanderstiefeln, Rucksäcken, entschlossen, den Mount Everest zu bezwingen, wagte er nur, hierorts anwesend zu sein.

Bergfrau und Felsmann besteigen in Schandau die Kirnitzschtalbahn, eine etwas eingeschrumpfte Straßenbahn, und lassen sich durch das schmale, feuchtkalte Tal schunkeln, vorbei am Waldhäusl, Forsthaus, Beuthenfall bis zur Endhaltestelle Lichtenhainer Wasserfall, dem Mekka der Schandauaner. Ungesäumt betritt man hier die Natur: sie kommt dem Wanderer einladend bis zur Haltestelle entgegen, denn sobald er an der Schienenschleife eingleisiger Streckenführung den Bach, die besagte Kirnitzsch, mit seinem Schritt, bestenfalls mit zweien überquert, umringen ihn schon Fichten, als hätten sie nur auf ihn gewartet; dumpf und stumpf starren ihn Felsen an, daran sich Baumwurzeln klammern, angestrengt und sehnig, den Anschein erweckend, sie und nichts anderes hielten die steinerne, aufeinandergetürmte Natur zusammen.

Aufwärts, immer aufwärts geht es, schwerfälliger bald, langsamer und tief atmend, ungewohnter Gangart wegen, um doch noch, obwohl der Glaube schon sank, am

Ziel einzutreffen: der zweiseitig offenen Grotte, neun Meter breit, zwischen fünf und zwölf Meter hoch; oben auf dem Bogen stand im fünfzehnten Jahrhundert eine Burg, was sonst, der ›Wildenstein‹, später Raubritternest, heute restlos verschwunden. Unten im Riesentor versteckten während des Dreißigjährigen Krieges Lichtenhainer Bürger sich selbst und ihr Vieh, was der Höhle den Namen ›Kuhstall‹ eintrug.

Ein Vorwanderer, Hans Christian Andersen, vom Reisetrieb seines kleinen Volkes infiziert, Gast in neunundzwanzig Ländern, mit Recht sagend, seine Schule sei die Welt gewesen, schreibt der Däne: ›Es fing an zu regnen, aber wir saßen trocken unter dem Portal, während sich ein prächtiger Regenbogen über den Waldungen und zwischen den umherstehenden Felsen ausspannte. Niemals habe ich so starke Farben, nie einen so schönen Regenbogen gesehen; er zeigte sich nicht bloß in der Luft; er ging auch an der Felswand herunter und rundete sich tief unter uns auf den Gipfeln des schwarzen Fichtenwaldes ab; er bildete einen vollkommenen Zirkel. Ein alter Mann in einem grauen, abgenutzten Rock saß auf einem Felsblock am Eingang der Halle und spielte uns etwas vor; mehrere Saiten auf seiner Harfe waren gesprungen, eine Dissonanz folgte der anderen; sah man aber den alten Mann an, dessen Leben gewiß auch diesem Harfenspiel glich, da kam wieder Harmonie in das Ganze. Die Dissonanzen lösten sich in meinem Herzen in Wehmut auf.‹

Der Wanderer wandert weiter: zu den Schrammsteinen, zu den Affensteinen, ohne Bezug auf Gibraltar, zum großen oder kleinen Winterberg, wo ein Pavillon wartet, von dem Andersen meldet: ›Hier soll Kurfürst August von Sachsen im Jahre 1558 einen mächtigen Hirsch bis an den äußeren Rand des Felsens verfolgt haben; der Kurfürst stand auf dem schmalen Pfade unter dem Felsen, der Hirsch hingegen, von den Hunden verfolgt, stand oben und war im Begriff, auf ihn herunterzuspringen, so daß er rettungslos in den Abgrund hinabgestürzt wäre, es gab nur ein Mittel der Rettung, das Tier zu erlegen; er legte an und traf es glücklich. Der Sohn ließ später an der Stelle ein Jagdhaus errichten ...‹

Weiter wandert der Wanderer, um nach Stunden, im Auf und Ab der verschnörkelten Pfade zu entdecken, daß nicht allein die grotesken Züge der Landschaft ihr Wesen prägen, nachdrücklicher noch die Einsamkeit. Hat man eben noch mit einer Gruppe von Menschen das Kirnitzsch-Brückchen überschritten, ist man eben noch im überfüllten Fahrstuhl zweiundsechzig Meter hoch zur Ostrauer Scheibe gestiegen, so hört man doch hinter dem nächsten Felsblock nur noch Stimmengemurmel, schwächer werdend, und abirrend von den Hauptwegen auf Seitenpfade wird man glaubhaft nie wieder einen Menschen treffen. Im Frühjahr, im Herbst und erst recht, da dies kein Wintersportgebiet ist, im Winter begegnet der Wanderer bestenfalls einem Fuchs, Rehen, die sich kaum stören lassen, vielleicht noch, aber das nur nahe der Straße, ein paar Holzfällern, Waldarbeitern: die Stille, wenn gemächlich Flocken fallen und kein Wind geht, wird vernehmbar: Abgeschiedenheit, solitüdes Wandeln wie in Watte, und zweifelhaft durchaus die Existenz einer Zivilisation, die täglich unmäßigen, unermeßlichen, scheinbar unerläßlichen Lärm erzeugt.

Im Herbst spielt der Wald dem Wanderer seine Blätter zu, wirft mit Eicheln und begleitet raschelnd jeden Schritt. Aus dämmrigen Schründen, aus triefenden Klüften, aus pechfarbenen Schlüchten, deren eine exakt die ›Wolfsschlucht‹ des ›Freischütz‹-Librettisten ist, drängt es den Wanderer immer aufwärts, dem blauen, oft grauen, manchmal dunstverklärten Himmel zu, bis endlich eine Kuppe, ein Vorsprung gewonnen ist, von wo die Landschaft übersichtlich wird und er erhoben über sie, erhaben und machtlos. Gewißheit: sie bleibt. Einsicht: dies war oft einzige Zuflucht vor der Malaise einer Nation, die Objekt zentrifugaler Kräfte und Entwicklung, nie eine wurde; kein Land, lauter Länder, lauter Landschaften: das einzig Sichere in der historischen Fluktuation, genannt deutsche Geschichte, war vielen die Heimat. Sie hat das Deutsche Reich, diese Fiktion von Oberlehrern und Stahlfabrikanten, überdauert und erscheint ohne die Last dieses eisernen Reiches von einer Last befreit. Ihre Geschichte schmiegt sich nun an wie das Moos und die Flechten, da sie, die Landschaft, des Zweckes entbunden ist, heroisch zu sein, mythisch, mystisch, Quell der Aggression gegen andersgeartete Landschaften. Ohne die Reichsuniform ist die Landschaft wahrhaft friedlich und ganz bei sich selber zu Haus. Und der Wanderer in ihr.

WOLFGANG HEGEWALD

Der subversive Eigensinn: Sorbenland

Von den Plappereien des Reisebeschreibers hielt Johann Gottfried Herder nicht viel. Um sich einen anschaulichen Begriff von Denkart und Sitten, von Wissenschaft und Sprache, von Spiel und Götterlehre einer Nation zu machen, möge man, so empfahl er, den Liedern aus dem Munde des jeweiligen Volkes lauschen, seine Überlieferungen studieren und seine Dichtungen lesen. Herders Wink gehorchend, müßte nun eine Anthologie sorbischer Poesie folgen: *Der sorbischen Sprache Vermögen und Lob in einem Sprechchoral,* einer Ode in Hexametern, die der Neschwitzer Pastor Jurij Mjen 1767 unter dem Einfluß von Klopstocks *Messias* dichtete, über Handrij Zejlers, des eigentlichen Begründers der sorbischen Nationalliteratur, volkstümliche Gesänge und die Sonette des gedankenschweren Jakub Bart-Ćišinski bis hin zu Texten von Kito Lorenc, des bedeutendsten zeitgenössischen sorbischen Autors, der in dem auf der Karte kaum zu entdeckenden Flecken Wuischke am Czorneboh sein Wortwerk weitertreibt. Nun soll hier wenigstens die Möglichkeit eines ausschweifenden Leseabenteuers angedeutet werden.

Ein historisches Phänomen von Rang ist anzuzeigen: Während der wechselvollen Geschichte einer mehr als tausendjährigen Nachbarschaft von Germanen und Slawen im östlichen Mitteleuropa glückte das wenig Wahrscheinliche, die zivilisierte Umgangsform – ein Modellfall multikulturellen Miteinanders womöglich. Der Ort: Die Lausitz. ›Ein in vielfachen Beziehungen nachdenkliches Gebiet‹, notierte einmal der Schriftsteller Arno Schmidt, dessen Eltern aus dieser Region stammten.

Ein Land ohne Gewähr; oft verrückte, korrigierte, neu gezogene Grenzen. Und dazwischen die – von den Deutschen lange als Wenden bezeichneten – Sorben: versprengte, ohne ernsthafte separatistische Absichten die Zeitläufe passierend, machtpolitisch niemals von Belang, doch mit der existenznotwendigen Fähigkeit begabt, der eigenen Kultur durch die Generationen hindurch ein Gedächtnis zu schaffen.

In Band 3 seines ehrgeizigen elfteiligen Werkes ›Neue Erdbeschreibung‹, 1757 in Hamburg erschienen, schrieb der Theologe und Geograph Anton Friedrich Büsching, ein Pionier europäischer Reiseprosa, über den fragwürdigen Landstrich und seine Bewohner die folgenden Beobachtungen und Befunde nieder: ›Die Lausitz streckt sich von Nord-Westen gegen Süd-Osten, und wird gegen Morgen von Schlesien, gegen Mittag von Böhmen, gegen Abend von Meissen und gegen Mitternacht von der Mark Brandenburg umgeben.‹ Und weiter heißt es in der ein wenig spröden Diktion des Weltprotokollanten: ›Die Oberlausitz hat mehrere Berge und Hügel, und eine reinere Luft als die Niederlausitz. – Man bauet etwas rothen und weißen Wein, und der gubensche Wein ist der beste.‹ Wechselbad der Verblüffung: Büschings Aussage über die Luftverhältnisse dürfte heute noch gelten.

Die Sorben sind das kleinste slawische Volk, vermutlich sogar das kleinste Volk Europas. Über diese Tatsache täuscht die geläufige Redeweise von der nationalen Minderheit leicht hinweg. Anders als etwa die dänische Minderheit in Südschleswig haben die Sorben nirgends eine Mehrheit, von der sie notfalls Beistand erhoffen könnten. Die Sorben – offizielle Angaben sprechen von 100000; in Wahrheit aber dürfte sich die Zahl der Volksangehörigen heute auf circa 60000 belaufen – sind auf sich allein gestellt. Ihre Vorfahren, die Altsorben, besiedelten allerdings lange vor den Sachsen die Gebiete östlich der unteren Saale und zwischen unterer und mittlerer Elbe.

Vor der verrotteten Autobahn gewarnt, nimmt der Reisende von Dresden aus die Landstraße gen Osten, nach Bautzen. Das Terrain steigt an; in weiten Schwüngen laufen Felder zum Horizont über, gelegentlich von Waldstücken und Ortschaften unterbrochen. Allmählich sikkert das Indiz einer Veränderung ins Bewußtsein des Dahinfahrenden: die öffentliche Zweisprachigkeit. Ob Ortsnamen, Straßenschilder oder Schriftzüge über den Geschäften – alles steht sowohl in Deutsch als auch in Sorbisch geschrieben. Bischofswerda/Biskopicy oder Bautzen/Budyšin.

Daß die sorbische Sprache, in Nieder- und Obersorbisch geschieden und nach Regionen differenziert, über viele Jahrhunderte dem Germanisierungsdruck widerstanden hat und sich behaupten konnte, ist ein profanes Wunder. Keinem anderen slawischen Stamm zwischen Saale, Elbe und Oder gelang dieses Kunststück des subversiven Eigensinns, sich die Sprache als einen Vorratskeller für gefährliche Erinerungen, diese sanften Partisanen der Wirklichkeit, zu erhalten, indes sich die Heimat zur Fremde veränderte. Der Philosoph Fichte, in Rammenau, an der südwestlichen Grenze des obersorbischen Sprachgebietes, als Sohn eines Bandwebers geboren und später Rektor der Berliner Universität, wies in seinen *Reden an die deutsche Nation* auf die Bedeutung der Sprache als Zufluchtsort hin: Dort konnte der Unterdrückte und um seine Freiheit Gebrachte, ›unverstanden von seinem Bedrücker, sein Schicksal beklagen.‹

Lessing, ein Oberlausitzer aus Kamenz, hat in seinem Stück ›Der junge Gelehrte‹, 1747 in Leipzig uraufgeführt, mit dem Diener Anton als erster einen sorbischen Protagonisten auf die Bühne des deutschen Theaters gebracht. *Ich kann wendisch, und das können Sie nicht* – durch diese Mitteilung versetzte Anton seinen polyglotten Herrn in nicht geringe Verlegenheit.

Unterdessen ist der Reisende auf seinem Weg nach

Bautzen vorangekommen. An den Feldrändern verbreitet Klatschmohn ein rotes Gerücht. Zur Rechten zeichnen sich dunkel schimmernd die Rücken des Oberlausitzer Berglandes ab. Wenige Kilometer vor dem Dorf Göda/Hodźij gerät dem Reisenden eine hochaufragende, mit zwei Türmen ausgestattete Kirche in den Blick, Anlaß zu einer flüchtigen Abschweifung, zum Besuch der ältesten Dorfkirche der Oberlausitz. Auf einem Fundament aus dem elften Jahrhundert steht der Bau seit 1505. Ein merkwürdiges Bild: Ein übermannsgroßes Kreuz hat sich vom Altar entfernt und ist ins Kirchenschiff ausgewandert. Der Gekreuzigte schaut unverwandt auf die leeren Bänke.

Von der Brücke über die Spree aus zeigt sich Bautzen von seiner besten Seite. Der Fluß hat sein Bett tief in den Felsen geschnitten und schlägt einen Bogen um die westliche Flanke der Stadt. Droben, auf dem Granitplateau, lenkt das Wahrzeichen der Stadt, die Alte Wasserklunst, sogleich die Aufmerksamkeit auf sich. Dahinter erscheinen die Michaeliskirche und die andrängende Häusermeute der Altstadt.

Obwohl Teile der Lausitz nach dem Wiener Kongreß 1815 zu Preußen gekommen sind, schreibt der sorbische Komponist Jan Paul Nagel, haben die Sorben nicht aufgehört, sich nach Süden – nach Sachsen – zu orientieren. *›Město‹ (die Stadt) ist für uns Bautzen und keine andere Stadt der Welt.* Zwar findet der Reisende in Bautzen ein sorbisches Museum und ein Haus der Sorben, ein Deutsch-Sorbisches Volkstheater und ein Sorbisches Institut für Lehrerbildung, aber all diesen Hinweisen auf die Anwesenheit der ethnischen Minorität haftet etwas Behördliches an: eine fatale Geste administrierter Achtung. Nach einem Ort sorbischen Lebens hingegen hält der Reisende in Bautzen vergebens Ausschau.

Da wird in den umliegenden Dörfern manches deutlicher. Im jüngst renovierten Pfarrhaus von Gröditz, fünfzehn Autominuten nordöstlich von Bautzen, amüsiert sich Jan Malink, daß ihn der *Spiegel* kürzlich zum sorbischen Rebellen stilisierte. Im deutschen Herbst 1989 vertrat Jan Malink – der als Pastor elf Dörfer geistlich und seelsorgerlich zu betreuen hat – die Sorben am Runden Tisch in Ost-Berlin. Und außerdem gehörte Malink zu einer kleinen Schar sorbischer Intellektueller, die am Rande der braven Revolution eine sorbische Volksversammlung ins Leben riefen. Die in einigen Thesen zum Sorbentum erhobene Forderung nach einem autonomen sorbischen Gebiet erregte vorübergehend die Gemüter der deutschen Nachbarn. Mit ironisch grundierter Gelassenheit zerstreut Jan Malink die Befürchtung, die Renaissance vaterländischer Empfindungen unter den Deutschen wecke oder verstärke womöglich auch nationalistische Allüren oder gar Aggressionen gegen die Sorben. Gewiß, einzelne Übergriffe habe es zu allen Zeiten gegeben. Von beiden Seiten übrigens, hält Jan Malink dagegen. Aber die traditionell konservative Gesinnung der Oberlausitzer – ob Sachsen oder Sorben – verbinde die Einheimischen und ebne die nationalen Differenzen ein. Wohl aber scheine die Gefahr zu wachsen, daß die Assimilation unter den Sorben protestantischen Bekenntnisses fortschreitet und das Volkstum allmählich abstirbt. Ohne Einwirkung äußerer Gewalt. Darüber wird letzten Endes in den Wohnzimmern der Sorben entschieden. Jedenfalls sind die Katholiken, die etwa ein Viertel der sorbischen Bevölkerung in der Oberlausitz ausmachen, offenbar besser gegen diese schleichende Form kultureller Auszehrung gefeit.

Wir sind auch ein Volk! Da wird der Wunsch laut, alle Sorben aus Nieder- und Oberlausitz sollten, um eine weitere Spaltung zu vermeiden, dem Land Sachsen zugehören. Da wird die Ergänzung des Grundgesetzes um einen Nationalitätenartikel gefordert; und im künftigen sächsischen Innenministerium soll ein Staatssekretär für sorbische Angelegenheiten installiert werden. 1937 lösten die Nazis die 1912 gegründete *Domowina*, den Dachverband sorbischer Organisationen, auf, verboten den Gebrauch der sorbischen Sprache, siedelten Lehrer und später auch Geistliche aus der Lausitz in andere Gegenden um und begannen, sorbische Patrioten in Konzentrationslager zu sperren. Nach 1945 kam es unter den Lausitzer Sorben zunächst zu starken Autonomiebestrebungen. Aber schon bald geriet das kleine slawische Volk in die erstickende Umarmung der damals allmächtigen SED. 1948 verabschiedete der Sächsische Landtag ein Gesetz zur Wahrung der Rechte der sorbischen Bevölkerung. Der Preis für die erwiesenen Wohltaten wie die Einrichtung sorbischer Oberschulen, die öffentliche Zweisprachigkeit in der Lausitz und diverse Kultursubventionen war allerdings hoch: Die Förderung war strikt an die Forderung politischer Unterwerfung geknüpft. Die erneut ins Leben gerufene *Domowina* verkam rasch zu einer sorbischen Filiale der Partei mit Alibifunktion.

Inzwischen haben auch im Haus der Sorben Geist und Jargon der Wende Einzug gehalten. Glasnost in der Domowina! Rehabilitation politisch verfolgter Sorben! Eine lebende Kultur als Tribut an Europa! – Die Aufständischen des Herbstes 89 finden sich jählings vogelfrei. Auch in Bautzen grassiert eine Art Husarenfieber: ein Syndrom aus Raffgier, Depression, sentimentalem Trotz und neuteutschem Dünkel. Es ist die fahle Stunde der Gesetzlosen; obskure Geschäftsleute, Dunkelmänner des neuen Zeitalters, betören Bautzens Einwohner mit glitzerndem Plunder und schillernden Verträgen. Auf dem Platz der Roten Armee wirbt die Firma Beate Uhse für ihre Liebesprothesen, mit großem Erfolg – diese Lust an der Kapitulation schlägt den Betrachter in die Flucht: Der Reisende rettet sich auf die Dörfer, wandert über die sanften Hügel der Umgebung, zwischen Fronleichnam und dem Tag der deutschen Einheit. So reiht sich der Besucher rechtzeitig in die Schar der Schaulustigen ein, die sich vor der Klosterkirche von St. Marienstern versammelt hat, um dabeizusein, wenn der prächtige Prozessionszug ins Freie gelangt. Das Kloster, 1248 von Bernhard III. von Kamenz gegründet und noch heute eine Zisterzienserinnenabtei, befindet sich am Rande der Ortschaft Panschwitz-Kuckau, knapp 20 Kilometer westnordwestlich von Bautzen. Das Barockensemble stammt aus der Zeit um 1720, der Löwe im Brunnen deutet auf Böhmen hin.

Hier, im Kamenzer Kreis, liegt das Herzland der katholischen Sorben und das bekannteste Trachengebiet. Hier sind die Bräuche beheimatet, die oft für das Sorbische schlechthin stehen: das Osterreiten und die Vogelhochzeit. In dieser Gegend, zwischen Panschwitz-Kuckau, Crostwitz und Ralbitz, säumen alljährlich Tausende die Straßen, wenn ihre katholischen Landsleute zu Pferde die Nachricht vom Auferstandenen über die Fluren tragen. Die am polnischen Katholizismus orientierten Sorben haben in dieser Region die Domäne ihres Glaubens immer zu verteidigen gewußt. Während der geistlichen Dürrejahre der realsozialistischen Herrschaft hing hier in Klassenzimmern und Amtsstuben neben dem Konterfei des jeweiligen Staatsratsvorsitzenden unangefochten das Kruzifix. Dem polnischen Papst Wojtyla vergißt man es nicht, daß er einst – damals noch als Kardinal von Krakau – nach Crostwitz gepilgert ist.

Singend zieht die Fronleichnamsprozession über das Gelände des Klosters Marienstern, voran Ministranten in rot-weißen Gewändern. Kinder streuen Blumen. Üppig bestickt sind die Trachten. An den einzelnen Stationen des Zuges sind provisorische Altäre hergerichtet und geschmückt. Dreifaltigkeitssäule; Nepomuksäule, Maria Immaculata. Dicht gedrängt die Zisterzienserinnen im schlichten Ordenskleid. Der Reisende zählt sechzehn, und sie betreuen, so erfährt er, zur Zeit etwa achtzig geistig behinderte Mädchen in einem benachbarten Heim.

Später fährt der Reisende auf krummen, scheinbar von der Zeit verschonten Landstraßen und entrückten Alleen davon. In dem Dorf Ralbitz sucht er den Friedhof auf, dessen Besichtigung zu empfehlen ist. Niedrige weiße Holzkreuze in Reih und Glied, eins wie das andere, und ihr einziger Zierrat der goldene Leib des Gekreuzigten. Nach dem Willen des Pfarrers pfuscht auf diesem Gottesacker kein menschlicher Vorbehalt wie Herkunft oder Familienbande dem unbegreiflichen Platzanweiser ins Handwerk. Eine radikale Lektion.

Das Register der – mitunter tödlichen – Denunziationen, die Deutsche gegen Sorben vorbrachten, ist lang und läßt sich durch die Geschichte verfolgen. Dennoch wurde – insbesondere im Zeitalter von Aufklärung und Pietismus – in der Oberlausitz ein kulturelles Fundament gelegt, auf dem das deutsche Fremdwort Toleranz seine Geltung zu behaupten vermochte. Zöglinge der Meißner Fürstenschule erwiesen sich als prägende Geister. Von Lessing war bereits die Rede. Die Theologendynastie der Schirachs bedarf der Erwähnung. In Herrnhut gründete Nikolaus Ludwig Graf von Zinzendorf die ›erneuerte Brüderunität‹, ein politisch-religiöses Gemeinwesen zur Neubelebung der Christenheit. Toleranz – seit 1583 dient der Petridom zu Bautzen als Simultankirche beiden Konfessionen.

Das letzte große Werk des sorbischen Nationaldichters Handrij Zejler war eine allegorische Zwiesprache zwischen Germania und Sorabia. Darin erinnert Sorabia die Germania ehrerbietig an die große Verantwortung, die stets an die Machtausübung geknüpft gewesen ist.

FRANZ KUGLER

Rudelsburg

An der Saale hellem Strande
Stehen Burgen stolz und kühn;
Ihre Dächer sind verfallen,
Und der Wind streicht durch die Hallen,
Wolken ziehen drüber hin.

Zwar die Ritter sind verschwunden,
Nimmer klingen Speer und Schild;
Doch dem Wandersmann erscheinen
Auf den altbemoosten Steinen
Oft Gestalten zart und mild.

Droben winken holde Augen,
Freundlich lacht manch roter Mund;
Wandrer schaut wohl in die Ferne,
Schaut in holder Augen Sterne,
Herz ist heiter und gesund.

Und der Wandrer zieht von dannen,
Denn die Trennungsstunde ruft;
Und er singet Abschiedslieder –
»Lebewohl!« tönt ihm hernieder,
Tücher wehen in der Luft.

HEINRICH HEINE

Harzreise

Die Sonne ging auf. Die Nebel flohen, wie Gespenster beim dritten Hahnenschrei. Ich stieg wieder bergauf und bergab, und vor mir schwebte die schöne Sonne, immer neue Schönheiten beleuchtend. Der Geist des Gebirges begünstigte mich ganz offenbar; er wußte wohl, daß so ein Dichtermensch viel Hübsches wieder erzählen kann, und er ließ mich diesen Morgen seinen Harz sehen, wie ihn gewiß nicht jeder sah. Aber auch mich sah der Harz, wie mich nur wenige gesehen, in meinen Augenwimpern flimmerten eben so kostbare Perlen wie in den Gräsern des Tals. Morgentau der Liebe feuchtete meine Wangen, die rauschenden Tannen verstanden mich, ihre Zweige taten sich von einander, bewegten sich herauf und herab, gleich stummen Menschen, die mit den Händen ihre Freude bezeigen, und in der Ferne klangs wunderbar geheimnisvoll, wie Glockengeläute einer verlornen Waldkirche. Man sagt, das seien die Herdenglöckchen, die im Harz so lieblich, klar und rein gestimmt sind.

Nach dem Stand der Sonne war es Mittag, als ich auf eine solche Herde stieß, und der Hirt, ein freundlich blonder junger Mensch, sagte mir: der große Berg, an dessen Fuß ich stände, sei der alte, weltberühmte Brocken. Viele Stunden ringsum liegt kein Haus, und ich war froh genug, daß mich der junge Mensch einlud mit ihm zu essen. Wir setzten uns nieder zu einem Déjeuner dinatoire, das aus Käse und Brot bestand; die Schäfchen erhaschten die Krumen, die lieben, blanken Kühlein sprangen um uns herum, und klingelten schelmisch mit ihren Glöckchen, und lachten uns an mit ihren großen, vergnügten Augen. Wir tafelten recht königlich; überhaupt schien mir mein

Wirt ein echter König, und weil er bis jetzt der einzige König ist, der mir Brot gegeben hat, so will ich ihn auch königlich besingen.

König ist der Hirtenknabe,
Grüner Hügel ist sein Thron,
Über seinem Haupt die Sonne
Ist die schwere, goldne Kron.

Ihm zu Füßen liegen Schafe,
Weiche Schmeichler, rotbekreuzt;
Kavaliere sind die Kälber,
Und sie wandeln stolz gespreizt.

Hofschauspieler sind die Böcklein,
Und die Vögel und die Küh,
Mit den Flöten, mit den Glöcklein,
Sind die Kammermusici.

Und das klingt und singt so lieblich,
Und so lieblich rauschen drein
Wasserfall und Tannenbäume,
Und der König schlummert ein.

Unterdessen muß regieren
Der Minister, jener Hund,
Dessen knurriges Gebelle
Widerhallet in der Rund.

Schläfrig lallt der junge König:
»Das Regieren ist so schwer,
Ach, ich wollt, daß ich zu Hause
Schon bei meiner Köngin wär!

In den Armen meiner Köngin
Ruht mein Königshaupt so weich,

Und in ihren lieben Augen
Liegt mein unermeßlich Reich!«

Wir nahmen freundschaftlich Abschied, und fröhlich stieg ich den Berg hinauf. Bald empfing mich eine Waldung himmelhoher Tannen, für die ich, in jeder Hinsicht, Respekt habe. Diesen Bäumen ist nämlich das Wachsen nicht so ganz leicht gemacht worden, und sie haben es sich in der Jugend sauer werden lassen. Der Berg ist hier mit vielen großen Granitblöcken übersäet, und die meisten Bäume mußten mit ihren Wurzeln diese Steine umranken oder sprengen, und mühsam den Boden suchen, woraus sie Nahrung schöpfen können. Hier und da liegen die Steine, gleichsam ein Tor bildend, über einander, und oben darauf stehen die Bäume, die nackten Wurzeln über jene Steinpforte hinziehend, und erst am Fuße derselben den Boden erfassend, so daß sie in der freien Luft zu wachsen scheinen. Und doch haben sie sich zu jener gewaltigen Höhe empor geschwungen, und mit den umklammerten Steinen wie zusammengewachsen, stehen sie fester als ihre bequemen Kollegen im zahmen Forstboden des flachen Landes. So stehen auch im Leben jene großen Männer, die durch das Überwinden früher Hemmungen und Hindernisse sich erst recht gestärkt und befestigt haben. Auf den Zweigen der Tannen kletterten Eichhörnchen, und unter denselben spazierten die gelben Hirsche. Wenn ich solch ein liebes, edles Tier sehe, so kann ich nicht begreifen, wie gebildete Leute Vergnügen daran finden, es zu hetzen und zu töten. Solch ein Tier war barmherziger als die Menschen, und säugte den schmachtenden Schmerzenreich der heiligen Genoveva.

Allerliebst schossen die goldenen Sonnenlichter durch das dichte Tannengrün. Eine natürliche Treppe bildeten die Baumwurzeln. Überall schwellende Moosbänke; denn die Steine sind fußhoch von den schönsten Moosarten, wie mit hellgrünen Sammetpolstern, bewachsen. Liebliche Kühle und träumerisches Quellengemurmel. Hier und da sieht man, wie das Wasser unter den Steinen silberhell hinrieselt und die nackten Baumwurzeln und Fasern bespült. Wenn man sich nach diesem Treiben hinab beugt, so belauscht man gleichsam die geheime Bildungsgeschichte der Pflanzen und das ruhige Herzklopfen des Berges. An manchen Orten sprudelt das Wasser aus den Steinen und Wurzeln stärker hervor und bildet kleine Kaskaden. Da läßt sich gut sitzen. Es murmelt und rauscht so wunderbar, die Vögel singen abgebrochene Sehnsuchtslaute, die Bäume flüstern wie mit tausend Mädchenzungen, wie mit tausend Mädchenaugen schauen uns an die seltsamen Bergblumen, sie strecken nach uns aus die wundersam breiten, drollig gezackten Blätter, spielend flimmern hin und her die lustigen Sonnenstrahlen, die sinnigen Kräutlein erzählen sich grüne Märchen, es ist alles wie verzaubert, es wird immer heimlicher und heimlicher, ein uralter Traum wird lebendig, die Geliebte erscheint – ach, daß sie so schnell wieder verschwindet!

Je höher man den Berg hinauf steigt, desto kürzer, zwerghafter werden die Tannen, sie scheinen immer mehr und mehr zusammen zu schrumpfen, bis nur Heidelbeer- und Rotbeersträuche und Bergkräuter übrig bleiben. Da wird es auch schon fühlbar kälter. Die wunderlichen Gruppen der Granitblöcke werden hier erst recht sichtbar; diese sind oft von erstaunlicher Größe. Das mögen wohl die Spielbälle sein, die sich die bösen Geister einander zuwerfen in der Walpurgisnacht, wenn hier die Hexen auf Besenstielen und Mistgabeln einhergeritten kommen, und die abenteuerlich verruchte Lust beginnt, wie die glaubhafte Amme es erzählt, und wie es zu schauen ist auf den hübschen Faustbildern des Meister Retzsch. Ja, ein junger Dichter, der auf einer Reise von Berlin nach Göttingen in der ersten Mainacht am Brocken vorbei ritt, bemerkte sogar, wie einige belletristische Damen auf einer Bergecke ihre ästhetische Teegesellschaft hielten, sich gemütlich die ›Abendzeitung‹ vorlasen, ihre poetischen Ziegenböckchen, die meckernd den Teetisch umhüpften, als Universalgenies priesen und über alle Erscheinungen in der deutschen Literatur ihr Endurteil fällten; doch, als sie auch auf den ›Ratcliff‹ und ›Almansor‹ gerieten, und dem Verfasser alle Frömmigkeit und Christlichkeit absprachen, da sträubte sich das Haar des jungen Mannes, Entsetzen ergriff ihn – ich gab dem Pferde die Sporen und jagte vorüber.

In der Tat, wenn man die obere Hälfte des Brockens besteigt, kann man sich nicht erwehren, an die ergötzlichen Blocksbergsgeschichten zu denken, und besonders an die große, mystische, deutsche Nationaltragödie vom Doktor Faust. Mir war immer, als ob der Pferdefuß neben mir hinauf klettere, und jemand humoristisch Atem schöpfe. Und ich glaube, auch Mephisto muß mit Mühe Atem holen, wenn er seinen Lieblingsberg ersteigt; es ist ein äußerst erschöpfender Weg, und ich war froh, als ich endlich das langersehnte Brockenhaus zu Gesicht bekam. Dieses Haus, das, wie durch vielfache Abbildungen bekannt ist, bloß aus einem Rez-de-Chaussee besteht und auf der Spitze des Berges liegt, wurde erst 1800 vom Grafen Stolberg-Wernigerode erbaut, für dessen Rechnung es auch, als Wirtshaus, verwaltet wird. Die Mauern sind erstaunlich dick, wegen des Windes und der Kälte im Winter; das Dach ist niedrig, in der Mitte desselben steht eine turmartige Warte, und bei dem Hause liegen noch zwei kleine Nebengebäude, wovon das eine, in frühern Zeiten, den Brockenbesuchern zum Obdach diente.

Der Eintritt in das Brockenhaus erregte bei mir eine etwas ungewöhnliche, märchenhafte Empfindung. Man ist nach einem langen, einsamen Umhersteigen durch Tannen und Klippen plötzlich in ein Wolkenhaus versetzt; Städte, Berge und Wälder blieben unten liegen, und oben findet man eine wunderlich zusammengesetzte, fremde Gesellschaft, von welcher man, wie es an dergleichen

Orten natürlich ist, fast wie ein erwarteter Genosse, halb neugierig und halb gleichgültig, empfangen wird. Ich fand das Haus voller Gäste, und wie es einem klugen Manne geziemt, dachte ich schon an die Nacht, an die Unbehaglichkeit eines Strohlagers; mit hinsterbender Stimme verlangte ich gleich Tee, und der Herr Brockenwirt war vernünftig genug, einzusehen, daß ich kranker Mensch für die Nacht ein ordentliches Bett haben müsse. Dieses verschaffte er mir in einem engen Zimmerchen, wo schon ein junger Kaufmann, ein langes Brechpulver in einem braunen Oberrock, sich etabliert hatte.

In der Wirtsstube fand ich lauter Leben und Bewegung. Studenten von verschiedenen Universitäten. Die einen sind kurz vorher angekommen und restaurieren sich, andere bereiten sich zum Abmarsch, schnüren ihre Ranzen, schreiben ihre Namen ins Gedächtnisbuch, erhalten Brokkensträuße von den Hausmädchen: da wird in die Wangen gekniffen, gesungen, gesprungen, gejohlt, man fragt, man antwortet, gut Wetter, Fußweg, Prosit, Adieu. Einige der Abgehenden sind auch etwas angesoffen, und diese haben von der schönen Aussicht einen doppelten Genuß, da ein Betrunkener alles doppelt sieht.

Nachdem ich mich ziemlich rekreiert, bestieg ich die Turmwarte, und fand daselbst einen kleinen Herrn mit zwei Damen, einer jungen und einer ältlichen. Die junge Dame war sehr schön. Eine herrliche Gestalt, auf dem lokkigen Haupte ein helmartiger, schwarzer Atlashut, mit dessen weißen Federn die Winde spielten, die schlanken Glieder von einem schwarzseidenen Mantel so fest umschlossen, daß die edlen Formen hervortraten, und das freie, große Auge ruhig hinabschauend in die freie, große Welt.

Als ich noch ein Knabe war, dachte ich an nichts als an Zauber- und Wundergeschichten, und jede schöne Dame, die Straußfedern auf dem Kopfe trug, hielt ich für eine Elfenkönigin, und bemerkte ich gar, daß die Schleppe ihres

Kleides naß war, so hielt ich sie für eine Wassernixe. Jetzt denke ich anders, seit ich aus der Naturgeschichte weiß, daß jene symbolischen Federn von dem dümmsten Vogel herkommen, und daß die Schleppe eines Damenkleides auf sehr natürliche Weise naß werden kann. Hätte ich mit jenen Knabenaugen die erwähnte junge Schöne, in erwähnter Stellung, auf dem Brocken gesehen, so würde ich sicher gedacht haben: das ist die Fee des Berges, und sie hat eben den Zauber ausgesprochen, wodurch dort unten alles so wunderbar erscheint. Ja, in hohem Grade wunderbar erscheint uns alles beim ersten Hinabschauen vom Brocken, alle Seiten unseres Geistes empfangen neue Eindrücke, und diese, meistens verschiedenartig, sogar sich widersprechend, verbinden sich in unserer Seele zu einem großen, noch unentworrenen, unverstandenen Gefühl. Gelingt es uns, dieses Gefühl in seinem Begriffe zu erfassen, so erkennen wir den Charakter des Berges. Dieser Charakter ist ganz deutsch, sowohl in Hinsicht seiner Fehler, als auch seiner Vorzüge. Der Brocken ist ein Deutscher. Mit deutscher Gründlichkeit zeigt er uns, klar und deutlich, wie ein Riesenpanorama, die vielen hundert Städte, Städtchen und Dörfer, die meistens nördlich liegen, und ringsum alle Berge, Wälder, Flüsse, Flächen, unendlich weit. Aber eben dadurch erscheint alles wie eine scharf gezeichnete, rein illuminierte Spezialkarte, nirgends wird das Auge durch eigentlich schöne Landschaften erfreut; wie es denn immer geschieht, daß wir deutschen Kompilatoren wegen der ehrlichen Genauigkeit, womit wir alles und alles hingeben wollen, nie daran denken können, das einzelne auf eine schöne Weise zu geben. Der Berg hat auch so etwas Deutsch-ruhiges, Verständiges, Tolerantes; eben weil er die Dinge so weit und klar überschauen kann. Und wenn solch ein Berg seine Riesenaugen öffnet, mag er wohl noch etwas mehr sehen, als wir Zwerge, die wir mit unsern blöden Äuglein auf ihm herum klettern. Viele wollen zwar behaupten, der Brokken sei sehr philiströse, und Claudius sang: ›Der Blocksberg ist der lange Herr Philister!‹ Aber das ist Irrtum. Durch seinen Kahlkopf, den er zuweilen mit einer weißen Nebelkappe bedeckt, gibt er sich zwar einen Anstrich von Philiströsität; aber, wie bei manchen andern großen Deutschen, geschieht es aus purer Ironie. Es ist sogar notorisch, daß der Brocken seine burschikosen, fantastischen Zeiten hat, z. B. die erste Mainacht. Dann wirft er seine Nebelkappe jubelnd in die Lüfte, und wird, eben so gut wie wir übrigen, recht echtdeutsch romantisch verrückt.

Ich suchte gleich die schöne Dame in ein Gespräch zu verflechten: denn Naturschönheiten genießt man erst recht, wenn man sich auf der Stelle darüber aussprechen kann. Sie war nicht geistreich, aber aufmerksam sinnig. Wahrhaft vornehme Formen. Ich meine nicht die gewöhnliche, steife, negative Vornehmheit, die genau weiß, was unterlassen werden muß; sondern jene seltnere, freie, positive Vornehmheit, die uns genau sagt, was wir tun dürfen, und die uns, bei aller Unbefangenheit, die höchste gesellige Sicherheit gibt. Ich entwickelte, zu meiner eigenen Verwunderung, viele geographische Kenntnisse, nannte der wißbegierigen Schönen alle Namen der Städte, die vor uns lagen, suchte und zeigte ihr dieselben auf meiner Landkarte, die ich über den Steintisch, der in der Mitte der Turmplatte steht, mit echter Dozentenmiene ausbreitete. Manche Stadt konnte ich nicht finden, vielleicht weil ich mehr mit den Fingern suchte, als mit den Augen, die sich unterdessen auf dem Gesicht der holden Dame orientierten, und dort schönere Partien fanden, als ›Schierke‹ und ›Elend‹. Dieses Gesicht gehörte zu denen, die nie reizen, selten entzücken, und immer gefallen. Ich liebe solche Gesichter, weil sie mein schlimmbewegtes Herz zur Ruhe lächeln. [...]

Vom goldnen Grün der Wiesen...
(Aus Thüringen I)

Vom goldnen Grün der Wiesen in dem Tale,
Von Erlenbüschen und den Blumenhängen
Steigt auf der Felsen Rund zum Himmel-Saale,
Wo oben Eichen in das Blaue drängen.

Das Wasser rinnt aus kühler Grotten Moose
In blassem Strahl zum Trog der Schnitterinnen.
Sie sehn den Faltern zu, die im Gekose
Sich fangen in dem Netze großer Spinnen.

Der weiten Buchen Tanzsaal zieht zu Tal...
(Aus Thüringen II)

Der weiten Buchen Tanzsaal zieht zu Tal
Auf Silbersäulen von der Waldung Kamm.
Im toten Laube glüht die Sonne fahl
Aus Regenwolken fort auf gelbem Stamm.

Die grüne Halden ziehn, an Büschen reich,
Und Dornenhecken, Feldern im Geviert,
Ins Land hinaus, wo sich der Abend weich
Das Götterhaupt mit blassen Kränzen ziert.

KURT KLUGE

Der Rennsteig

Ein geheimnisvoller Pfad zieht von der Saale bis in die Wälder hinter der Wartburg über den Rücken des Thüringer Gebirges entlang; sechs Tage braucht der Wanderer, um diesen Rennsteig von seinem ersten Wegweiser bis nach Hörschel ans Ende zu gehen. Was der Name Rennsteig bedeutet, kann niemand genau sagen; verworren ist der Lauf dieses Weges und unergründlich seine Geschichte. An einer Stelle ist der Pfad schmal wie ein Wildweg, farnkrautüberwuchert, im Gebüsch kaum zu finden. Fernab der Welt wölbt sich der Buchendom, lautlose Stille – der weiche Waldboden dämpft auch die zarten Tritte der Rehe. Nur die Fliegen hören wir summen, die in einem der wenigen Lichtstrahlen spielen, welche hier und da das schwere Blätterwerk durchdringen können. Aber plötzlich wird aus dem Wildpfad richtige Straße, auf der die mächtigen Holzfuhren poltern – ja, der Rennsteig trägt ein paar Wegstunden lang den platten Betonpanzer der Autostraße, und ehe wir's uns versehen, taucht er wieder in die Waldnacht. Feierliche Einsamkeit des Hochwaldes umfängt uns. Wir gehen auf einem Knüppeldamm hin wie die römischen Legionen, die vor zweitausend Jahren hier marschierten. Jahrhunderte später jagten die Sachsenkaiser den Rennsteig entlang, wieder Jahrhunderte und die Greuel des Dreißigjährigen Krieges wälzten sich durch den tiefen Thüringer Wald. Durch die ganze Geschichte wandeln wir auf diesen baumumrauschten Rennsteig, und wenn sich die Buchen- und Tannenwälder einmal nach Norden hin lichten, dann liegt, tief zu unseren Füßen ausgebreitet, unendlich, das Thüringer Land in goldenem Licht, Hügelwelle nach Hügelwelle bis ganz hinaus in den blauenden Ferndunst, der die Goldene Aue verhüllt, Thüringens nördlichstes Segensfeld, in dem der Kyffhäuser aufragt.

Dieses grüne Land inmitten Deutschlands ist von Landmarken begrenzt, die keiner vergißt, der sie einmal erwandert hat – die Rudelsburg im Osten, die Wartburg im Westen; im Herzen aber birgt es die dreifache Stadt Weimar – Erfurt – Jena. Das ist das Seltsame an Thüringen: zerschnitten von unzähligen Tälchen, in denen weltverloren Wassermühlen rauschen, überwachsen von mächtigen Hochwäldern, gipfelnd im Inselberg, der Mitteldeutschland dem Auge erschließt, befinden wir uns danach mitten in der geheimnistiefen Werkstatt des Geästes. In allen großen Zeiten der Geschichte läutet Thüringen mit wie seine große Glocke – die schönste in Deutschland –, die Mater gloriosa auf dem Erfurter Dom. Die Minnesänger fanden sich auf der Wartburg zusammen, in Eisenach wurde Johann Sebastian Bach geboren, Goethe schrieb den Faust hier und Schiller den Tell...

Ich kenne manche Länder, wunderbare Länder, in denen Unsterbliches geschaffen wurde, überströmt von Schönheit und Reichtum – aber ich kenne kein Land, in dem Waldeinsamkeit und schöpferische Geisteskraft so völlig eins geworden sind wie in Thüringen, ob wir uns im Winterwetter durchs Land schlagen oder auf federnden köstlichen Waldwegen im Sommerlicht wandern. Tagsüber saugen wir den Duft der grünen Bergwälder ein oder der frisch vom Pfluge aufgebrochenen Erde, und es müßte sich sonderbar treffen, wenn wir am Abend nicht einkehrten in einer Stätte, die irgendein großer Name oder eine denkwürdige Tat umschwebt wie Geisterhauch.

Wer Thüringen nicht nur mit dem Auge sehend, mit der Lunge neue Frische atmend, sondern auch mit dem Gedanken tastend und dem Herzen fühlend durchwandert, der erst hat dieses wunderbare Land ganz! Dem gehört es! Und er wird es nie verlieren...

VOLKER BRAUN

Im Ilmtal

Den Himmel verwildert der Sturm
Voll Wolken grau, das Feld
Ist dunkel am Tag, mein Sinn.

In der gebauten Natur
Geh ich allein, und den Wald schüttelt er
Wie meine Fäuste möchten die steife Welt!

Einmal lebte ich so, freudig
Mit den Genossen. Gebraucht
Zu ändern Flüsse und Städte allmählich
Und die ich brauchte.

Auf die Wiese schwärzer tritt, *lieber Fluß*
Schlage, wie einst einem andern hier
Die Worte aus meiner Brust!

Und ich kannte sie lange, die Tage
Füllte Arbeit zum Rand
In die Nacht ging das laute Gespräch.

Aufwälze, Fluß, den dunklen Grund;
Ich kann nicht leben ohne die Freunde
Und lebe und lebe hin!

Und nicht langt mir, nicht ruhig
Macht nun der eine mich;
Nicht glücklich kann ich verschließen
Mich mit ihm vor der Welt.

Bäume dich, in den befestigten
Ufern, reiß dich los
Flüßchen, gib so, gib den Gefühlen deinen Raum!

Zu den verstreuten, tätigen
Gefährten, wer es auch sei,
muß ich kommen, und nie
Verlassen den großen Kreis

Und was ich beginne, mit ihnen
Bin ich erst ich
Und kann leben, und fühle wieder
Mich selber in meiner Brust.

Lieber Fluß: aus Goethes Gedicht *An den Mond, 2. Fassung, vielleicht 1788.*

JOSEPH RÜCKERT

Bemerkungen über Weimar (1799)

Diese Geisterstadt gehört seit mehreren Jahren unter die merkwürdigsten und anziehendsten Städte Deutschlands. Sie bildet den Gipfel des deutschen Parnasses mit seinen obersten Göttern, die sich hier zu einem glänzenden Kreis versammelt haben. Fast alle Musen wohnen an diesem schönen Ort einheimisch, wie auf ihrem mütterlichen Boden, und haben sich, und ihren Freunden, hier gegen die Barbarei der Zeit und ihrer Feinde längst ein schützendes, jetzt vielbesuchtes Asyl erbaut. – Jeder Freund des Schönen empfindet den geheimen Geisteszug nach den Mauern dieser kleinen wunderbaren Stadt, in der sich, wie auf einer freundlichen Zauberinsel, alles vereinigt findet, was das Leben schön und liebenswürdig macht. Jean Paul Richter sagt in einer seiner Schriften: ›Zuerst will man in die nächste Stadt, dann nach Weimar, dann nach Italien.‹ Dieser letztere Schritt ist freilich ein Sprung, und er ist es nicht gerade deswegen, weil Jean Paul den Schritt macht, sondern um der Proportion willen; da man von der nächsten besten, kleinen oder großen Stadt Deutschlands in jenem Sinne ebenfalls nur durch einen Sprung nach Weimar kommt.

Man hat bisher so mancher ausgezeichneten Stadt den stolzen Namen des deutschen Athens beigelegt. Weimar, dem es nie einfiel, sich ihn zuzueignen, ist dieses Ehrentitels in mehr als einer Rücksicht würdig. – Eben die Kunst-Freiheit, eben den Kunst-Enthusiasmus, eben die Kunst-Schule und eben jene feinere Bildung bis zum Manne herab, der am Tor sitzt, – eben jenen Geister-Andrang, eben die zahlreichen Wallfahrten aus fernen Gegenden und Ländern und endlich eben den feinern Luxus, eben den fantastischen fröhlichen Sinn des Volks, wie in dem alten Athen, findest du in dieser kleinen Stadt.

Die Stadt selbst, das innere Weimar, zeichnet sich weder durch Größe noch durch den Geschmack aus, der es bewohnt. Weimar erscheint in diesem Stücke wie seine Genies, die wenig auf das Äußere halten. Doch erblickt das Auge hier allenthalben Reinlichkeit und Ordnung; und wenn auch der Geschmack durch die Gestalt dieser kleinen Stadt eben nicht erfreut wird, so stößt er doch auch nirgend auf etwas, das ihn beleidigen könnte. Dem wallfahrtenden Kunstjünger, dem enthusiastischen Freunde der Musen geht bei seinem Eintritt in diese Stadt eine Zauberin voran. Ihm erscheint Weimar herrlich, wie das schöne Heiligtum der Musen, wie ein strahlender Tempel des Ruhms, aus dem ihm Göttergestalten entgegenschweben, in deren Glanz er geblendet geht. Aber daran haben, wie gesagt, Bauart, Häuser, Straßen und Verzierungen keinen Teil; dies ist das *körperliche,* jenes das *poetische* Weimar, das der Eintretende im Geist anschaut.

Doch fehlt es nicht an gewissen äußeren Zeichen, wodurch diese Stadt der Muse sich dem aufmerksamen Fremden gleich bei seinem Eintritte ankündiget. Fast aus jedem Fenster betrachtet ihn ein *Feiertags-Gesicht* mit neugierig musternden, aber freundlichen Blicken. Ein liberales, gefälliges gastfreundliches Wesen, ein schöner Gesang aus einem oft unansehnlichen Häuschen, die Töne verschiedener musikalischen Instrumente daher und dorther sagen dir, daß du in Weimar bist. – Bei allem dem wirst du wohl tun, wenn du wohlgekleidet und mit einer imposanten Miene erscheinst. Der Weimaraner ist gebildet aber *kleinstädtisch.* Man bemerkt eine Neigung an ihm, jeden Femden zu bewundern und der Person desselben zu huldigen, wenn diese ihm nur zu imponieren versteht. Er hält viel auf kleine eingebildete Ehren und auf eine gewisse Auszeichnung, die du ihm durch deinen Besuch, durch dein Vertrauen, durch dein Gespräch erweisest, und bezahlt sie dir teuer. Der Grund dieser Eitelkeit an ihm mag wohl folgender sein. Der Bürgerliche wird hier, wie in jeder Residenzstadt, durch den Adel gedrückt und niedergehalten; oder jener bildet sich das wenigstens ein. Daraus entsteht in seinem Herzen eine Wertschätzung jener kleinen Ehren, die er erzeigen muß, ohne daß man sie erwidert. Seinem eifersüchtigen Auge erscheint etwas als wahre Ehre, was in der Tat bloß Zeremonie und bei Vernünftigen keiner Rede wert ist. Er bestrebt sich jetzt, das durch Freundlichkeit und durch ein gefälliges Wesen zu gewinnen, was ihm sein politischer Stand versagt. – Doch, ich bin weit entfernt, dem liebenswürdigen Weimaraner durch diese Reflexion über ihn das Verdienst einer Humanität zu rauben, das er in der Tat besitzt. Nur ist auf der andern Seite auch nicht wieder alles Gold, was glänzt.

Der gewöhnliche Teil des Adels erscheint desto steifer und geblähter. Er sieht unter dem Schuhe des Fürsten den Bürger tief unter sich – zum Ersatz für die Demütigung, die er selbst in der Nähe des Fürsten empfindet. Er wird, wie fast allenthalben auch hier, von dem Bürger bitter gehaßt. Zwischen beiden stehn der *Gelehrte* und *Künstler*, als der unschuldige Teil, der aber beiden nur wenig interessant ist, weil er nicht in ihre Kreise taugt, den einen meidet, den andern verachtet und, ihnen nah entfernt, gleichsam auf einer unzugänglichen Insel unter ihnen lebt. Aber eben diese strenge, äußere Isolierung von allem Fremdartigen, eben dieser politische Bann der Kunst wird dieser letzten hier wieder überaus wohltätig und erhebt Weimar zu einem wahren Museum des Geistes. Daher das Sprichwort: in Weimar studiert man, in andern Städten zerstreut man sich.

HANS REIMANN

Ein Tag Weimar

Früh etwas nach acht Uhr fährt man in Laibzj ab und landet gegen zehn Uhr in Weimar. Unterwegs bereitet man sich auf das Renkontre mit Weimar vor. Man kann aber auch das Gegenteil tun und einen Kriminalroman schmökern. Der Gegensatz ist dann stärker.

Die Reise geht durch flaches, doofes Land – dann entschließt sich die Gegend, ein paar Hügel zu werfen – dann wirds grün und romantisch – dann bekommt die Lokomotive eine Gänsehaut und rennt an Apolda vorüber – und unversehens bist du am Ziel.

Vor dem Bahnhof harret die Straßenbahn deiner Wenigkeit. Das hast du nicht nötig. Ein munteres Lied auf den Lippen, kletterst du in eine altertümliche Droschke. Erstens, weil es langsamer geht, und zweitens, weil der freundliche Mann auf dem Kutschbock nett zu plaudern weiß.

Per Droschke schunkelst du durch die Stadt. Der erste Eindruck kommt von rechts: das Bratwurstglöckle mit bilderrätselhafter Inschrift und dampfendem Schlot. In Thüringen wird nämlich leidenschaftlich gern auf dem Rost gebraten, und nebenan – in Rudolstadt – ist die abendliche Luft mit dem Odeur bruzzelnder Würste sozusagen geschwängert.

Alles übrige erläutert der Mann auf dem Kutschbock, der dich die Belvedere-Allee entlang und ein Stück durch den Park schaukelt. Linker Hand, das ist das Römische Haus, eine Villa à la Palladio, einstmals das buen retiro Karl Augusts. Es entstand 1792–1798 und wirkt angenehm dekorativ. Wie das ganze Städtchen. Die merkwürdige Kirche gehörte von Jahr und Tag zum Franziskanerkloster, und da droben am Hang residiert die Fürstin Wied mit ihrem getreuen Kammerdiener, im Gartenhaus der Charlotte von Stein, das bis 1918 Eigentum des Großherzogs war. Der wackere Mann auf dem Kutschbock weiß nicht nur in der Gegenwart Bescheid, – er ist auch über den Gatten der Charlotte von Stein im Bilde, jenen epikuräisch veranlagten Spießer, dem die Zucht von Mastochsen wichtiger war als die Kultur des Geistes.

An Goethes Gartenhäuschen machst du halt, berappst einschließlich Trinkgeld für Conférence drei Mark und bist guten Mutes. Denn du hast die freundlichsten Aspekte genossen und brennst darauf, all das, was da just im tollen Wirbel der Droschke kaleidoskopartig vorbeiflirrte, gemütlich schlendernd inspizieren zu dürfen. Alsbald trittst du, von den verhallenden Segenswünschen des Fuhrmannes akkompagnieret, in das Haus, das Goethe am 10. Mai 1776 bezog, während des Umbaus und trotz Witterungsunbilden nicht verließ und auch dann noch aufsuchte, als er längst (provisorisch seit 1782, endgültig seit 1792) das noble Quartier in der Stadt innehatte. Dieweil er ein geruhiges weekend schätzte.

Weißlich und mit rhythmisch gliedernden Spalieren geziert, grüßt es – wie Valerian Tornius in seinem hübschen Büchlein ›Mit Goethe durch Thüringen‹ sagt – ungemein gefällig in großer Bescheidenheit und Schlichtheit aus der grünen Gartenumrahmung heraus. Die Küche wirkt fast so alchimistenhaft wie die im Goethehaus zu Frankfurt; eine Kopie des im städtischen Haus befindlichen Gemäldes (mehr den Maler als den Gemalten darstellend) schmückt nebst zwei imposanten und sicherlich schwer transportablen Stichen italienischer Herkunft den unteren Raum; im Obergeschoß stößt der verdutzte Gast auf ein Kuriosum, das im Schlosse zu Homburg vor der Höh zu bestaunen ist: auf einen Schreibpultsessel in Sattelform, der im Reitsitz benutzt wurde. Wilhelm II. hatte sich den gleichen Apparat konstruieren lassen. Im primitiven

Schlafgemach steht das primitive Feldbett, und darüber hangt der Frühstückskorb für die Reise.

Durch den Park promenieren wir am Borkenhäuschen dahin, das 1778 innerhalb von 70 Stunden hingezaubert ward, und hinauf durch pittoresk verwittertes Gemäuer zum Liszt-Haus, der ehemaligen Hofgärtnerei, gegenüber der Kunstschule.

Siebzehn Jahre lang hat Liszt hier gehaust. Großherzogin Sophie hat ihm die Wohnung eingerichtet und zur Verfügung gestellt, und mit Ausnahme des die Teppiche schützenden Linoleumbelages ist nichts verändert worden. Sogar der Bechstein-Flügel hat noch den alten Klang, ohne je gestimmt worden zu sein. Der Salon atmet Wohlhabenheit und verheißt treffliche Akustik. Im Schlafzimmer lehnt die stumme Klaviatur, Liszts Eckermann auf Reisen. Die Totenmaske weist eine gewisse Ähnlichkeit mit Rom auf: sieben Warzen. Aber das Schönste sind Liszts adelige Hände.

Durch die Kunstschulstraße zum Friedhof zu gelangen, ist ein Kinderspiel. Erhabener Dom, aus geneigten Buchen naturgefügt; schweigend, raunend, träumend, wachend ... grüner Tunnel du zur Fürstengruft, die ein Zwitterding ist: auf der musischen Maria Pawlowna Gebot legte er sich achterwärts russische Gestalt zu. Ein Mädchenpensionat liegt auf der Lauer der Besichtigung. Immer liegen in Weimar die Mädchenpensionate auf der Lauer. Truppweise durchtrippeln sie das Städtchen und tragen so zur Belebung des Idylls in sympathischer Weise bei. Der Führer darf nicht reden. Welch sinnreiche Verfügung! Oh, würde doch sämtlichen Führern das Mundwerk verlötet...

Die Mädchen werden hineingeschleust. Keine kichert. Sehr seltsam. In Weimar bewahren sogar Mädchenpensionate ihren Ernst, angehaucht vom Geist des Klassischen.

Wir steigen hinunter in die Katakombe, die dreizehn

auf der Eintrittskarte aufgezählte Sarkophage birgt. Maria Pawlowna hat eine Nische für sich. Goethe ist der erste, Schiller der zweite. Die Mädchen möchten gar zu gern den Deckel lupfen, um zu gucken, wie es drin ausschaut. Aber abgesehen davon, daß man dies nicht kann, darf man es nicht, und drittens soll man dergleichen auch nicht tun. Im übrigen ist die Gruft ohne Regie. Ich weiß nicht, welcher talentierte Mann die Betreuung der Kapelle im Schlosse zu Charlottenburg in Händen hat; man erkundige sich und ziehe ihn zu Rate. Das bläuliche, geisterhafte Licht, das die Ruhestätte der Königin Luise umwallt, mag zu begabter Nachahmung anregen.

Eckermann, Goethes Freund, ruht neben der Fürstengruft. Johanne Bertram aus Northeim wird im Himmel darob frohlocken.

Die Friedhofsmauer hat ihresgleichen nicht. Immer anders und immer wieder aufs neue alt, zeigt sie unbeholfene und trotz ihrer Unbeholfenheit rassige Antiqua-Inschriften und groteske Baum- und Strauchgebilde wie von Alfred Kubin und gespenstisches Durcheinander und Ineinander. Stellenweise ist der Bewurf abgebröckelt, stellenweise pferchen sich pathetische Quadersteine; und wer seinen Kindern klarmachen will, was romantisch ist, der führe sie an diese instruktive Mauer, die gleichzeitig lehrt, wie man etwas nicht machen soll, denn das herausknallend Häßliche ist ein Werk der unromantischen Vergangenheit, einer gottlob überwundenen Epoche: ein nüchterner, garstiger, banaler und dabei überladener Stein für Charlotte von Stein, gewidmet von der Goethegesellschaft.

Und somit wäre der Kontakt zur Gegenwart einigermaßen hergestellt.

Den Bäckermeister Arno Schmidt kennt man aus den Memoiren des Prinzen Domela. Schmidts Spezialität sind heiße Semmeln. Die letzten abends um sieben Uhr.

Durchreisende Juden haben sich zu melden in der Liszt-

Straße 23, pt. Beim seligen Adolf Bartels, der von Klabund ausgesagt hat, die Großmutter des Dichters sei eine Jüdin gewesen, und der überhaupt in seiner Literaturgeschichte die komischesten Dinge aufs Tapet brachte.

Wilhelm Klemm, der ebenfalls von Bartels unter die Juden rangiert worden war, begab sich eines lustigen Tages persönlich in die von Bücher-Stalaktiten angefüllte Grotte des Literaturhistorikers, um ihm von Angesicht zu Angesicht zu dokumentieren, auf wie schwachen Füßen seine arischen Behauptungen stünden, und um dem Barteles mit Hilfe von Stammbaum, Nase und sonstigen einwandfreien Merkmalen die Rassereinheit eines angeblichen Juden vorzuzeigen. Und erlebte dabei, daß Bartels kleinlaut wurde und dem blonden, blauäugigen Dichter Klemm ein Geständnis machte, indem er sagte: »Ja, mein lieber Herr Doktor Klemm – ich kann doch alle die Herrschaften nicht persönlich kennen!«

Durch das Rote Schloß spazierst du zum Fürstenhaus, wirfst einen Blick auf Gelbes und Grünes Schloß (Landesbibliothek) und betrachtest alsdann die Wilhelmsburg mit ihrem 52 Meter hohen, weinumrankten, schnurrig durch Holzwerk unterbrochenen Festungsturm und mit dem wenig in die Totalität sowohl des Schlosses wie überhaupt Weimars passenden modernen Denkmal.

Auf den Straßen begegnest du außer den erwähnten Mädchenpensionaten zahllosen Einheimischen mit Eimern, Kannen, Töpfen und Krügen. Die Wasserleitung funktioniert nicht infolge der anhaltenden Trockenheit, und die Weimarer sind genötigt, ihren Bedarf an Wasser bei den diversen Brunnen zu decken.

Einer der Brunnen hat sich auf den Markt gestellt: der Neptunsbrunnen. Stelle dich dazu und luge in die Runde. Das Rathaus ist neugotisch, und das Warenhaus Tietz ist weder neugotisch noch sonst etwas, aber das übrige hat dem Zahn der Zeit erfreulicherweise getrotzt. Das Haus, in welchem Lucas Cranach bis zu seinem Ende lebte und webte, hat sich kaum verändert, und das Stadthaus gefällt dir so gut, daß du es betrittst.

Iß bei dieser Gelegenheit gleich an der Ecke im ›Fürstenkeller‹ Mittag. Dort findest du seltsame Eintragungen im Gästebuch: manche Größe der Politik und auch den Pseudoprinzen Domela. Wenn du arg neugierig bist, wirf einen Blick ins Telephonbuch. Weimar hat zehn Seiten. Und ins Adreßbuch. Man entnimmt ihm allerlei Wissenswertes.

Ich entnahm ihm das Verzeichnis der am Nationaltheater beschäftigten Maschinisten, und da sie ohnehin in den Rezensionen nie erwähnt werden und vielleicht eine geringe Freude daran haben, auch einmal gedruckt zu werden, will ich sie hier der Reihe nach anführen:

Beck – Börmel – Carnarius – Damm – Eckardt – Fell – Förster I und II – Gademann – Göring – Händel – Hetzschold – Hildebrandt – Hoffmann – Hupel – Künzel – Lindenzweig – Lützelberger – Pätzold – Peinze – Reinhardt – Scharf – Schröpfer – Söffing – Vollrath und Weber.

Hoffentlich sind keine Schreib- und Druckfehler unterlaufen.

Das 1825 abgebrannte Nationaltheater stammt von Littmann und erinnert an den Geschmack des Jahres 1907. Die Fassade scheint mir keineswegs überwältigend, und das gegenüberliegende Kulissenhaus in seiner keuschen Harmonie gefällt mir viel, viel besser.

Vor dem Nationaltheater das bekannte Rietschel-Denkmal mit den Dioskuren Robitschek und Morgan.

Je länger man in Weimar weilt, um so adretter und lauschiger wird es. Die Stadt hat es nicht nötig, Sonnenschein zu bemühen. Der Himmel hat sich verfinstert, doch alles atmet heitere Laune. Am Saume Weimars, hinter der alten Mauer, ist ein Freibad angebracht worden, ohne Prüderie, ohne Gitter und Planken. Man braucht heute keine Astlöcher mehr in Tätigkeit zu setzen. Aber es ist 2 Uhr vorbei, und das Goethe-Haus hat seine Pforten wieder geöffnet. Die Herren Kastellane haben zu Mittag gespeist.

Das Goethe-Haus (Nationalmuseum) zu würdigen, sei Fachleuten vorbehalten. Man verläßt es erhoben, ja beglückt, und nie wird man den feierlichen Eingang vergessen, die breit ausladende, bequem zu steigende, zur Theaterdekoration prädestinierte Treppe hinauf, über das gütige ›SALVE‹ hinweg, und nie die mönchische Strenge des Arbeitszimmers (ob Gerhart Hauptmann hier war?) und nie das unheimliche Schlafkabinettchen mit der Medizinflasche eines Dr. med. Mirakel (aus E. Th. A. H.) und nie den schmucken Pavillon im beziehungsreichen Garten.

Im Goethe-Haus werden dir hundert, im Schiller-Haus nur sechzig Pfennig abverlangt. Dafür sind die Eintrittskarten (von Dietsch & Brückner) höchst apart gedruckt. Da hat J. C. C. Gentzsch ein Bild gemalt: Weimar im Jahre 1782. Es erweckt den Anschein, als sei es von Walter Trier. Mindestens die Kühe wurden von ihm beigesteuert. Weimar zählte zur Zeit Gentzschs rund 6000 Seelen. Und es war ein armes Nest, da es abseits der mächtigen Verkehrsstraße Frankfurt–Laibzj lag. Herder nennt es (1786) ein Mittelding zwischen Dorf und Hofstadt. 1799 übersiedelte Schiller von Jena nach Weimar. Auf den Straßen herrschte Rauchverbot. Schiller qualmte Pfeife. Fidibusse sind noch heute auf seinem Schreibtisch zu besichtigen. (Ist das Dunhill-Feuerzeug ein Fortschritt? Unbedingt!) Des weiteren sind auf den Schreibtisch gepflanzt: Federkiel – Manuskriptfaksimile – ein Dintefaß à la Fliegenfänger – und ein astronomisch-astrologischer Globus. Auf dem Bett fehlen die hohen Kissen und ein Teil der Rückwand, die von Schillerverehrern geklaut wurden. Auf dem Flur leuchtet ein anachronistischer Minimax. Und auch die sanften, liebenswürdigen Damen, die hier ihres Führeramtes walten, schweben als lebende Anachronismen hin und wider.

Wer Lust hat (und an Sonntagen), suche Nietzsche-Haus und Max Reger-Archiv auf; und widme dem Gedenken des Meisters Musaeus (der alte Weiblein mit der Kunkel um sich versammelte, sie auszuhorchen) ein Viertelstündchen. Abends empfiehlt sich ein Gang in das durch bunten und qualitativ hochstehenden Spielplan ausgezeichnete Theater. Man kann auch wieder nach Laibzj zurück.

Auch kann man rasch im Wartesaal für 20 Pfennig eine vollmundige saure Gurke vertilgen. Unterhalb der Porträts von Schiller und Goethe.

Jena

›Jena vor uns im lieblichen Tale‹
schrieb meine Mutter von einer Tour
auf einer Karte vom Ufer der Saale,
sie war in Kösen im Sommer zur Kur;
nun längst vergessen, erloschen die Ahne,
selbst ihre Handschrift, Graphologie,
Jahre des Werdens, Jahre der Wahne,
nur diese Worte vergesse ich nie.

Es war kein berühmtes Bild, keine Klasse,
für lieblich sah man wenig blühn,
schlechtes Papier, keine holzfreie Masse,
auch waren die Berge nicht rebengrün,
doch kam man vom Lande, von kleinen Hütten,
so waren die Täler wohl lieblich und schön,
man brauchte nicht Farbdruck, man brauchte nicht
Bütten,
man glaubte, auch andere würden es sehn.

Es war wohl ein Wort von hoher Warte,
ein Ausruf hatte die Hand geführt,
sie bat den Kellner um eine Karte,
so hatte die Landschaft sie berührt,
und doch – wie oben – erlosch die Ahne
und das gilt allen und auch für den,
die – Jahre des Werdens, Jahre der Wahne –
heute die Stadt im Tale sehn.

RICARDA HUCH

Erfurt

Durch allen Wechsel der Zeit ist Erfurt die fruchtbare Erde geblieben, Trägerin des Waid einst und nun der Blumen, die zugleich das Land schmücken und das Volk nähren. Auch die Pracht des Stadtbildes ist durch den Ungeschmack des 19. Jahrhunderts wohl empfindlich geschädigt, aber doch nicht gestört. In magisch mittelalterliche Lust gehüllt durchkreuzen alte Straßen, alte Brücken und Plätze labyrinthisch die Regelmäßigkeit der Anlage. Eine ungewöhnlich große Menge gotischer Häuser ist erhalten, von denen zwar meistens nur das Erdgeschoß unverändert geblieben ist, die sich aber durch Tore und Wappen ausweisen. Merkwürdigerweise sind keine Giebelhäuser darunter, die in Erfurt erst die Renaissance einführte. Das älteste der erhaltenen gotischen Häuser ist das Lilienfaß in der Johannesstraße, das der Familie Huttemer gehörte. Adolar Huttemer, der kühne Ratsmeister, der als Gegner von Mainz die Reformation unterstützte, wohnte daneben im Hause Zur bunten alten Eule. In der Johannesstraße wohnten die reichen Waidherren, die Ziegler, Utzberg, von der Sachsen, Pardis, von der Marthen; ihre Häuser hatten geräumige Böden unter den hohen, mit vielen Luken versehenen Dächern, wo der Waid in umständlichem Verfahren zubereitet wurde. Das berühmteste Haus in der gleichfalls von Waidherren bewohnten Futterstraße war der Rebenstock, der, von Otto Ziegler erbaut, bis zum Ende des 18. Jahrhunderts der Familie Ziegler gehörte. Von dem Rebenstock, den der Erbauer aus dem Heiligen Lande mitbrachte und der Kalebs Trauben getragen haben soll, liegt nach der Überlieferung ein Stück im Fundament eingegraben. In der Engelsburg wohnte der Freund Luthers und Schwiegervater Eoban Hesses, Dr. med. Valentin Sturz. Erbaut hatten sie im Jahre 1432 der Mainzer Vitztum Joh. von Allenblumen und seine Gattin Wunne von Weißensee, deren Gedächtnis ein Grabstein im Dom mit ihrem Wappen, Einhorn und Forellen, erhält. In den Jahren 1530 bis 1618, wo die Bautätigkeit außerordentlich lebhaft war, entstanden die bedeutenden Renaissancehäuser. Es waren darunter drei Giebelhäuser, das Haus Zur hohen Lilie, Zum güldenen Rad und Sonnenborn; im allgemeinen wurde das steile gotische Dach etwas abgeschwächt beibehalten. Das stattlichste Haus, das den Platz vom ersten bis zum achten Hause in der Schlößergasse einnahm, erbaute 1612 der reichste Waidjunker Hiob von Stotternheim; ein Brand hat es 1660 zerstört. Von den 89 Gotteshäusern, die Erfurt besaß, sind die beiden Stiftskirchen auf dem Unterberge, Marien und Severi, die schönsten. Dies Heiligtum bildet nicht den Mittelpunkt der Stadt, sondern gleichsam den Griff eines Fächers, von dem aus Hauptstraßen nach den jetzt nicht mehr vorhandenen Toren in der Mauer liefen. Dieser durch den Lauf der wilden Gera und die Lage des Unterbergs bestimmte Plan ist sehr eigenartig, ebenso die Anordnung der beiden Kirchen, deren Türme, anstatt nach Westen nach Osten, der Stadt zu gerichtet sind, wie das auch bei der Peterskirche der Fall ist. Ganz besonders originell und charakteristisch ist aber die durch zufällige Umstände nötig gewordene Befestigung des Unterberges. Als der Chor des Domes, das ist die Marienkirche, für den Klerus zu klein geworden war, entschloß man sich, einen größeren zu bauen, wozu der vorhandene Boden des Berges nicht ausreichte. Deshalb wurden zwei übereinanderliegende Reihen starker steinerner Bogen errichtet, die sogenannten Kavaten, die die hochthronende Gebäudegruppe tragen.

Der Dom mit seinem überhohen Chor, den die Türme nur wenig überragen, mit dem dreieckigen Anbau, dem

Triangel, der mit seinen beiden Portalen den Haupteingang für die über die Stufen Aufsteigenden bilden mußte, zieht durch Pracht und den überraschenden Glanz der architektonischen Einfälle den Blick gewaltsam an; wendet man dann aber sich der Severikirche zu, möchte man ihr den Preis geben. Die zu einer einzigen Mauer zusammengezogenen Türme, das ungeheure Walmdach, das von Norden gesehen der Kirche die pompöse Behaglichkeit eines repräsentativen Hauses gibt, der Gegensatz dieses Dachgebirges zur Eleganz der spitzen Turmhelme, die schöne Farbigkeit der mattroten Ziegel, der hellgrünen Turmspitzen und des gelben Sandsteins, das alles zusammen läßt sie dem Dome an Originalität nicht nachstehen, noch weniger an geschlossener Wucht.

Der innere Domchor ist ein Werk, das menschliche Kunst und Arbeit vergessen läßt: er steht da, als wäre er auf den Wink eines Zauberstabes fertig aus der Erde gewachsen. Durch zwölf sehr hohe, sehr schlanke Glasfenster fällt das Licht ein, blumenbuntes, fabelhaftes Licht, dem unsrigen so unähnlich wie der Himmel der Erde. Das Langhaus gleicht an manchen Punkten einem versteinerten Palmenhain, in dem schöne Grabplatten das Andenken vergangener Geschlechter hüten.

Zwei Meisterwerke besitzt auch die Severikirche: den spätgotischen Taufstein mit einem Überbau, der auf vielen fantastisch sich rankenden Stengeln als göttliche Blumenkrone Maria mit dem Kinde trägt, und das alabasterne Relief des heiligen Michael. Er ist nicht als Kämpfer, sondern als Sieger dargestellt, triumphierend getragen von seinen Flügeln und seinem Mantel, die die Tafel reich ausfüllen. Sein Kindergesicht voll Ernst und Unschuld blickt unter der königlichen Stirnbinde gelassen auf das groteske Scheusal zu seinen Füßen, das sich mit komisch ohnmächtigem Ingrimm in den Speer des Überwinders verbeißt. Seine Fledermausflügel allein kennzeichnen im Gegensatz zu den feierlichen Schwingen des Erzengels die Ausgeburt der Hölle.

Daß die Neuzeit wagte, auf den Westgiebel des Domes ein Mosaikbild der Maria zu setzen, das einem riesigen Lackbilde gleicht, gehört zu den Veränderungen oder zu dem gänzlichen Verschwinden des Geschmacks, die zuweilen vorkommen und wohl ebenso wie ein Erlöschen der Kräfte auf einem bestimmten Gebiete eine falsche Tendenz im allgemeinen bezeichnen. Die Verbreiterung der Treppe und die Freilegung des Platzes, Neuerungen des 19. Jahrhunderts, sind zwar dem gotischen Stile der Stadt nicht angemessen; aber durch sie hat der alte Platz vor den Stufen den Charakter freier Größe erhalten, der dem Mittelpunkt Thüringens und Deutschlands wohl ansteht.

Die zentrale Lage bringt es vielleicht mit sich, daß man in einer Hinsicht die Geschicke Deutschlands mit denen Erfurts vergleichen kann. Im deutschen Reich mischten sich germanisches, romanisches und slawisches Volkstum und Wesen, germanischer und romanischer Glaube, germanische und romanische Kunst, und bildete sich nicht dasselbe politische Nationalgefühl aus wie in England und Frankreich, sondern die Liebe zur Heimat, zu so viel Land, als sich überblicken und mit wirksamer eigener Tätigkeit erfüllen läßt, und anderseits der Sinn für andere Völker und die Fähigkeit, ihre Leistungen anzuerkennen, sogar übertrieben zu bewundern. Diese Eigenschaft bedeutet eine Stärke und eine Schwäche, und so hat denn auch die unsichere Politik Erfurts Bedeutendes gezeitigt, nämlich das Nebeneinanderbestehen der beiden Konfessionen. Auf dem Unterberge stehen nebeneinander Marien und Severi, das katholische und das protestantische Gotteshaus, ein Bild widerstreitender Tendenzen, die es in einem Volke geben kann wie in einem Individuum, ohne es zu zerreißen, vielmehr es bereichernd.

HELGA KÖNIGSDORF

Das ist der Moment ohne Maske

Deutschlands grünes Herz wirst du genannt. In der Mitte steht mein Vaterhaus. Von dort zog's mich in die weite Welt hinaus.

Sie singens wieder. Auch die ehemaligen Genossen, einschließlich Parteisekretär. Sie tragen Bärte und grüne Hüte. Und nehmen auch das nun sehr ernst. Aber irgendwie fühlen sie sich noch nicht recht behaglich. Sie haben das Gefühl der Wichtigkeit eingebüßt. Ihre Gesichter tragen neu einen depressiven Zug. Ihre Augen sind unruhig. Und ich wünsche mir sehr, daß keiner eines Tages auf die Idee kommt, sie nicht mehr mitsingen zu lassen.

Am Morgen gehe ich zum Kirchhof. Der ist längst gesperrt. Nur noch wenige Gräber, in die höchstens Urnen beigesetzt werden dürfen. Aus Rücksicht auf das Trinkwasser. Das Grab von Anton und Luise von Efeu überwuchert. Die Marmorkreuze fehlen. Die nächste Generation, meine Großeltern im Grab daneben. Mein Großvater Oskar, der das Gutshaus mit seinen achthundert Jahre alten Grundmauern zum Schloß mit Zinnen, Turm und Erker umbauen ließ und testamentarisch festlegte, an dem Haus einschließlich Einrichtung dürfe hundert Jahre nichts verändert werden. Ach du Meinliebheimatland.

Die Glocke vom Kirchturm klingt scheppernd und trist wie eh und je. Als die Urne meines Vaters beigesetzt wurde, hat eine Trompete das Lied vom schönsten Wiesengrunde geblasen, und ›ein Roter‹ hat die Rede gehalten. Mein Großvater konnte Pfaffen und Rote nicht ausstehen.

Der Platz für meine Mutter ist noch frei. Die denkt nicht ans Sterben. Allein schon deshalb nicht, um nicht hierher zurückzumüssen. Mit sechsundachtzig hat sie keine Angst vor dem Altwerden. Drei Revolutionen habe ich erlebt, sagt meine Mutter, und es ist nicht ganz klar, welche sie meint. Es sind nicht immer die gleichen. Aber noch nie hat sich in unserer Familie jemand so irrsinnig benommen wie du. Damit meint sie mich. Auch meinen Vater hätte der Zeitenwechsel nicht sehr überrascht. Er hat immer versucht, vorzusorgen. Hauptsache kreditwürdig bleiben. Bankrott kann passieren. Aber keinesfalls unehrenhafter Bankrott. Von der Mauer des Kirchhofes sieht man über den Fluß. Da, wo gegenüber der Zug im Tunnel verschwindet, hat der Uhu sein Revier. Da ging mein Vater auf die Jagd. Mein Vater liebte Joseph von Eichendorff, Adalbert Stifter, Hermann Löns und Gustav Freytag. Oh, das deutsche Gemüt. Die Jagdtrophäen hat sein Sohn später an die Knopffabrik verkauft.

Nichts schien mich mehr mit dieser Gegend zu verbinden. Und nun ist da plötzlich so etwas wie ein Heimatgefühl. Es ist viel leichter, mich wieder an Thüringen zu gewöhnen, als an das große Deutschland. Plötzlich weiß ich, daß es wichtig ist, irgendwo Gräber zu haben.

Noch ahne ich nicht, daß ich Wochen später schon um den Erhalt der Gräber kämpfen muß. Aber es sind nicht die Gräber allein. Es ist die Gegend, in der ich alles zum ersten Mal erlebte, die Gegend, die voller Überlieferungen und Legenden war. Linker Hand im Tal der Schornstein, wo der Teufel ein- und ausfuhr. Oder tief unter dem alten Gutshaus der Gang, der angeblich bis zur Kirche führte und in dem falschgemünzt wurde. Trotzdem war nichts mehr in mir gewesen. Jahrelang. Nur eine heimliche Sehnsucht nach Heimat. Diese gefährliche Sehnsucht.

Eines Tages war in der Schule ein Fragebogen auszufüllen, da stand: soziale Herkunft. Der Sohn des Lehrers schrieb: Intelligenz. Da ich meinen Vater für intelligenter als den Lehrer hielt, schrieb ich auch: Intelligenz. Aber man kam mir auf die Schliche. Es mußte ›Sonstige‹ heißen. Von nun an war ich ›Großbauernkind‹. Und dieser Makel hat mein ganzes späteres Leben beeinflußt. Ich gehe über den Dorfplatz hinauf bis zum Ortsausgang. Und immer weiter bis zum Horizont, der hier ganz nahe ist, und hinter dem so lange Zeit die Welt zu Ende war. Ich gehe über das Feld meines Vaters, wo beim Ackern manchmal Bergkristalle hervorkamen. Wenn man den richtigen Blick hatte, konnte man einen finden. Ich habe ihn nicht mehr, den richtigen Blick. Und das Feld gehört der LPG. Noch gehört es der LPG. Ein Vierteljahr später tritt mein Bruder aus der LPG aus und bekommt die Felder zurück. Zwar bin ich aus irgendeinem Grund überzeugt, daß es schiefgehen wird, aber das ist nicht wichtig. Nie hätte ich ihm soviel Entschlußkraft zugetraut. Und das ist erst mal gut. Aber jetzt weiß ich davon noch nichts. Zum letztenmal sehe ich den Westen im Osten liegen. Den Ort in Bayern, wo dem Bäcker noch kurz vor Kriegsende eine Bombe in den Sauerteig fiel, während mein Vater mit den Tagelöhnerinnen in den Kartoffelfurchen lag. Und ich sehe zurück zum Ort. Sehe die mit Müll zugeschüttete Kuhle, in der das Knabenkraut wuchs. Den zerzausten Wald auf der anderen Seite der Saale, den Schornstein der Papierfabrik, aus dem sich noch immer Schwefeltrioxid gleichmäßig über die Landschaft verteilt, woraus schweflige Säure wird. Sehe die Neubaukästen leblos in die Landschaft gestellt. Auf den ›besten Feldern‹ meines Vaters, auf denen er als erster Raps angebaut hatte. Den Raps haben wir selbst gepreßt und das Öl ungereinigt verbraucht. Dort, wo früher der Rinderoffenstall war, treffe ich E. Er hat einen blauen Kittel an und schiebt eine Schubkarre, auf der ein totes Kalb liegt. Als er mich sieht, lächelt er verlegen. Es ist ihm aus irgendeinem Grund peinlich, mir in diesem Moment zu begegnen. Der Kopf des Kalbes baumelt über den Schubkarrenrand. Plötzlich ist die Traurigkeit in mir so stark, daß ich kein Wort sagen kann.

Das Etikett ›Großbauernkind‹ verblieb mir auch, als

mein Vater seinen Hof ›für 99 Jahre einer LPG zur landwirtschaftlichen Nutzung‹ übergeben hatte und weggezogen war. Dieser Vertrag war ein besonderes Zugeständnis an meinen Vater. Den Örtlichen wäre es lieber gewesen, sie hätten meinen Vater enteignen können. Irgendwann wäre er an der ökonomischen Schere zwischen billigen überhöhten Sollabgaben und wachsenden Löhnen und Industriepreisen gescheitert. Er hätte keinen Lohn mehr zahlen können oder Schwarzverkäufe machen müssen. Dann hätten sie das Haus auch gehabt. Das stach ihnen sehr in die Augen.

Ich steige immer höher und empfinde ein großes Glück, so gehen zu können, ohne Angst, daß plötzlich ein Posten auftaucht. Die Traurigkeit geht vorüber.

Ich komme an dem Haus von Frau Sch. vorbei. Na so was, sagt Frau Sch. Und hält den Hund an der Leine. Bist du auch mal wieder in der Haimt. Hamot, sagt sie. Das Hundetier ist kaum zu bändigen. Der ist aber scharf. Sage ich. Es kommen jetzt so viele Türken. Sagt Frau Sch. Sagt es aber nicht sehr überzeugt. Eher verlegen. Aber in einem halben Jahr, vielleicht auch früher, wird sie an ihre Türkengeschichte glauben. Am Fuße eines Steinhügels, es könnte ein Hünengrab sein, halte ich Rast und schaue zum Dorf zurück. Aus den Schornsteinen steigt jetzt Rauch. Hier und da sieht man neue bunte Tupfer im Grau der Schieferdächer. Es ist, als wäre das Land von einer Schlingpflanze umklammert gewesen, die allmählich alles erstickt hat. Und die doch auch ein bißchen wärmte. Jedenfalls hat sie Wärme vorgetäuscht. Wer im Wind stand, hatte es kalt. Nun ist die Pflanze verdorrt und fällt ab. Und die Menschen erwachen, recken sich, blinzeln ins ungewohnte Licht, sind gut, sind böse. Das Spiel mit den Masken ist zu Ende. Für einen Moment steht ein jeder nackt da. Welch ein Moment der Offenbarung. Bis die neuen Masken gefertigt sind. Masken, von denen die Menschen dann meinen, es wären ihre Gesichter. Plötzlich weiß ich, daß mir die Menschen, die nichts glaubten, die alles hinterfragten, diese etwas zynischen, aber hellwachen DDR-Bürger, lieber waren. Das neue Bedürfnis nach Gläubigkeit ist mir unheimlich.

Ich gehe weiter ins Niemandsland. Am Waldrand steht ein Mann und hebt einen umgestürzten Drahtzaun an. Wer bist denn du? frage ich. Und du? fragt er zurück. Wir sehen einander an und kramen in Kindheitserinnerungen. Schade um das schöne Material, sagt er schließlich und zeigt auf den gestürzten Grenzzaun. Dann steigt er in seinen Trabi und fährt hinunter zum Ort, aus dem ich gekommen bin.

Das Dorf, in das ich jetzt gelange, hatte außerhalb der Welt gelegen, obwohl es zum Kirchsprengel gehörte und die Kinder zu uns ins Pfarrhaus zum Konfirmandenunterricht kamen. Sie sprachen einen völlig anderen Dialekt. Auch jetzt in der Kneipe habe ich Mühe, die Menschen zu verstehen. Sie sagen Sunndich, und das bedeutet Sonntag. Die Leute in der Kneipe sehen mich an, so als könnten sie es immer noch nicht fassen, daß nun Fremde so mir nichts dir nichts zu ihnen kommen dürfen. Das letzte Mal war ich hier... ich war noch sehr klein und hatte steifgeflochtene Zöpfe. Das Gespräch in der Kneipe scheint nach einem gewissen Ritual zu verlaufen. Einer bringt ein Thema auf, längeres Palaver, und der Einbeinige ist der Schlußredner. Widerwillig, aber doch anerkennend hört man seine belehrenden Zusammenfassungen an. So wird über Ofentypen, über einfadiges und zweifadiges Spinnen, über die Wollpreise, die über Nacht von 50 Mark das Kilo auf zwei Mark gefallen sind, und über das Gewächshaus, das nicht mehr lohnt, verhandelt. Darüber, daß sich überhaupt nichts mehr lohnt. Und zwischendurch immer wieder der gekränkte Bericht über den Schwager aus dem Westen, der das Essen nicht gewürdigt hatte, das man ihm auftischte. Kein Stückchen Schokolade für die Kinder. Zahnarzt. Zugegeben, die Zähne tipptopp saniert.

Aber nicht ein bißchen Naschen. Das ist doch nicht normal.

Viel Wald rundum. Am Schwarzen Teich blühen die Seerosen. Dies muß der Kreuzweg sein. Umrankt von Legenden. In der Osternacht, ohne sich umzusehen und ohne zu sprechen...

Die Mühle im Grund. Ich erinnere noch, wie das Korn hierhergebracht wurde. Und die Zwiesprache des Müllers mit seinem lieben Gott, die mein Vater belauscht haben wollte. Als das Gewitter kam und der Müller beim Heuen war. Die Gabel gen Himmel gerichtet: Hund. Ich ärstach däich! Ein sehr menschliches Verhältnis demnach. Hier in der Einsamkeit, mitten im Wald, war wohl ein Ansprechpartner nötig. Der Müller ist schon lange im Himmel. Die Mühle sieht verkommen aus. Das Dach muß dringend erneuert werden. Ich ertrage das Bellen des angeketteten Hundes, bis die Schwester des Müllers erscheint. Wieder einmal träume ich einen kurzen Traum von Heimat und Geborgenheit. Die alte Frau erzählt von der Wasseramsel unter der kleinen Brücke. Ich habe noch nie von einer Wasseramsel gehört. Aber wie auch immer, die Frau ist mir auf jeden Fall sympathisch. Wenn es stimmt, weil sie den Blick für so etwas hat, und wenn es nicht stimmt, vielleicht ein bißchen mehr, weil sie etwas sieht, was es nicht gibt.

Alles Vieh hat man uns rausgeholt, sagt die Alte. Sie meint offenbar die LPG-Gründung. Sie hat es nicht verwunden. Wie kann das auch jemand verwinden, der bereit ist, sich für das trockene Heu mit Gott anzulegen.

Der ganze schöne Bestand, sagt die Frau. Alles abgeschlagen. Jetzt sehe ich es auch. Der Hochwald hinter der Mühle ist verschwunden. Ich denke, daß dieser Ort sehr gewonnen hat. Es ist lichter, freundlicher geworden. Sage es aber nicht. Die Frau erzählt jetzt von ihrer Westverwandtschaft. Sie scheint zahlreich zu sein. Alle wollen sie jetzt kommen. Ich gebe wieder einmal den Traum von Heimat auf.

Am Ortsrand treffe ich B. Jetzt braucht man wenigstens nicht mehr darüber nachzudenken, ob man Meldung machen muß, wenn Fremde nach dem Weg fragen. Sagt es ganz ungeniert und weidet sich an meiner Verlegenheit. Konnte ja immer eine Provokation sein, nicht?! Und dann mußtest du in vier Stunden raus, ganz egal ob du gerade beim Kohleneintragen oder beim Gartenumgraben warst. Nun bin ich erst recht verlegen. Was hat man nur alles verdrängt. Ich wußte es doch. Hatte zumindest davon gehört. Von den drei Aussiedlungsaktionen aus dem Grenzgebiet.

Am Nachmittag gehe ich mit I. über die Brücke. Diese Brücke wurde irgendwann nach dem Krieg erbaut. Die alte ist kurz vor Kriegsende gesprengt worden. Lange Zeit war es für uns Kinder ein Sport, verkrümmte scharfkantige Eisensplitter von der zerfetzten alten Brücke zu finden. Weit waren sie geflogen.

Jetzt ist der weiße Schaum, der am Morgen die Wasseroberfläche bedeckte, verschwunden. Der soll gut sein für das Wasser, sagt I. Aber I. hat auch schon früher gesagt, daß die Gülle, die die LPG in den Fluß ließ, die Säure von der ›planmäßigen‹ Havarie der Papierfabrik neutralisieren würde.

Immer noch steigen Blasen vom Grund, die an der Wasseroberfläche platzen. Wieder bin ich versucht zum Himmel zu sehen, ob es regnet. Auf der Weide auf der anderen Seite sind vor einigen Jahren Kühe an konzentrierter Melasse, die sich auf dem Grund des Wasserwagens angesammelt hatte, gestorben. Ihr jämmerliches Brüllen war weit und lange zu hören. Aber alle von der LPG waren ausgeflogen. Ich erinnere mich, wie ich vergeblich versuchte, jemanden zu erreichen. Die Melasse bekam man durch Beziehungen. Anders war das Milchsoll nicht zu erfüllen. Heute wird man die Milch nicht mehr los.

Das einzige empirisch nachweisbare ökonomische Gesetz dieser sozialistischen Kommandowirtschaft war das Gesetz von der Wirtschaftskriminalität. Ohne Wirtschaftskriminalität lief nichts. Nur durch Übertretungen, die durchaus nicht immer der persönlichen Bereicherung dienten, wurde das System funktionsfähig erhalten. Übertretungen, durch die Rudimente der Marktwirtschaft produktiv werden konnten.

Mitten im Wald eine erst kürzlich entdeckte warme Quelle. Ich halte die Hände ins Wasser. Es hat etwa 38 °C, ist klar und geruchlos. Ich schaue mich um. Es ist idyllisch. Jagdrevier der Bezirksleitung, sagt I. Ich erinnere mich, daß wir an zwei nicht mehr verschlossenen Schlagbäumen vorbeigekommen sind. Wie wird das hier wohl in einigen Jahren aussehen?

Plötzlich entdecke ich weiter unten auf einer moorigen Wiese einen Jeep. I. blickt schon eine ganze Weile in diese Richtung und scheint einen bestimmten Verdacht zu haben. Wilderer? Frage ich. Er schüttelt den Kopf und murmelt: Akten. Vielleicht. Doch wir haben beide keine Lust, der Sache nachzugehen.

Als wir über den Fluß zurückkehren, liegt das Haus vor uns auf halber Höhe. Mein Bruder hat es verkauft. Ich empfinde eine große Erleichterung. Dieses Haus hat böse gemacht. Gleichgültig, ob man darin wohnen blieb oder wegzog. Dem Anspruch von soviel Geschichte und Geistern war niemand gewachsen.

Als wir an das Haus kommen, steht da ein etwa zehnjähriges Mädchen, mit steifgeflochtenen Zöpfen. Es nähert sich uns und hält ein Heft in der Hand. Es ist unmöglich, einfach so vorbeizugehen. Ich setze mich mit dem Mädchen auf eine Bank und blättere in dem Heft. Es enthält die Geschichten und Gedichte dieser Zehnjährigen. Für einen Moment glaube ich, mir selbst begegnet zu sein. Und dann auch wieder nicht. Vertraut und zugleich fremd. Immer wieder beginnt etwas Neues.

LUTZ RATHENOW

Jenaer Elegie

Rauchsignale einer Stadt,
geliftete Seelen,
entherzte Wahrheiten
nerven die Menschen.
Alle Eindeutigkeiten blättern ab,
die Vögel fliegen wie immer,
Sonne beleuchtet den Tag
und läßt die Stunden zurück.
Alle Spuren zerstäuben,
eifrig Rätsel hinterlassen,
die sich in Frage stellen.
Mitten im Satz ein Husten,
am Fluß lockt der Grund,
tief tief tief unten
gähnt ein Gründer gelangweilt.
Die Flüssigkeit staut sich am Wehr,
tosendes Rascheln der Protokolle
im Reißwolf Papiersäcke, ins Wasser
gekippt. Wenn Fische sprechen würden
– aber hier gibt es keine Fische
im Fluß. Menschen laufen über Brücken,
noch geben sie Lebenszeichen,
Signale, Rauch

Autoren- und Quellenverzeichnis

PETER BAMM (1897–1975): *Trauer um Kötzschenbroda* in *Am Rande der Schöpfung*. Stuttgart 1974. Mit freundlicher Genehmigung der Deutschen Verlags-Anstalt, Stuttgart.

GOTTFRIED BENN (1886–1956): *Jena* in *Sämtliche Werke. Stuttgarter Ausgabe*. Bd. I. Gedichte 1. Hrsg. D. Wellershoff. Stuttgart 1986. Mit freundlicher Genehmigung des Klett-Cotta Verlags, Stuttgart.

OTTO JULIUS BIERBAUM (1865–1910): *Leipziger Erinnerungen*.

VOLKER BRAUN (geb. 1939): *Im Ilmtal* in *Gegen die symmetrische Welt*. Halle/Saale 1974. Mit freundlicher Genehmigung des Mitteldeutschen Verlags, Halle/Saale.

JOACHIM HEINRICH CAMPE (1746–1818): *In Plauen* in *Aus alten Kinderbüchern. Reiseschilderungen*. Berlin 1984.

HEINZ CZECHOWSKI (geb. 1935): *Sächsischer Nachmittag* in *An Freund und Feind. Gedichte*. München, Wien 1983. Mit freundlicher Genehmigung des Autors.

JOSEPH VON EICHENDORFF (1788–1857): *Bei Halle* in *Gesammelte Werke*. Hrsg. M. Häckel. Berlin 1957.

CASPAR DAVID FRIEDRICH (1774–1840): *Blick auf das Elstertal* in *C. D. Friedrich in Briefen und Bekenntnissen*. Hrsg. Sigrid Hinz. Berlin 1974.

LISE GAST (geb. 1908): *In Sachsen zuhause* in *Sachsen. Erzähltes und Erinnertes*. Hrsg. Erhardt Heinold. Tübingen und Basel 1975. Mit freundlicher Genehmigung der Edition Erdmann in K. Thienemanns Verlag, Stuttgart – Wien.

JOHANN WOLFGANG GOETHE (1749–1832): *Reise über Meißen nach Dresden* in *Goethes Ehe in Briefen*. Hrsg. Gerhard Gräf. Leipzig 1972.

CURT GOETZ (1888–1960): *Was ist das Schönste an Halle?* in *Die Memoiren des Peterhans von Bingen*. Stuttgart 1960. Mit freundlicher Genehmigung der Deutschen Verlags-Anstalt, Stuttgart.

RUDOLF HAGELSTANGE (geb. 1912): *Die Kraft der Mitte* in *Thüringen*.

Frankfurt/Main. Mit freundlicher Genehmigung des Umschau Verlags, Frankfurt/Main.

PETER HÄRTLING (geb. 1933): *Dresden* in *Sachsen. Erzähltes und Erinnertes.* Hrsg. Erhardt Heinold. Tübingen und Basel 1975. Mit freundlicher Genehmigung der Edition Erdmann in K. Thienemanns Verlag, Stuttgart – Wien.

WOLFGANG HEGEWALD (geb. 1952): *Der subversive Eigensinn: Sorbenland* in *Merian-Sachsen.* Hamburg 1990. Mit freundlicher Genehmigung des Hoffmann und Campe Verlags, Hamburg.

HEINRICH HEINE (1797–1856): *Die Harzreise* und *Zu Halle auf dem Markt* in *Werke.* Hrsg. H. Holtzhausen. Weimar 1956.

GEORG HEYM (1887–1912): *Vom goldnen Grün der Wiesen ... (Aus Thüringen I)* und *Der weiten Buchen Tanzsaal zieht zu Tal ... (Aus Thüringen II)* in *Heym, Dichtungen und Schriften, Bd. 1.* München 1964.

RICARDA HUCH (1864–1947): *Erfurt* in *Im alten Reich. Lebensbilder deutscher Städte.* Bremen 1960. Mit freundlicher Genehmigung des Carl Ed. Schünemann Verlags, Bremen.

UWE JOHNSON (1934–1984): *War das eine von den bombardierten Städten?* in *Das dritte Buch über Achim.* Frankfurt am Main 1961. Mit freundlicher Genehmigung des Suhrkamp Verlags, Frankfurt am Main.

ERICH KÄSTNER (1899–1974): *Als einer über den Dialekt lachte* und *Der Karneval in Leipzig: Messerummel* in *Gesammelte Werke für Erwachsene, Bd. 1: Gedichte* und *Dresden war eine wunderbare Stadt* in *Als ich ein kleiner Junge war.* Zürich. Mit freundlicher Genehmigung des Atrium Verlags, Zürich.

WULF KIRSTEN (geb. 1934): *Querner-Landschaft* in *Die Erde bei Meißen, Gedichte.* Leipzig 1986. Mit freundlicher Genehmigung des Autors.

KURT KLUGE (1886–1940): *Der Rennsteig* in *Die Sanduhr.* Erzählungen, Funk- und Filmtexte, Essays, Aufzeichnungen. Hrsg. Carla Kluge und Heinz Grothe. Stuttgart 1966. Mit freundlicher Genehmigung der Deutschen Verlags-Anstalt, Stuttgart.

HELGA KÖNIGSDORF (geb. 1936): *Das ist der Moment ohne Maske* in

Merian-Thüringen. Hamburg 1990. Mit freundlicher Genehmigung des Hoffmann und Campe Verlags, Hamburg.

CHRISTIAN KOSEGARTEN (1770–1821): *Besuch in Chemnitz* in *Meine Freuden in Sachsen.* Leipzig 1801.

WILHELM VON KÜGELGEN (1802–1865): *Die Heimreise (1818)* in *Jugenderinnerungen eines alten Mannes.* Leipzig 1967.

FRANZ KUGLER (1808–1858): *Rudelsburg* in *Gedichte.* Berlin 1840.

GÜNTER KUNERT (geb. 1929): *Jenseits der Sachsenkriege: Wanderwege* in *Merian-Sachsen.* Hamburg 1990. Mit freundlicher Genehmigung des Hoffmann und Campe Verlags, Hamburg.

HEINRICH LAUBE (1806–1844): *Dresden* in *Reise durch das Biedermeier.* Hamburg 1965.

ERICH LOEST (geb. 1926): *Leipzig am Wochenende* in *Geordnete Rückzüge.* Hannover. Mit freundlicher Genehmigung des Postskriptum Verlags, Hannover.

MARTIN LUTHER (1483–1546): *Zwischen den Wassern gefangen* in *Weimarer Lutherausgabe, Briefwechsel Bd. 11.* Weimar 1948.

KARL MAY (1842–1912): *Keine Jugend* in *Ich (Mein Leben und Streben).* 1916.

JOHANNA MOOSDORF (geb. 1911): *Sächsische Reminiszenzen* in *Sachsen unter sich, über sich.* Hrsg. Erhardt Heinold. Frankfurt/Main 1978. Mit freundlicher Genehmigung der Autorin.

ALFONS PAQUET (1881–1944): *Sächsische Reise* in *Sachsen. Erzähltes und Erinnertes.* Hrsg. Erhardt Heinold. Tübingen und Basel 1975. Mit freundlicher Genehmigung der Edition Erdmann in K. Thienemanns Verlag, Stuttgart – Wien.

WOLFGANG PAUL (geb. 1918): *Die Elbe* in *Dresden. Gegenwart und Erinnerung.* München 1986. Mit freundlicher Genehmigung des Bechtle Verlags, Esslingen und München 1986.

WILHELM RAABE (1831–1910): *Zwei Männer kehren heim* in *Werke.* Hrsg. A. Klingenberg. Berlin und Weimar 1972.

MARTIN RASCHKE (1905–1943): *Der Zauber Dresdens* in *Jahrbuch zur Pflege der Künste.* Dresden 1951.

LUTZ RATHENOW (geb. 1952): *Jenaer Elegie* in *Merian Thüringen.* Hamburg 1990. Mit freundlicher Genehmigung des Hoffmann und Campe Verlags, Hamburg.

HANS REIMANN (1889–1969): *Sachsenlied* in *Sächsische Miniaturen. Orientierung* und *Ein Tag in Weimar* in *Leipzig. Was nicht im Baedeker steht.* München 1929. Mit freundlicher Genehmigung von Wilma Reimann.

LUDWIG RELLSTAB (1799–1860): *Die Romantik der sächsischen Schweiz 1860* in *Aus meinem Leben.* Berlin 1861.

JOHANN KASPAR RIESBECK (1754–1786): *»Sachsen ist ein herzliches Land, Bruder!«* in *Briefe eines reisenden Franzosen über Deutschland.* Berlin 1976.

JOACHIM RINGELNATZ (1883–1934): *Trennung von einer Sächsin* und *Leipzig* in *Auf einmal steht es neben dir.* Berlin 1964. Mit freundlicher Genehmigung des Henssel Verlags, Berlin.

THOMAS ROSENLÖCHER (geb. 1947): *Der Aufsteigende* in *Schneebier. Gedichte.* Halle/Saale 1988. Mit freundlicher Genehmigung des Mitteldeutschen Verlags, Halle/Saale.

JOSEPH RÜCKERT (1771–1813): *Bemerkungen über Weimar (1799)* in *Bemerkungen über Weimar.* Weimar.

HANS SAHL (geb. 1902): *Die Vogelwiese* in *Umsteigen nach Babylon. Erzählungen.* Zürich 1987. Mit freundlicher Genehmigung des Ammann Verlags, Zürich.

HELGA SCHÜTZ (geb. 1937): *Besuch einer Galerie* in *Das Erdbeben von Sangerhausen und andere Erzählungen.* Zürich 1974. Mit freundlicher Genehmigung des Benziger Verlags, Zürich.

ROLF SCHNEIDER (geb. 1932): *Volute gegen Vorderlader* in *Merian-Heft Dresden.* Mit freundlicher Genehmigung des Autors.

RUDOLF ALEXANDER SCHRÖDER (1878–1962): *Gruß an Dresden* in *Gesammelte Werke, Bd. 1. Die Gedichte.* Frankfurt am Main 1952. Mit freundlicher Genehmigung des Suhrkamp Verlags, Frankfurt am Main.

KARL SEWART (geb. 1933): *Frühling, Sommer, Herbst und Winter – Erzgebirgische Jahreszeiten* in *Sachsen. Ein Reiseführer.* Rudolstadt 1974. Frankfurt. Mit freundlicher Genehmigung des Autors.

GUNTRAM VESPER (geb. 1941): *Aus meiner kleinen Stadt in Sachsen. Erzähltes und Erinnertes.* Hrsg. Erhardt Heinold. Tübingen und Basel 1975. Mit freundlicher Genehmigung der Edition Erdmann in K. Thienemanns Verlag, Stuttgart – Wien.

LENE VOIGT: *Wo die Bleiße blätschert* und *De säk'sche Lorelei* in *Säk'sche Balladen.* Mit freundlicher Genehmigung der Erbengemeinschaft.

RICHARD WAGNER (1813–1883): *Erinnerungen an Dresden 1849* in *Mein Leben.* Leipzig 1986.

ERNST VON WOLZOGEN (1855–1934): *Unsere lieben Sachsen* in *Verse zu meinem Leben.* 1907.

GERHARD ZWERENZ (geb. 1925): *Wir Sachsen* in *Ärgernisse. Von der Maas bis an die Memel.* Köln 1961. Mit freundlicher Genehmigung des Autors.

Trotz intensiver Recherchen konnten nicht alle Rechteinhaber ermittelt werden. Der Verlag ist selbstverständlich bereit, berechtigte Forderungen abzugelten.